이브에서 에스더까지

성서 속 그녀들

이브에서 에스더까지
성서 속 그녀들

2014년 3월 14일 초판 1쇄 펴냄

펴낸곳 (주)도서출판 **삼인**

지은이 유연희
펴낸이 신길순
부사장 홍승권
편집 김종진 김하얀
미술제작 강미혜
마케팅 한광영
총무 정상희

등록 1996.9.16 제10-1338호
주소 120-828 서울시 서대문구 연희동 220-55 북산빌딩 1층
(서울시 서대문구 성산로 312)
전화 (02) 322-1845
팩스 (02) 322-1846
전자우편 saminbooks@naver.com

제판 문형사
인쇄 영프린팅
제책 쌍용제책

ISBN 978-89-6436-080-4 93230

값 15,000원

이브에서 에스더까지

성서 속 그녀들

유연희 지음

삼인

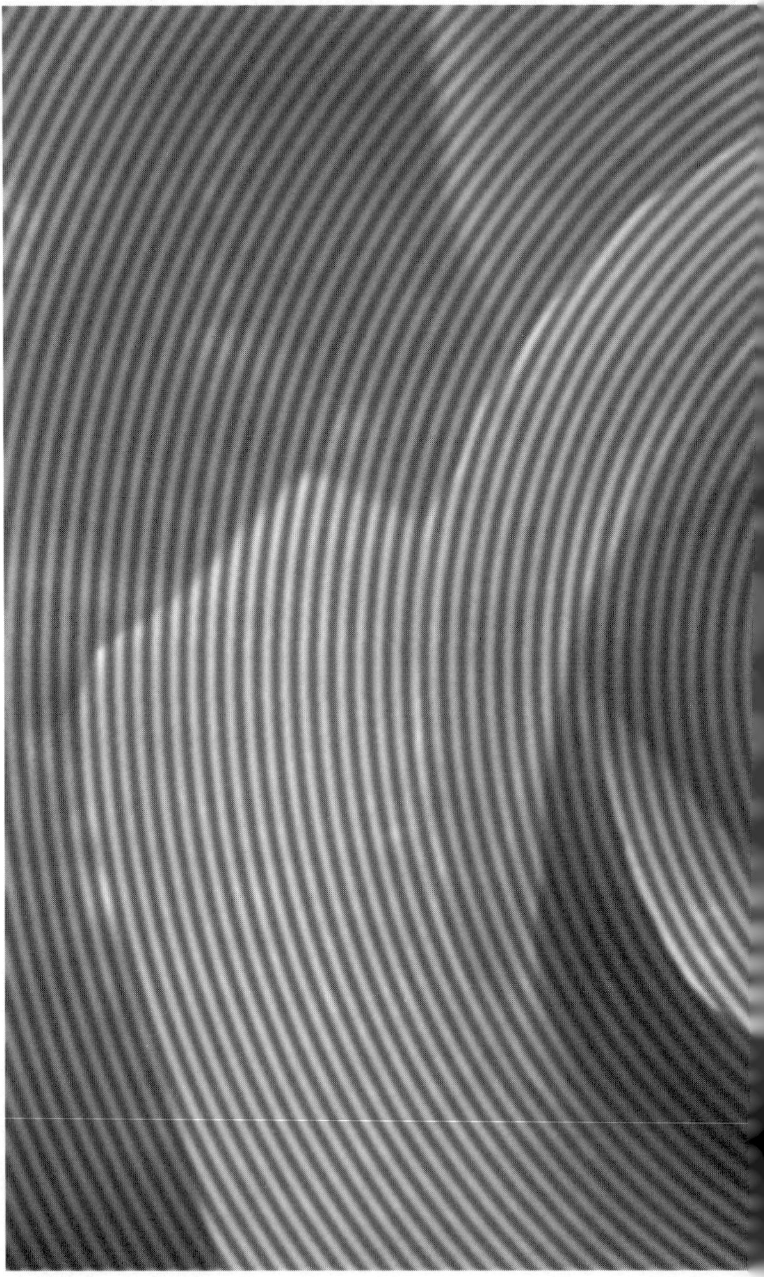

차례

제 1 장

역사 속 여성들은 어떻게 살았을까?

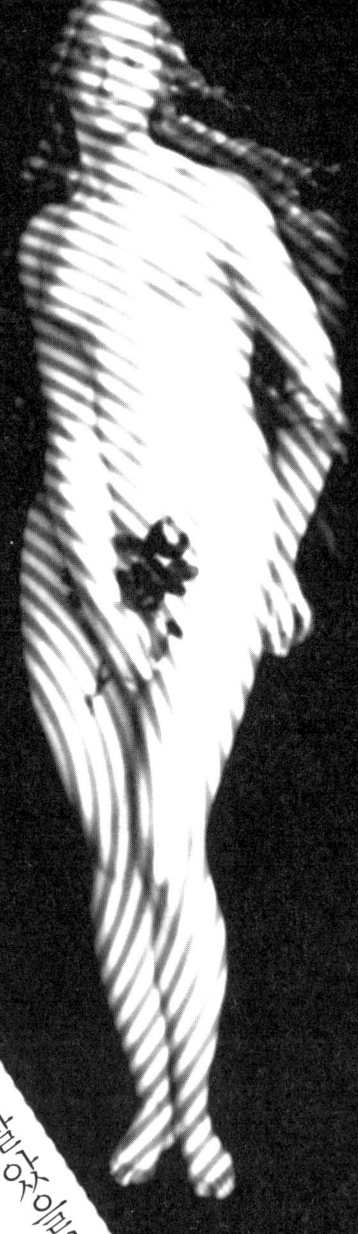

오경 속 여성들은 어떻게 살았을까? 오래전에 살았던 여성의 삶에 대해 묻는 것은 오늘 우리를 위한 의미를 찾고 싶기 때문이다. 성서는 긴 시간에 걸쳐 형성된 경전이기 때문에 '성서의 여성'이 어떠했는지를 일반적으로 말하거나 짧은 글 속에서 간단히 다룰 수 없다. 여기서는 오경이 보여주는 여성의 모습만을 생각해보려고 한다.

오늘날의 여성과 구약성서 오경 속의 여성과의 거리는 멀고도 가깝다. 오경 속 여성의 삶은 시대와 지리, 문화, 경제, 사회, 정치와 같은 모든 면에서 현대 여성의 삶과는 상당히 동떨어져 있고 상이하다. 동시에 그러한 모든 간격에도 불구하고 오경 속 여성의 삶은 현대 여성, 특히 한국 여성의 삶과 별반 다르지 않은 것처럼 보이기도 한다. 여전히 한국의 사회와 교회 속에 엄존하는 성차별의 현실 때문에 그런지도 모른다. 특히 교회의 성차별 때문에 여성은 덜 행복하다고 느끼고 있고 그래서 성서 속의 여성은 행복했는지 묻는다. 독자는 현대의 관심을 가지고 오경을 읽을 수밖에 없으나 현대와 평면적으로 비교하지 않도록 유의해야 한다.

오경은 가부장적이고 위계적인 문화를 반영한다. 남성이 여성보다 더 빈번하게 등장하고, 공적인 영역에서 남성들이 더 지도력의 위치를 점하고 있고, 남성 위주로 내러티브를 전개한다. 그러나 이런 모습 때문에 오경의 여성이 억압되었고 종속적이었다고 판단할 수 있을지는 별개의 문제이다. 오경은 여성을 억압하려는 의도를 가지고 쓴 문헌도 아니다. 그래서 "사회에서 여성이 실제로 맡은 역할이 무엇이었으며, 사회가 여성에게 부여한 가치가 무엇이었을까?"와 같은 질문이 도움이 된다. 성서는 이런 질문에 대해 어느 정도의 해답을 줄 수 있지만 성서에 묘사된 바가 당시 여성의 실제 역할과 가치를 그대로 반영한다고 볼 수는 없다. 일부는 당시의 현실 모습을 기록한다고 볼 수 있고, 일부는 저자들의 개인적인 관점을 반영한다고 볼 수 있다.

고대 이스라엘 사회의 기본 단위는 개인이 아닌 가족이었고, 남성 가장은 가족을 보호할 의무가 있었다. 이것은 모든 남성들이 공적인 영역에서 모든 여성들 위에 지도력을 가졌다는 뜻이 아니다. 남성들은 사회 경제적 관심과 삶의 물리적인 현실 때문에 지도자의 위치를 주로 차지했다. 그러면서도 오경은, 여성이 공적으로 남성 위에 지도자로 활동하기도 하였고 이러한 여성 지도력이 잘 받아들여진 것을 보여준다. 오경은 아내들이 가장은 아니었지만 집에서 남편과 동등한 힘을 행사하는 것을 보여준다.[2]

성서를 페미니스트 시각으로 해석하는 작업은 1970년대부터 본격화되었고, 문학비평, 심리분석비평 등과 페미니스트 시각이 결합되어 다양한 해석이 나왔고, 요즘은 남성 학자들도 페미니스트 해석에 적극 참여하고 있는 추세이다. 학자들은 이스라엘 사회에서의 여성의 지위를 고대 근동에 비교하여 다음과 같이 각기 다르게 이해했다.

①고대 근동에서는 일반적으로 여성의 지위가 낮았고, 이는 구약성서 오경에 나타난 여성의 지위도 마찬가지이다.[3]

②고대 이스라엘에서는 남성 중심의 유일신교 때문에 여성의 지위가 고대 근동보다 더 낮았다.[4]

③이스라엘 여성은 고대 근동의 여성보다 더 높은 법적 지위와 권한을 가졌다.[5]

이와 같이 고대의 문헌이란 현대의 독자에게 늘 다양한 해석의 여지를 열어놓고 있다. 우리는 오경의 내러티브와 법률을 통해 고대 이스라엘 여성을 이해하는 작업을 할 것이다. 그리고 그 이해는 오경의 여성을 새롭게 보도록 해줄 것이다.

1. 오경 내러티브 속의 여성

오경의 내러티브는 여성이 종교, 사회 문제에서 높은 지위를 누렸다는 것을 보여준다.[6] 창세기에는 약 30명의 여성 인물이 언급되고, 오경의 나머지 책에서는 여성 등장인물의 수가 창세기보다 상대적으로 적지만 여성은 여전히 지혜롭고, 주체적이고, 강한 사람들로 나온다. 지면상 오경에 등장하는 모든 여성을 다룰 수는 없으므로 여기서는 주요 여성 등장인물만 다루도록 한다.

1) 최초의 여성, 이브(창세기 2~3장)

창세기의 맨 앞에 나오는 이브와 아담의 창조와 불순종 이야기는 성서 본문보다 해석에서 더 여성 억압적이었다. 전통적이고 여성 억압적인 해석에 의하면, 남성을 먼저 창조하고 여성을 나중에 창조한 것이 여성의 열등함을 나타내고, 여성이 남성에게서 나왔기에 여성은 자율적 존재가 아니라 이차적 존재이며, 여성은 남성을 위한 내조자로 지어졌다고 한다. 또한 여성이 남성을 유혹하여 불순종하게 만들었고, 세상에 죄가 들어오게 하였고, 여성은 저주를 받아 출산의 고통을 겪으며, 하나님은 남성에게 여성을 다스릴 권한을 주셨다고도 한다. 이러한 여성 억압적인 해석은 본문의 전체 맥락보다는 자구에 치우친 것이고, 그 결과 지난 세월 동안 교회 안에서 성차별의 현실을 만들어냈다.

이브와 아담 내러티브를 본문의 전체 맥락에서 읽는 해석을 몇 가지 소개하면 다음과 같다. 먼저 사물과 현실 모습의 기원을 설명하는 원인론적인(aetiological) 이야기로 보는 것이다.[7] 하나님은 최초의 두 인간이 완벽한 동산에서 평화로이 살도록 지으셨다. 그러나 인간은 하나님의 명을 어겼고, 벌을 받아 고생스럽고 불평등한 인생살이를 하게 되었다. 하나님이 뱀과 여성과 남성에게 차례로 판결을 내리는 부분(창 3:14~19, 특히 16절, "또 여성에게 이르시되 내가 네게 임신하는 고통을 크게 더하리니 네가 수고하고 자식을 낳을 것이며 너는 남편을 원하고 남편은 너를 다스릴 것이니라 하시고")은 사람들이 이해할 수 없는 일, 인간의 힘으로 어쩔 수 없는 현실, 바람직하지 않은 인간의 경험 등을 설명하기 위한 것이다. 곧, 뱀은 어쩌다가 배로 기어 다니고, 사람을 물어 죽이기도 하여 기피 대상이 되었을까? 그 이유는 뱀이 사람을 꾀어 하나님의 명을 어기도록 했기 때문이다. 여성은 어쩌다가 남성의 지배를 받고 해산의 고통은 물론 출산 때 죽기도 하는가? 여성이 금단의 열매를 먹었고 남성에게도 먹게 했기 때문이다. 남성이 받은 벌은 농경사회를 반영하고, 죽도록 일해야 하는 현실이 담겨 있다. 남성이 힘들게 노동을 해야 하는 이유는 역시 하나님의 명을 어기고 금단의 열매를 먹었기 때문이다. 동등한 존재로 지어진 두 인간이 위계제도 속에서 살게 된 것은 불순종 때문에 벌을 받았기 때문이다. 창세기는 이처럼 불순종과 그로 의한 인간의 무거운 짐으로써 광대한 인류 드라마를 시작하는 서사시이다. 내러티브는 모든 피조물이 겪는 실존 문제에 대한 설명을 할 뿐 특정 인물을 탓하지 않는다.

필리스 트리블(Phyllis Trible)은 이브와 아담의 이야기를 가장 먼저 전적으로 새롭게 읽은 학자 중의 하나이다.[8] 트리블의 수사학적 해석에 의하면, 최초의 인간은 성 구별이 없었고, 여성이 창조될 때 남성 또한 창조되었다. 여성의 창조에 대해 남성이 외친 "내 뼈 중의 뼈, 살 중의 살"(2:23)이라는 말은 연대성, 상호성, 동등성, 하나 됨을 나타낸다. 특히 여성은 선악을 알게 하는 나무의 열매를 따 먹기 전에 삶의 전 영역을 망라하여 자신이 어떻게 되리라는 점을 충분히 인식하고 있다. 여성은 지적이고 민감하고 독창적이다. 여성은 두 사람의 대표인 양 말하고, 실제로 뱀은 이브에게 말할 때 "너희"라고 지칭한다. 남성이 옆에 있는데도 조언이나 허가를 구하지 않고 독립적으로 행동하고, 열매를 따먹고 남성에게도 준다. 이와 대조적으로 남성은 선악을 알게 하는 나무에 대해 아무 통찰이 없고, 내내 침묵하고, 열매를 먹지 말자고 제안하지도 않는다. 트리블은 이들의 평등했던 사랑 이야기가 불순종 때문에 실패하고 둘 사이에 위계질서가 생기지만 나중에 아가의 연인 이야기가 동등한 사랑을 회복한다고 본다.

에덴동산 이야기에서 여성이 대표 역할을 하는 양 금단의 열매에 대해 독자적으로 성찰하고 판단하고 행동하고, 남성이 그것을 따르는 모습은 분명 독특한 묘사이다. 이 내러티브를 남녀평등 및 인간과 자연과의 평등과 조화의 메시지로 해석하여 창조의 본래 뜻을 회복하는 것이 중요하다. 아담과 이브의 이야기가 인간의 실존적인 삶에 대해 커다란 배경 그림을 제시한다면 조상설화는 좀 더 자세하게 종교, 사회, 가정에서의 남녀의 역할을 묘사한다.

2) 여조상: 민족의 창시자

창세기의 조상 이야기의 주제는 하나님께서 조상들에게 주신 자손과 땅에 대한 약속이 어떻게 실현되는지이다. 이 주제 속에서 여성은 단순한 아내가 아니라 민족의 창시자들로 나온다.

사라: "여러 민족의 어머니." 첫 여조상인 사라는 남편인 아브라함과 동등하거나, 그 이상으로 묘사되어 있다.[9] 아브라함은 사라에게 이집트 사람들 앞에서 누이라고 해달라고 명령이 아니라 간청을 한다(창 12:13, "원하건대 그대는 나의 누이라 하라"). 하나님은 이방 땅에서 사라

를 보호하신다(12:10~20; 20:1~8). 사라의 지시로 아브라함은 하갈과 동침하였다. 또한 사라의 요청으로 아브라함은 하갈을 쫓아냈다(16:1~4; 21:8~21). 하나님 또한 사라를 옹호하시면서 아브라함에게 "사라가 네게 이른 말을 다 들으라"고 지시하신다(21:12). 사라는 아브라함만큼이나 하나님의 계약에 중요하다. 사라의 씨가 계약의 약속을 이루리라고 하나님이 강조하신다(17:18~19; 21:12). 아브람이 아브라함으로 이름이 바뀐 것처럼 사래도 함께 사라로 바뀐다(17:15). 사라도 약속을 함께 받는다. "내가 그에게 복을 주어 그가 네게 아들을 낳아 주게 하며 내가 그에게 복을 주어 그를 여러 민족의 어머니가 되게 하리니 민족의 여러 왕이 그에게서 나리라."(17:16) 17장의 앞부분과 뒷부분은 할례에 대해 다루는데 사라에 대한 약속이 한가운데에 놓여 있다. 이는 곧 약속이 아브라함의 남성 자손만이 아니라 사라와 여성들에게도 유효하다는 것을 나타낸다.

사라는 자신이 원하는 바를 원하는 때에 말하고, 아브라함은 순순히 따른다. 아브라함이 사라에게 명하는 것이 아니라, 사라가 아브라함에게 명한다. 아브라함은 불임 아내를 버리지 않고 살아 있는 동안 다른 아내를 얻지 않는다. 다른 남성 조상들처럼 사라가 죽을 때 여조상으로는 유일하게 나이를 언급하고(23:1), 사라의 장례와 장지 구입에 대해 한 장을 길게 할애한다(창 23장). 사라가 죽은 후 아브라함의 말년 48년에 대해서는 자세한 언급이 없다. 사라는 자신이 원하는 바를 남편에게 관철하였고 여러 민족의 어머니로 인정받았다.

하갈: "셀 수 없이 많은" 후손, 에돔의 여조상. 하갈은 사라의 이집

트인 여종으로서 아브라함을 통해 이스마엘을 낳는다. 하갈은 임신 기간 동안에 사라의 학대로 집을 나간다. 이때 성서 역사상 처음으로 하나님의 천사 곧 하나님께서 하갈에게 나타나신다(21:17). "하늘에서 천사가 부르는" 장면이 성서에서 여기와 아브라함의 모리아산 사건 때(22:11~12) 뿐인데, 천사는 하갈의 이름을 부른다(16:8, "사라의 여종 하갈아"; 21:17). 지금껏 사라와 아브라함은 하갈을 노예, 종으로 불렀다. 하갈이 후손에 대해 하나님께 받은 약속은 아브라함이 받은 약속과 비슷하다(16:10, "내가 네 씨를 크게 번성하여 그 수가 많아 셀 수 없게 하리라." 22:17 참조). 약속은 두 사람을 나란히 둔다. 하갈이 주의 천사에게서 직접 민족에 대한 약속을 받은 것은 여성에게 주어진 유일한 사건이다. 하갈은 에돔족의 여조상이 될 것이다. "네가 임신하였은즉 아들을 낳으리니 그 이름을 이스마엘이라 하라"(창 16:11)는 성서에서 최초의 수태고지로서 이사야 7장 14절에 있는 임마누엘 예언과 거의 똑같은 표현이다. 또한 하갈은 성서에서 하나님에게 이름을 명명한 유일한 여성이다. "하갈이 자기에게 이르신 여호와의 이름을 나를 살피시는 하나님(엘-로이)이라 하였으니."(창 16:13) 하갈이 아이와 함께 쫓겨나 브엘세바 광야에서 죽음에 직면했을 때 하나님은 "그(이스마엘)가 큰 민족을 이루게 하리라"(21:18)고 약속을 재확인하신다. 이는 다시 아브라함 계약(12:2)과 비슷한 약속이다. 원래 하나님은 아브라함에게 약속을 주시며 아브라함을 통한 이스라엘 민족의 창건에 관심을 가지셨다(창 12:1~3). 하갈은 하나님의 구원사를 복잡하게 만들어 아들 이스마엘을 통해 민족을 이루실 것이라는 약속을 받았다. 하나님은 하갈 이야기에서 신분과 인종을 넘어 미래에 대한 약속을 주시는 분으로 묘사되었고, 이런 점에서 하갈은 성서신학에서 중추적인 인물이다.

리브가: 후손의 운명을 미리 안 여조상. 사라 세대 내러티브의 주제가 사라의 불임 및 이스마엘과 이삭 중에서 누가 땅과 자손의 축복에 관한 약속의 상속자가 될 것인가라면, 리브가 세대에서는 에서와 야곱 두 아들 중 하나님이 정하신 상속자인 차남 야곱을 어떻게 축복받게 할 것인가이다.[10] 하나님이 리브가에게만 자손의 미래에 관한 비밀을 밝히셨기 때문에 리브가가 단독으로 하나님의 신탁을 실현할 책임을 진다. 다른 여조상이나 아브라함의 탄생보고는 없는 반면 리브가는 탄생보고가 있다(창 22:20~24). 창세기에서 가장 긴 24장은 리브가를 다음 여조상으로 택하는 내러티브로서 하나님의 인도하심이 두드러진다. 특히 리브가가 자신의 운명을 스스로 결정하는 모습(창 24:58, "가겠어요.")은 그녀가 어떤 종류의 역할을 맡을 것인지를 예시한다.

리브가는 임신 중의 고통으로 하나님께 여쭈러 직접 찾아가는데, 성서에서 최초로 '하나님께 여쭈러' 간 사람이다(창 25:22). 하나님은 리브가의 쌍둥이 아들 중 차남이 상속자가 될 것이고 큰 민족을 이룰 것이라는 신탁을 주신다(창 25:23). 이 신탁 보유자는 남편이 그랄 사람들에게 리브가가 자신의 아내가 아니라 누이라고 거짓말을 하는 바람에 위기를 겪은 후(창 26:1~11), 때가 되었을 때 이삭을 속이고 야곱이 축복을 받게 한다(창 27:1~17, 42~46).

화자는 여러 문학 장치를 써서 리브가가 계획적인 속임수를 쓴 것이 아니라 즉석에서 상황에 대응하였다고 독자를 설득한다. 리브가가 이삭이 에서를 축복하려는 계획을 우연히 들은 것이나 이삭을 속이기 위해 별도의 기획이 아닌 평소의 살림 솜씨를 사용한 것이 그러하다. 리브가는 상속자 야곱의 생명과 미래를 확보할 뿐만 아니라 가족 내에 폭력 상황이 발생하지 않도록 조치를 취해서 두 아들이 후일에 화해할 수 있는 여지를 남긴다. 리브가는 중대한 시점에서 아브라함과 비견되고 그처럼 기능하고 종종 그를 뛰어넘는다.

레아, 라헬, 빌하, 실바: 열두 지파의 어머니. 레아와 라헬은 야곱의 아내로서 주도권과 힘을 쥐고 행동하는 여성으로 나온다. 두 사람은 자녀를 더 갖기 위해 각각 여종 빌하와 실바를 야곱에게 아내로 삼게 한다. 이들의 자녀들이 후에 이스라엘의 열두 지파를 이룬다. 레아와 라헬은 자녀의 이름을 짓는 일을 독점한다(창 29:32~30:24). 합환채 이야기에서 누가 언제 남편과 성관계를 가질 것인지를 결정하는 것도 이 여조상들이다(창 30:14~16). 야곱은 앞날의 계획에 관해 두 아내와 상의하는 모습을 보인다. 그는 장인 라반이 자신의 품삯을 주지 않은 것과 꿈에서 하나님의 사자가 고향에 돌아가라고 했다고 보고한다. 레아와 라헬은 아버지 라반에게 화를 내고, 야곱더러 하나님의 인도하심을 따르라고 촉구한다(31:14~16). 레아와 라헬은 자녀를 더 갖고자 경쟁하는 모습을 보이지만 둘 사이의 갈등은 부각되지 않고, 오히려 한 목소리로 견해를 같이한다. 이 내러티브는 가부장제 사회에서 가장이 마음대로 이주를 결정하거나 반드시 여성이 아들을 낳아야 가치가 있었다고 제시하지 않는다. 가장은 아내들과 상의를 했고, 자녀의 수와 상관없이 사랑받은 사람은 라헬이었다. 레아와 라헬은 모두 강한 아버지 라반을 기꺼이 떠나 낯선 나라를 향해 가는 상당한 용기를 보인다.

라헬은 떠나면서 가신상(드라빔)을 훔친다(창 31장). 라헬이 가족의 축복과 보호를 보장하기 위해 가신상을 가져간 것인지, 구체적으로 어떤 이유인지는 알 수 없지만 라반의 격분과 긴 수색 과정을 미루어 가신상의 중요성을 짐작할 수 있다. 라헬은 가신상을 깔고 앉아 있으면서 생리중이라는 이유로 라반을 막는다. 라헬은 피의 터부를 자신의 이익에 역이용했다. 그간 딸들은 아버지의 선택에 의해 운명이 좌우되었다. 내러티브에서 가장 강하고 여러 번 속임수를 쓴 인물이었던 라반이 이제 딸들에 의해 가장 약하게 되고 속임수를 겪는다. "아버지가 우리를 팔고 우리의 돈을 다 먹어버렸으니 아버지가 우리를 외국인처럼 여기는 것이 아닌가"(창 31:15)라는 딸들의 생각은 가신상을 통한 속임수로 실현된다.

창세기는 여조상들을 민족의 창시자들로 제시하고 있지, 남편의 억압적인 권위나 예속 상태에 있었다고 묘사하지 않는다. 여조상들은 오히려 자손과 민족의 미래에 관한 중요한 문제에서 주도적인 태도로 남편에게 지시를 내리거나 책임지고 이끌어갔다.

3) 출애굽의 열두 딸

출애굽기 1장과 2장에는 12명의 '딸들'이 나온다(익명의 시녀들은 제외한 십브라와 부아, 요게벳, 미리암, 바로의 공주, 이드로의 일곱 딸). 이들은 민족의 구원자 모세를 구함으로써 억압받는 히브리 민족 전체를 구한 여성으로 묘사된다.[11] 이는 이스라엘의 열두 '아들들'에 필적하는 화자의 의도적인 연결이라고 볼 수 있다. 먼저 십브라와 부아는 히브리 산파로서 모든 히브리 남아를 죽이라는 바로의 명에 맞서 독립적이고 용감한 결정을 내린다.[12] 바로는 익명이나, 산파는 이름을 갖고 등장한다. 모세의 어머니 요게벳은 성서에서 최초로 야훼의 이름(theophoric)을 부여받았다. 남편은 잠깐만 언급되고(출 2:1) 다시 등장하지 않는 반면, 요게벳은 아기를 임신하여 낳고, 아기가 잘생긴 것을 보고, 석 달 동안 숨기고, 갈대상자에 역청과 나무진을 칠하고, 아기를 거기 담아 나일 강가 갈대 사이에 두고, 아기를 데려다가 젖을 먹이는 등 여러 동사의 주어로서 집중을 받는다(2:2~3; 9~10). 어린 누나인 미리암은 아기를 발견한 이집트 공주에게 다가가 "내가 가서 당신을 위하여 히브리 여인 중에서 유모를 불러다가 이 아기에게 젖을 먹이게 하리이까?"(출 2:7) 하고 독자적으로 제안하여 어머니와 공주를 연결하고 동생을 살리는 결정적인 역할을 한다. 또한 이집트인 '딸'이 '내려와' 우는 아기를 '보고,' 불쌍히 여기는 모습은 하나님의 구원행동과 직접 평행하는 표현이다(3:7~8 참조). 이집트 공주가 모세를 위해 하는 일을 하나님이 곧 이스라엘을 위해 하시려는 일이다.

미디안의 제사장 이드로의 일곱 딸들은 모세의 사명을 새 국면으로 이끈다(출 2:18~22). 십보라(2:21~22)는 남편 모세를 죽을 뻔한 위기에서 살려내어 이 사명을 계속할 수 있게 한다. 모세가 히브리 백성을 구하려고 이집트로 돌아가는 길에 하나님이 그를 죽이려 하신다. 십보라가 재빨리 아들에게 할례를 행하고 아들의 포피를 베어 모세의 발에 갖다 대며, "당신은 참으로 내게 피 남편이로다" 라고 말하자 하나님이 모세를 살려주신다(4:24~26). 하나님이 모세를 죽이려 하신 이유는 분명치 않다. 학자들은 모세가 계약의 의무인 할례를 인정하지 않아서 그런 것이라고 추측한다. 어쨌든 이스라엘적인 배경이 없는 십보라가 사제인 아버지와 같은 역할을 하여 할례를 행했다고 묘사된 것이 놀랍다.

이 출애굽의 딸들 중 미리암만이 오경의 나머지 부분에도 등장한다(출 15장; 민 12장, 20:1, 26:59; 신 24:9 참조). 아기 모세를 구할 때 지성과 외교력과 용기와 영리함을 보였던(2:1~10) 미리암은 민족의 지도자가 된다. 모세와 아론과는 달리 미리암이 결혼했다는 언급이 없다. 출애굽 사건이 시작되자 내러티브는 모세와 아론에게 집중하고 여성의 중요성은 약화된다. 그러나 출애굽 서두에서 나일 강변에 나타난 미리암은 홍해 해변에서 다시 나타난다(2:1~10; 15:20~21). 미리암이라는 존재가 이집트로부터의 이스라엘의 해방을 앞뒤로 감싸고 있다. 미리암은 오경에서는 아브라함 다음으로 두 번째로 예언자라는 호칭을 받는다(15:20). 출애굽기 15장에는 모세의 노래와 미리암의 노래가 병렬되어 있다. 모세의 노래는 1인칭 단축형(jussive)으로 시작한다(15:1, "내가 주께 노래할 것이다."). 미리암은 2인칭 복수명령으로 시작한다("주께 노래하라."). 이 문법은 모세의 노래가 미리암의 노래에 대한 응답이라고 볼 수 있다. 이 남녀혼성 합창은 출애굽의 절정이고, 남녀의 연대, 상호성, 보충성, 상호의존성을 나타낸다.

미리암에 대한 성서의 묘사는 일관성이 없다. 민수기 12장에는 미리암과 아론이 모세에게 도전한 후 미리암만 벌을 받게 된 이야기가 나온다. 화자는 공동체에 갈등, 곧 모세의 지도력에 도전하는 사람들이 있음을 인지하고 모세의 특별한 지위를 옹호하려고 한다.[13] 화자는 이 과제를 수행하기 위해 여러 가지 문학적이고 이데올로기적인 전략을 수행한다. 그는 특별한 등장인물인 하나님으로 하여금 모세 대신 감정적인 언행을 하는 것으로 묘사한다. 또한 도전자 아론이 모세를 '내 주'라고 부르게 하여 남성의 협력을 구하고, 모세를 관대한 사람으로 묘사하고, 미리암을 침묵시킨다. 화자는 하나님이 모세에게만 말씀하신다고 주장했지만 사실 하나님은 미리암과 아론에게도 말씀하시는 것으로 묘사함으로써 모순을 보인다.

미리암만 처벌받은 것은 역설적으로 이 지도력 문제의 핵심이 아론이 아닌 미리암에게 있었다는 말이 된다. 처음부터 화자가 견제 목표로 삼은 것은 아론이 아니라 모세에게 실질적인 위협이 된 미리암이었는지도 모른다. 미리암의 침묵은 아론의 발언과는 대조적으로 확고한 의지와 저항을 나타낸다. 후에 미리암의 죽음 보고(민 20:1)는 미리암의 두드러진 위치를 강조한다. 미리암은 남성 자손만을 언급한 역대기의 족보에 아므람의 자식(문자적으로는 벤/아들)으로 포함되어 있다(대상 6:3). 미가는 이스라엘의 지도자로 아론, 모세와 더불어 미리암을 언급한다(미 6:4). 미리암과 관련된 내러티브와 언급을 종합해보면, 초기 이스라엘에서 지도자들의 권력 관계가 느슨하였다는 점과 제의나 정치 분야에서 지도력의 위치에 있던 여성이 공적인 영역에서 점점 배제된 것을 살펴볼 수 있다.

4) 부동산을 받은 딸: 말라, 노아, 호글라, 밀가, 디르사(민 27:1~11; 36장)

민수기에는 구약성서에서 여성의 유산상속을 법으로 제정하는 유일한 예가 나온다(민 27:1~11; 36:1~12; 수 17:3~6 참조). 민수기 27장에서 말라, 노아, 호글라, 밀가, 디르사라고 하는 슬로브핫의 다섯 딸들은 주저하지 않고 이스라엘 역사상 유례없는 행동을 한다. "회막 어귀에서 모세와 제사장 엘르아살과 지도자들과 온 회중 앞에 서서"(민 27:2) 아들을 남기지 않고 죽은 부친의 재산에 대한 상속권을 대담하게 주장한다. 민수기 27장은 사건의 장소와 등장인물(딸들, 사제, 모세, 지파 대표들, 전체 회중), 문학적 전개방식에 있어서 송사의 규모와 중요성을 강조한다. 화자는 딸들을 매우 호의적으로 묘사한다. 딸들은 직접화법으로 설득력 있게 말하고, 하나님 역시 직접화법으로 딸들의 주장을 받아들이고 법 제정을 지시하신다. 이에 반해, 민수기 36장은 다른 문체와 의도를 보인다. 남성 친척들이 경제적인 관심을 가지고 이 여성들의 결혼 상대를 동일 지파 내로 제한하는 규정을 통과시킨다. 등장인물은 남성 친척과 모세뿐이고 하나님의 결정도 간접적으로 전달된다. 36장이 민수기의 끝부분에서 남성 친척들이 이제 막 토지를 소유하는 여성들에게 제동을 건 것이다.

딸의 상속 우선권을 보이는 엘람(Elam, 2000초 BCE) 문서, 아들과 딸의 상속권 둘 다를 말하는 알랄라(Alalah) 문서, 원칙적으로 딸의 상속권은 없지만 아들이 없는 경우에 상속하는 수메르, 누지, 우가릿 문서들을 볼 때 일반적으로 이스라엘은 딸의 상속을 더 제한하였다고 볼 수 있다.[14] 여호수아 17장 3~6절에서 슬로브핫의 다섯 딸이 "제사장

엘르아살과 여호수아와 지도자들 앞에 나아와서" 민수기에서의 결정을 직접화법으로 상기시킨다. 5, 6절은 실제로 그들이 유산을 받은 것으로 보고한다. 갈렙의 딸 악사는 땅과 샘에 대한 관심을 갖고, 아버지에게 요청하여 받아냈다(수 15:16~19). 이들 내러티브의 역사성은 불확실하지만 초기 이스라엘에서 딸들이 부동산을 받았을 가능성을 보여준다.

민수기는 두 부분(1~25장과 26~36장)으로 나눌 수 있고, 각각 인구조사로 시작한다. 첫 부분은 광야에서 실패와 죽음으로 끝나는 첫 세대에 관한 것이고, 둘째 부분은 약속의 땅으로 향하는 다음 세대에 관한 것이다. 슬로브핫의 딸들의 이야기는 둘째 부분에서 가장 중요하고 희망적이다. 딸들은 새 세대가 어려운 환경에서도 끈질기게 주님을 의지하는 신앙을 예로써 보여주었다.[15] 그러나 민수기 36장이 27장의 희망을 약화시킨다는 면에서 두 본문은 새 세대가 약속의 땅에서 겪을 희망과 도전을 상징한다고 볼 수 있다.

오경 내러티브 속의 여성들을 한마디로 정리하려면 캐롤 마이어스(Carol Meyers)의 "기능적인 비계급주의," "기능적인 성 균형"이라는 표현이 유용할 듯하다.[16] 여성들은 개별성, 영향력이 있었고 기능에 따라 다른 역할을 수행하였다. 여성은 가부장제 하에 있었지만 억압당하는 여성들이 아니었고, 남녀 간에 공평한 상황을 보여준다. 이 기능적인 비계급주의는 정확한 법적 평등이 어땠는지에 관한 우리의 질문을 무색하게 한다.[17] 이런 면에서 리처드 데이비드슨(Richard Davidson)은 오경의 내러티브는 여성이 가정에서 동등하게 대우받았고, 동등한 힘을 가졌고, 가족 결정에 똑같이 참여했다고 단언한다.[18]

2. 오경 법전 속의 여성

고대 근동의 연구들은 이스라엘 여성의 지위가 고대 근동 여성의 지위보다 비교적 높았음을 밝혀냈다. 엘리자베스 테틀로우(Elizabeth Tetlow)에 의하면,[19] 수메르와 고대 아시리아에서 여성은 남성과 거의 동등한 권리를 가졌고, 고대 바빌론에서도 여전히 상대적으로 높은 지위를 가졌다. 그러나 후대에 봉건적이고 군사적인 사회(곧, 히타이트, 후기 바빌론, 중기/후기 아시리아)에서 여성의 지위가 쇠퇴하였고, 중기/후기 아시리아 시대에 가장 낮았다고 한다. 리브카 해리스(Rivkah Harris)는 메소포타미아에서 여성의 권리와 지위가 고대 수메르에서보다 더 높고, 특히 아시리아에서 아내는 이스라엘보다 남편에게 훨씬 더 종속적이었다고 한다.[20]

예를 들어, 중기 아시리아 법 중에는 범법자 남성을 대신하여 아내를 처벌하는 법이 있다. "아버지의 집에 살고 있는 미혼의 처녀가…… 강제로 강간을 당했을 경우, 아버지는 강간범인 남자의 아내를 잡아다가 강간을 당하게 해야 한다."[21] 여기에서 주목할 점은, 오경의 법에는 범법자 남편 대신에 아내가 벌을 받는 규정 같은 것은 없다는 점이다. 또한 중기 아시리아 법에는 남편이 아내를 부정하다고 해서 채찍질하고, 눈을 뽑고, 머리를 잡아당기고 귀를 자르거나 때리라고 허락한 법들이 있다.[22] 성서의 법에는 어떤 식으로든 남편에게 아내를 벌하라고 허락하는 법이 없다.

오경의 법전 속에 나타난 몇 가지 규정은 현대의 독자가 볼 때 고대 이스라엘에서 여성의 지위가 낮았다고 생각하게 한다. 여기서는 그러한 혐의를 받는 규정을 몇 가지 다루고자 한다. 가장의 의무 중 하나는 아내와 딸의 섹슈얼리티를 보호하고 그래서 가족 구조의 온전함을 보호하는 것이었다. 법의 목적은 가족의 온전함, 안정, 재정 능력을 보장하려는 것이었다. 현대 독자의 눈에 여성 및 여성의 섹슈얼리티를 종속적인 지위에 두는 것처럼 보이는 일부 법들은 여성을 보호하려는 것이지, 억압하려는 것이 아니라는 것이다.[23]

1) 계약, 십계명, 여성

출애굽기의 계약법전(출 20:22~23:33)에 들어 있는 십계명을 먼저 살펴본다. "네 이웃의 아내를 …… 탐내지 말라"(20:17)라는 대목은 십계명의 청중이 여성이 아니었고, 십계명이 여성을 배제한 법전이라는 인상을 준다. 특히 19장에는 '모든 백성'이 시내산에서 하나님이 내려오시는 때를 위해 옷을 빨아 입으며 성결하게 준비하라는 대목이 나온다. 모세는 백성에게 "여성을 가까이 하지 말라"고 당부한다(19:15). 어떤 학자들은 '백성'(암)이 결국 남성만 포함하는 말이고, 이 구절이 성서의 어느 곳보다 더 명백하게 여성이 사회의 중심 제도에서 배제되고 부차적인 지위를 갖고 있다는 사실을 가리킨다고 보았다.[24] 그러나 신명기 29장 9~12절은 남녀가 모두 계약 예식에 백성(암)으로 있었다고 명시한다.[25] 최근에 학자들은 법 용어에서 젠더의 포괄성에 대해 다루면서 여성이 계약의식의 참여자이었을 뿐만 아니라 법 준수에도 똑같은 책임이 있었다고 본다.[26] 신명기 31장 11~12절도 그렇게 명시한다. "……이 율법을 낭독하여 온 이스라엘에게 듣게 할지니 곧 백성의 남녀와 어린이와 네 성읍 안에 거류하는 타국인을 모으고…… 이 율법의 모든 말씀을 지켜 행하게 하고." 이들 학자들은 십계명이 남녀 둘 다를 대상으로 하는 의도를 가졌고 '남성'을 거론한다고 해서 반드시 여성이 배제된 것은 아니라고 본다. 명백하게 배제한 본문이 아니면 모두 포함하는 것을 전제로 하는 것이며, 성을 명시할 때는 다른 성을 배제하려는 것이 아니라 주제의 중요성을 강조하기 위해서이다. 마법(레 20:27; 신 17:2~7), 성매매(신 23:17~18), 우상숭배(신 13:7~11; 13:6~10), 금지된 성관계(레 18:6~18; 20:10~21)는 남녀 똑같이 벌을 받는다. 그렇다면 여성을 가까이 하지 말라거나, 이웃의 아내를 탐내지 말라는 말은 남성에게 자신의 성에 대해 더 책임을 지라고 강조하는 것이라고 할 수 있다.

제4계명인 안식일 계명에서 아내는 아무 일도 하지 말라는 명단에 포함되지 않는다. "안식일인즉 너나 네 아들이나 네 딸이나 네 남종이나 네 여종이나 네 가축이나 네 문안에 머무는 객이라도 아무 일도 하지 말라."(출 20:10) 아내를 생략했다고 해서 안식일에 아내가 계속 일하라는 뜻이 아니다. 오히려 아내가 이 명단에 포함되지 않은 것은 남성형 주어인 "너희는 ~할 것이다"에 아내가 포함되었다는 의미이다.[27] 부모를 공경하라는 제5계명은 오경의 법에서 반복된다(출 20:12; 21:15, 17; 레위기 20:9; 신 21:18~21; 27:16). 레위기 19장 3절은 놀랍게도 일반 순서와 바꾸어 아버지 자리에 어머니를 먼저 둔다. "어머니와 아버지를 공경하라."

2) 정결과 부정(레위기 12장, 15장)

아들을 낳으면 7일간, 그리고 딸을 낳으면 14일간 월경할 때와 같이 부정하니 해당 정결 절차를 거쳐야 한다는 규정(레 12:1~8)은 성차별적인 것으로 보인다. 조나단 매고닛(Jonathan Magonet)은 이 규정에 대해 생리학적인 부정과 병리학적인 부정을 구별하면서 정결법의 부정(impurity)에는 의학적인 이유가 있다고 본다.[28] 곧 레위기 12장 1~8절은 '피의 정결'에 관한 것이고, 오염시키는 피에 관해 다룬다. 오늘날에도 의료진은 출산시 여아나 산모의 질출혈이 있는지 관찰하는데, '피의 정결'은 산모와 여아의 유출에 적용하고 그래서 두 명의 여성으로 계산한다. 이 부정을 제의적으로 다루어야 하지만 영아는 할 수 없으므로 방금 한 몸이었던 엄마가 상징적으로 부정을 떠맡아 정결기간을 두 배로 가질 뿐이다. 곧 7일, 14일이란 간단한 산수의 문제이지 성차별의 문제가 아니라는 것이다.

여성의 유출에 관한 또 하나의 구절(레 15:19~31)과 더불어 레위기의 이 두 구절은 부정적인 해석을 통해 여성에게 오명을 씌웠고 교회에서의 지도력을 배제하는 데 쓰였다. 이스라엘은 종교 예식에서 피를 경외했지만 그 외에는 오염의 근원으로 여겼다. 출산과 월경으로 피를 흘리는 여성은 부정하다고 간주되어 성전에 접근할 수 없었다. 레위기가 보여주는 이 피의 터부는 유대 가부장사회의 초석이었다.

마이어스는 월경, 피부, 곰팡이, 유출병 등에 대해 규정하는 레위기 12~15장의 터부는, 남성 및 성적으로 중성인 경우 등 다른 신체 조건도 다루고 있으므로 여성만 제한하는 규정이 아니라고 본다.[29] 이들 규정은 월경을 비도덕, 비정상 영역에 두지 않는다. 이들 규정은 처벌이 아니고, 여성의 지위에 대해 저평가를 하는 것도 아니다. 성서의 제의 부정에 관한 규정은 젠더를 공평하게 다룰 뿐만 아니라, 월경과 관계된 규정은 오히려 여성을 보호하고 여성에게 힘을 실어주는 것이라고 보는 학자들도 있다.[30] 메리 더글라스(Mary Douglas)의 경우, 여성이 힘이 없을 때는 여성의 부정에 대한 개념이 없다고 주장한다.[31] 월경의 피와 접촉하지 않는 것을 포함한 월경 터부는 여성이 사회적이고 경제적인 지위 때문에 남성의 권위에 도전이 될 때 존재한다고 본다. 곧 오경의 피의 터부는 여성이 사회, 경제적인 힘이 있었다는 것을 반영한다.

3) 여성의 서원(민수기 30장 4~17절)과 서원예물의 값(레위기 27장 1~25절)

민수기 30장 4~17절은 남편 또는 아버지가 아내나 딸의 서원을 철회시킬 권리를 갖는다고 규정한다. 이것은 여성이 열등하거나 무능해서가 아니라 가장에게 법적 역할과 책임이 있기 때문이다.[32] 이 규정은 가장이 아내나 딸에게 해가 될 수 있는 결과로부터 그들을 보호하는 예방 메커니즘을 반영하고, 그런 면에서 제의적인 이익보다는 가족의 이익을 우선시하고 있다.[33]

레위기 27장은 사람을 야훼께 드리기로 서원할 때 그 사람에 해당하는 값을 연령과 성별에 따라 자세히 정한다. 20~60세는 남성이 은 50세겔, 여성이 30세겔, 5~20세는 남성이 20세겔, 여성이 10세겔, 1

개월~5세는 남성이 5세겔, 여성이 3세겔, 60세 이상은 남성이 15세겔, 여성이 10세겔이다. 여성의 서원예물 값이 남성보다 적은데, 이것은 여성의 낮은 지위를 나타내는가? 이것은 단순히 성막에서 하는 일의 가치일 뿐이지 본질적인 인간의 가치를 말하지 않는다고 보는 학자도 있고, 아이를 낳고 기르는 노동력을 고려할 때 오히려 여성에게 높은 가치를 두는 규정이라고 보는 학자도 있다.[34] 그렇다면 레위기의 고정가는 평등하다. 평가의 기초는 사회적 지위가 아니라, 성전 일을 할 때 어린이, 노인의 신체적 힘을 고려한 것뿐이다. 노인은 보통 사회에서 지혜와 영향력이 높게 평가되는데 여기서는 신체적인 힘을 고려하여 낮게 평가된다. 흥미로운 것은 이 목록이 한창 일할 나이(20~60세)를 먼저 실은 후, 아동과 청소년(5~20세) 그리고 유아와 노인(60세 이상)의 순서로 열거한다는 점이다. 이 순서가 의도적이라면 위 학자들의 생각을 뒷받침해준다.

4) 아내가 탈선으로 의심받을 때(민수기 5장 11~31절)

민수기 5장은 남편이 아내의 탈선을 의심할 때 제사장에게 데려와 사실 여부를 모종의 비과학적인 절차를 통해 밝히는 것을 다룬다. 독자들은 종종 그 반대의 규정, 곧 아내가 남편이 의심스러울 때 제사장에게 데려와 같은 절차를 치르게 하는 규정이 없다는 데 심기가 불편하다. 그러나 제이콥 밀그롬(Jacob Milgrom)은 이 규정이 여성을 보호하기 위해서이지 수치를 주려는 것이 아니라고 주장한다.[35] 로이 게인

(Roy Gane)은 이 규정이 전체 이스라엘 법 중에서 주께서 초자연적인 수단으로 정의로운 판결을 약속하는 유일한 예라고 관찰한다. 이것은 '대법원의 재판을 받을 권리가 여성에게만 주어진 경우'이고, 남편의 자존심과 군중의 편견으로부터 죄인과 무고한 자를 모두 보호하려는 법이라는 것이다.[36]

5) 손을 잘라야 하는 여성(신명기 25장 11~12절)

두 남성이 싸울 때 한 남성의 아내가 상대 남성의 고환을 잡으면 여성의 손을 자르라는 규정이 있다(신 25:11~12). 성서의 규정 중에서 신체 절단을 요하는 유일한 경우이다. 고대 근동의 법에 "여성이 남성의 고환을 으깨면(crush) 그녀의 손가락들을 잘라야 한다"는 규정이 있다.[37] 이 법에 비해서 성서의 법은 남성의 고환을 으깨지 않았는데도 손을 자르라니 지나친 차별 같고, 폭력적인 여성혐오법처럼 보인다. 제롬 월쉬(Jerome Walsh)는 "손을 잘라야 한다"로 번역하기보다는 언어학적 · 사전적 근거로 "성기의 〔털〕을 깎아야 한다"로 번역하는 것이 맞고, 그러면 벌의 두 가지 의도인 보복과 수치를 반영할 수 있다고 주장한다.[38] 이런 번역으로 여성혐오적이라는 혐의를 얼마나 벗겨줄 수 있을지는 모르겠으나 이 남성학자는 성서의 규정이 성차별적이지 않다고 옹호한다.

6) 제사장직과 여성의 종교, 사회활동

구약성서에서 제사장이 모두 남성인 것이 일부 독자들에게는 여성 억압에 대한 증거이다. 보수 기독교 지도자들은 이것을 여성이 교회에서 지도력의 역할을 맡을 수 없다는 증거로 쓰기도 한다. 현대인들이 간과하기 쉬운 사실은, 무엇보다도 거의 모든 이스라엘 남성들이 제사장이 될 수 없었다는 점이다. 한 지파와 한 가족, 곧 레위 지파와 아론 가문만이 자격이 있었다(출 28~29장; 레 8~9장).

이스라엘의 남성 제사장직은 고대 근동에서 여사제를 포함한 것과 대조적이다. 기원전 이천년기 후반부와 천년기에 고대 근동의 여사제들의 주요 기능은 '신들'의 아내 역할이었으므로 유일신교인 야훼 종교에서 그런 기능은 재고의 여지가 없다. 헤니 마스먼(Hennie Marsman)에 의하면, 기원전 삼천년기와 이천년기 전반에 이집트와 메소포타미아에서 많은 여성들이 사제 역할을 수행했다.[39] 그러나 이천년기 중반에 이르기까지 상당히 많은 수가 사라졌다. 이스라엘 역사에 해당하는 시기에는 고대 근동에서 높은 가문 출생의 여성들만이 사제가 되었다. 그러므로 아론 가문 남성들에게만 제한했던 제사장직을 가지고 여성의 지위를 폄하한 것이라고 볼 수 없다.

여성의 지위는 가족 내에서만이 아니라 종교, 사회 영역에서도 높았다. 여성은 연례 축제에 참여했고(신 5:14; 16:10~11; 29:9~12; 31:12), 즐거워 노래하며 기도했고(신 12:18; 삼상 2:1~16 참조) 희생 제물의 식사에 참여했고(신 12:18), 제물을 바치고 돌아온 부분을 먹었고(민 18:18), 정결 예식, 면죄 등의 예식에 참여했다(레위기 12:1~8; 13:29

~39 ; 15 :19~29). 여성이 제물을 잡는 것을 금하는 규정도 없다. 또한 여성들은 성막 문에서 공적인 자격으로 정기적으로 사역했다(짜바/ṣaba', 출 38:8 ; 삼상 2:22 참조). 이 사역의 구체적 내용은 불분명하나 브레바드 차일즈(Brevard S. Childs)는 짜바가 레위인의 일처럼 조직된 업무를 가리킨다고 본다.[40] 남녀 모두 주도적으로 맹세하고 의무를 질 수 있었다(민 6장 ; 30 :4~16 ; 삼상 1 :11, 24~28 참조). 둘 다 나실인으로 맹세하여 비범한 성별에 참여할 수 있었다(민 6:2~21). 특히 이 법이 "남성이나 여성이 …… 서원을 하고"로 시작하는 것이 독특하다.

이 글에서는 지면상 오늘날의 독자가 볼 때 성차별적으로 보이는 모든 법을 다루지는 않았다. 법은 내러티브와 마찬가지로 해석에 따라 달라진다. 같은 성서 본문인데 학자들은 여성억압적이라는 해석도, 성평등적이라는 해석도 내놓았다. 성서 본문이 해석의 차원에 머문다면 양쪽의 어떤 해석이라도 설득력이 있는 한 수긍할 수 있을 것이다. 문제는 해석이 해석의 차원에 머물러 있지 않고 현재 교회의 모습을 정당화하는 데 쓰일 때이다. 특히 일정한 해석이 불합리하고 차별적인 제도를 뒷받침하기 위해 쓰인다면 큰 오류가 아닐 수 없다.

마무리

우리는 이제까지 오경의 내러티브와 법이 고대 이스라엘 여성의 지위를 낮거나 억압된 모습으로 제시하지 않는다는 것을 살펴보았다. 오히려 오경은 여성들을 강하고 적극적인 인물들로 묘사하였다. 여조상들은 민족과 집단의 창시자로 제시되었고, 가정에서 주체적인 존재로 활동하였고, 남편과의 관계나 집안 문제에서 주도하는 모습을 보였다. 출애굽의 열두 딸은 출애굽의 해방자로 묘사되었는가 하면, 아들이 없는 집안의 딸들은 땅을 달라고 공적으로 요청하여 부동산을 갖게 되었고, 딸의 상속을 허용하는 법이 생겨난 일도 있었다. 우리가 다루지 않은 오경의 다른 여성들 또한 비록 부정적인 역할을 맡아 등장할지라도 대부분이 강한 모습을 보인다.

우리는 또한 현대 독자의 눈에 성차별적으로 보일 만한 여러 법률 규정이 고대의 문화에서는 약자를 보호하려는 동기를 갖고 있다는 것을 관찰하였다. 그러므로 현대의 기준으로 성서의 법률을 단순하게 평가하는 것은 오류일 수 있음을 살펴보았다. 오경의 법전을 고대 근동의 법과 비교할 때 고대 이스라엘의 여성의 지위가 고대 근동의 여성의 지위보다 높았고 존중받았다는 것을 알 수 있다. 성막 문에서 일하고 연례 축제에 참여하고 기도하고 서원을 한 오경 속의 여성은 현대인에게 대등한 모습으로 성큼 다가온다. 이처럼 우리는 오경 속의 여성이 현대 여성 못지않게 사회적으로 자신의 몫을 수행하고 남성과 나름 대등한 관계 속에서 살았다고 생각한다.

1 이 글은 "오경과 여성"이라는 제목으로 『토라의 신학』 (동연, 2010), 311~39쪽에 실렸다.

2 John Otwell, *And Sarah Laughed: The Status of Women in the Old Testament* (Philadelphia: Westminster, 1977), 111~12; Tikva Frymer-Kensky, *In the Wake of the Goddesses: Women, Culture, and the Biblical Transformation of Pagan Myth* (New York: Free Press/Maxwell Macmillan, 1992), 128.

3 Athalya Brenner, *The Israelite Woman: Social Role and Literary Type in Biblical Narrative* (Sheffield Academic Press, 1994); Gale Yee, *Poor Vanished Children of Eve: Woman as Evil in the Hebrew Bible* (Augsburg Fortress, 1994); Esther Fuchs, *Sexual Politics in the Biblical Narrative: Reading the Hebrew Bible as a Woman* (Sheffield, Eng.: Sheffield Academic Press, 2000.)

4 로즈마리 류터/안상님 옮김, 『性차별과 神學』, (대한기독교출판사, 1985), 원제는 Rosemay Radford Ruether, *Sexism and God~Talk: Toward a Feminist Theology* (Boston: Beacon, 1983); Esther Fuchs, "Literary Characterization of Mothers and Sexual Politics in the Hebrew Bible", in *Feminist Perspectives on Biblical Scholarship*, ed. Adele Yarbo Collins (Chico: Calif.: Scholars Press, 1985), 117~36.

5 Carol F. Fontaine, "A Heifer from Thy Stable: On Goddesses and the Status of Women in the Ancient Near East", In "Ad Feminan: Fiftieth Anniversary Volume". Edited by Alice Bach. *Union Seminary Quarterly Review* 43 (1989): 67~91.

6 Alice Ogden Bellis, *Helpmates, Harlots, and Heroines: Women's Stories in the Hebrew Bible* (Louisville, Ky.: Westminster/John Knox Press, 1994).

7 알리스 L. 라페이, 『여성신학을 위한 구약개론』, (대한기독교서회, 1998), 51.

8 필리스 트리블/ 유연희 옮김, 『하나님과 성의 수사학』. (태초, 1996), 4장. 원제는 Phyllis Trible, *God and the Rhetoric of Sexuality* (Philadelphia: Fortress, 1978).

9 이경숙, 『구약성서의 여성들』 (대한기독교서회, 1994), 9~20.

10 유연희, 『아브라함과 리브가와 야곱의 하나님』(대한기독교서회, 2009)을 보라.

11 그러나 셰럴 엑섬은 이 내러티브가 여성을 긍정적으로 묘사한 듯하지만 실은 기존의 성 계급을 고정시키고 주어진 성역할을 유지하는 이야기일 뿐이라고 지적했다. Cheryl J. Exum, "Second Thoughts about Secondary Characters: Women in Exodus 1.8~2.10", in *A Feminist Companion to Exodus to Deuteronomy*, ed. Athalya Brenner, Feminist Companion to the Bible 6. (Sheffield, Eng.: Sheffield Academic Press, 1994), 75~87.

12 출애굽 사건에서 여성의 구원활동에 대해서는 이영미, "출애굽 여성과 구원(출 1:15~22, 2:1~10)", 「구약논단」 16 (2004): 35~54를 보라.

13 제4장 참조. 이경숙, "출애굽의 여성 지도자 미리암", 『구약성서의 여성들』 (대한기독교서회, 1994), 33~44.

14 Z. Ben~Barak, "Inheritance by Daughters in the Ancient Neat East", *Journal of Semitic Studies* 25 (1980): 22~33.

15 Dean R. Ulrich, "The Framing Function of the Narratives about Zelophehad's Daughters", *Journal of the Evangelical Theological Society* 41 (1998), 538.

16 Carol Meyers, *Discovering Eve: Ancient Israelite Women in Context* (Oxford University Press, 1988), 44, 45 외 여러 곳.

17 Meyers, *Discovering Eve*, 44~55.

18 Richard M. Davidson, *Flame of Yahweh: Sexuality in the Old Testament* (Hendrickson Publishers, 2007), 251.

19 Elizabeth Meier Tetlow, *The Ancient Near East, vol. 2 of Women, Crime, and Punishment in Ancient Law and Society*, New York: Paulist, 1980.

20 Rivkah Harris, "Women (Mesopotamia)", in *Anchor Bible Dictionary*, vol. 6, ed. D. N. Freedman (New York: Doubleday, 1992), 947~51.

21 Theophile J. Meek, "The Middle Assyrian Laws", *ANET*, 185.

22 Meek, "The Middle Assyrian Laws", *ANET*, 185.

23 Davidson, *Flame of Yahweh*, 244.

24 Phyllis Bird, "Images of Women *in the Old Testament*", in *Religion and Sexism: Images of Woman in th Jewish and Christian Traditions*, ed. R. R. Reuther (New York: Simon & Schuster, 1974), 50; Drorah O'Donnell Setel, "Exodus", in *The Women's Bible Commentary*, ed. C. A. Newsom and S. H. Ringe (Louisville: Westminster/John Knox Press, 1992), 33.

25 "그런즉 너희는 이 언약의 말씀을 지켜 행하라……. 이스라엘 모든 남성과 너희의 유아들과 너희의 아내와 ……다 너희의 하나님 여호와 앞에 서 있는 것은 네 하나님 여호와의 언약에 참여하며……"(신 29:9~12)

26 Frank Crüsemann, *The Torah: Theology and Social History of Old Testament Law*, trans. Allan W. Mahnke (Minneapolis: Fortress, 1996), 49~52; Davidson, Flame of Yahweh, 342.

27 Frymer~Kensky, "Deuteronomy", in *The Women's Bible Commentary*, ed. C. A. Newsom and S. H. Ringe (Louisville: Westminster/John Knox Press, 1992), 54.

28 Jonathan Magonet, " 'But If It is a Girl She Is Unclean for Twice Seven Days……' : The Riddle of Leviticus 12:5", in *Reading Leviticus: A Conversation with Mary Douglas*, ed. John F. A. Sawyer (Sheffield : JSOT Press, 1996), 144~52.

29 Meyers, *Discovering Eve*, 36~37.

30 Jonathan Klawans, *Impurity, and sin in Ancient Judaism* (New York: Oxford Univ. Press, 2000), 122.

31 Mary Douglas, *Purity and Danger* (London: Routledge & Kegan Paul, 1966), 142.

32 James B. Hurley. *Man and Woman in Biblical Perspective* (Grand Rapids, Mich.: Zondervan Pub. House, 1981), 44.

33 Bird, "Images of Women in the Old Testament", 56.

34 Walter C. Kaiser, *Toward Old Testament Ethics* (Grand Rapids, Mich.: Zondervan, 1983), 206; Roy Gane, *Leviticus, Numbers*, 468.

35 Jacob Milgrom, "A Husband's Pride, a Mob's Prejudice: The Public Ordeal Undergone by a Suspected Adulteress in Numbers 5 Was Meant Not to Humiliate her but to Protect Her", *Bible Review* 12, 4 (1996): 21.

36 Roy Gane, *Leviticus*, Numbers, 526.

37 Meek, "Middle Assyrian Laws", *ANET*, 181.

38 Jerome T. Walsh, "You Shall Cut off Her... Palm? A Reexamination of Deuteronomy 25:11~12", *Journal of Semitic Studies* 49 (2004): 58.

39 Hennie J. Marsman, *Women in Ugarit and Israel: Their Social and Religious Position in the Context of the Ancient Near East* (Boston: E. J. Brill, 2003), 544~45.

40 Brevard S. Childs, *The Book of Exodus: A Critical, Theological Commentary* (Philadelphia: Westminster, 1974), 636.

제 2 장

돕는 배꼽을 찾아서

돕는 배필은 어디에 있을까?

"이 차에 당신의 배필이 타고 있을지도 모릅니다." 이것은 최근 한 지방 도시의 전철에 붙은 중매회사의 광고이다. 배필이란 우리말로 짝이나 배우자를 뜻하는 중립적이고 상호적인 말이다. 이 단어는 좀 예스럽기는 하지만 성평등의 시대에 사용해도 손색이 없는 말이다. 하나님은 최초의 인간(하아담, 창 2:18)을 위해 에제르 크넥도, 곧 최고의 짝을 만드셨다. 그 짝은 여자였다. 이 최고의 파트너는 여러 번역본이 두 히브리어 단어를 번역하는 과정에서 잃어버렸다.

NRSV는 "a helper as his partner"(파트너로서의 돕는 이)로, JPS TANAK는 "a fitting helper"(알맞은 돕는 이)로 번역하였다. 우리말 성서 개역개정은 '돕는 배필'로, 새번역은 '알맞은 짝'으로 번역하였다. 한국어로 '돕는 배필'은 표준 번역이 되어왔다. 그러나 '돕는 배필'이라는 표현에서 '돕는'이라는 표현 때문에 많은 설교자나 주석가들이 이 말을 여자가 남자보다 열등하고, 최초의 남자와의 관계에서 가치를 갖고, 그 연장선상에서 남자 일반과의 관계에서 가치를 갖는다고 자유로이 해석했다.

최초의 두 사람, 특히 최초의 여자 이브는 한국에서 어떻게 해석되어왔을까? 우리는 학자들이 최초의 여자가 창조되는 장면, 금단의 열매를 먹는 장면, 여자에게 내린 선고(창 3:16)를 어떻게 해석하였는지에 살펴볼 것이다. 다음과 같은 질문이 유용할 것이다. 한국의 해석자들은 남자와 여자가 완전히 동등하게 창조되었다고 보았을까? 그들은 이브가 뱀과 대화할 때 이브를 바보라고 보았을까, 아니면 악의 구현으로 보았을까? 창세기 3장 16절에 나오는 여자에 대한 심판을 어떻게 보았을까?

해석사는 대체로 세 시기로 구분할 수 있다. 첫 시기는 한국 개신교의 시작(1885)으로부터 20세기 중반까지로서 선교사들과 초기 기독교인의 해석을 엿볼 수 있다. 둘째 시기는 20세기 중반부터 1980년까지로 잡아보았다. 이 시기는 한국인들이 처음으로 서구에서 공부하고 돌아와 주석서를 내기 시작한 때이다. 셋째 시기는 1980년부터 현재까지이다. 1980년은 한국여신학자협의회가 창설되어 본격적으로 성서를 여성의 관점에서 해석하였기 때문에 이 해를 기준으로 나누었다. 우리는 각 시기에 나온 해석의 예를 찾아보고 평가할 것이다. 주로 남성 학자들의 해석을 주로 다룰 것이고, 주제와 관련된 부분만을 다룰 것이다. 감리교 목사요, 최초의 신학자인 최병헌(1858~1927)으로 시작하는 것이 적합할 듯하다. 그리고 이 출발점 이래로 한 세기 동안 어떤 진보나 변화가 있었는지를 살펴보고자 한다.

1. 제1시기: 1885년부터 20세기 중반까지

이 시기는 개신교 선교사들이 한국에 도착한 첫 해로 시작해서 1950년대까지이다. 우리는 이 첫 시기 동안에 미국 선교사들이 한국에서 성서를 해석하는 데 있어서 중요한 역할을 했으리라고 상상할 수 있다. 그러나 이 시기에는 적은 수의 해석만을 접할 수 있다. 1898년 7월 7일의 『대한기독교회보』에 실린 최병헌의 「여학교론」이 좋은 출발점이 된다. 사실 이 글의 저자는 미상이다. 이 신문을 출간하기 시작하고 운영한 사람이 최병헌이고, 글의 내용과 최병헌의 삶을 고려할 때 그가 저자인 듯하다. 「여학교론」에서 저자는 여성의 교육을 지지한다. 최병헌은 딸을 학교에 보내지 않던 시절에 자신의 딸들을 일본 유학까지 보낸 사람이다. 그래서 그가 이 글을 쓴 저자로 보는 것이 무리가 아니다.

이 글은 창세기에 대한 공식 주석은 아니지만 최초의 인간 창조에 관한 창세기 본문에 대한 그의 이해를 보여준다. 그는 이렇게 서술한다. "처음에 하나님은 남자와 여자, 아담과 이브를 만드셨다. 두 사람은 창조의 순서는 다르지만 이들은 같은 영혼, 몸, 움직임, 감각을 가졌다." 최병헌은 최초의 여자에 대한 자신의 생각을 당시에 소녀들의 교육 문제와 연결시킨다. 그는 "교육을 받아서 남자보다 뛰어난 현명한 여자들이 많다. 교육을 받지 못해 마음이 고집스럽고 여성보다 열등한 남자들이 많다. 남자든 여자든 재능이 있는 사람들을 교육시키는 것이 중요하다"라고 말한다. 최병헌이 살았던 시대와 문화를 고려할 때 이 말은 가히 혁명적이라 하겠다. 최병헌은 한국이 가난과 질병의 나라라고 알려지던 110년 전의 한국 사회를 향해 이런 말을 던진 것이다. 당시에 여자아이들을 학교에 보내는 것은 그럴 법한 생각이 아니었다. 그러나 최병헌은 한 걸음 더 나아가 딸들을 해외에 보내 공부를 시켰다.

몇 십 년이 지나 우리는 하리영이라는 지적인 저자를 발견한다. 하리영은 미국 감리교 선교사 하디(Robert A. Hardie)의 한국명이다. 그는 『신학세계』에 창세기 주해를 몇 번에 걸쳐 연재하였다. 그는 하나님께서 여자를 남자의 갈비뼈로 창조하신(창 2:22) 의미에 대해 이렇게 설명한다. "남편은 그 아내를 자기 몸과 같이 사랑하고 보호할 책임이 있고, 아내는 그 남편을 항상 도와주어야 할 의무가 있는 것을 가리킨다."[1] 이 해석은 두 사람 사이의 동등성과 상호성을 강조한다. 하리영은 창세기 2장 24절에 대해서 말하기를 "그들의 사랑과 그 모든 관계는 부모와 자녀 간보다도 더 밀접한 것이다. 이와 같이 창조자는 혼인의 일부일처제가 되어야 할 것을 표시하였다"[2]라고 했다. 당시의 한국 문화는 남자들이 여러 아내와 첩을 둘 수 있었다. 기독교는 일부일처제에 대해 엄격히 가르쳤고 여성의 해방에 상당히 기여했다. 우리는 하리영의 주석에서 한국 기독교인들이 축첩폐지 운동을 한 흔적을 엿볼 수 있다.

하리영은 최초의 여자가 뱀과 대화를 나눈 부분에 대해서 이렇게 해석한다.[3] 뱀이 "연약한 여성에게 달려들어서 하나님의 명령을 곡해케 한 것"이다. 이브는 "하나님처럼 지적으로 되고 싶었기 때문에" 뱀의 말이 그럴 듯하게 들렸다. 하나님이 불순종한 두 사람에게 벌을 내리신 것에 관해서 하리영은 "하나님은 처음부터 인생의 번성하는 것을 원하였는데 사람이 타락하지 아니하였더라면 아무 고통도 없고 비애도 없이 그 번식의 목적을 달하였을 것이다"라고 본다.[4] 당시로서는 진보한 성 인지를 갖고 있는 것으로 보이는 이 저자가 "하나님은 본래 여자가 남자와 동등될 것으로 생각지 아니하였다"라고 말한 것이 흥미롭다. 그런 후 곧 서둘러 "그렇다고 남자가 여자를 낮게 보아 종이나 하인처럼 대우하라는 것은 아니니 부부간에는 서로 존경하고 사랑하는 것이 당연하다"라고 수정한다.[5]

미국 감리교의 여성 선교사인 L. H. 맥컬리(McCully)는 창세기에 관한 얇은 단행본에서 최초의 두 사람에 대해 두 가지 생각을 피력한다.[6] 첫째로, 남자와 여자는 원래 한 몸속에 들어 있었다. 둘째로, 여자는 나중에 몸 밖으로 나타났지만 똑같은 권리를 가진 온전한 인간이 되었다. 일반적으로 죄 때문에 인간은 하나님의 형상을 잃었고 열등한 상태가 되었다. 그러나 그들은 예수의 이름으로 회복될 수 있다.

맥컬리가 두 개의 성이 한 몸속에 원래 들어 있었다고 주장하는 것은 주목할 만하다. 만일 그게 사실이라면 여자가 나중에 나타난다고 해도 그것이 여자의 열등성을 나타내는 것이라고 볼 수 없기 때문이다. 이는 사도 바울의 해석(딤전 2:13)과 다른 것이다. 이 견해는 여성의 동등성에 관한 맥컬리의 견해와 잘 어울린다. 맥컬리가 최초의 두 사람이 한 몸에서 나왔다고 하고, 여성이 동등하다고 말했을 때 1930년대 한국의 기독교인이 어떻게 받아들였는지는 알 수 없다.

이 시기에서부터 최초의 두 사람이 동등하다고 하는 주장이 두드러진다. 이와 관련해서 강조한 것은 소녀의 교육 문제와 배경 문화인 축첩에 반대한 일부일처제이다. 이 논조는 새로운 종교인 기독교의 평판과 함께 간다. 이 종교는 전통 사회에서 억압당하며 살고 있던 여성이 해방을 경험하게 하였다.

2. 제2시기: 20세기 중반부터 여성 시각의 성서 해석이 시작된 1980년까지

이 기간은 한국의 학자들이 소수나마 미국 등 해외에서 신학을 공부하고 한국의 신학교에서 가르치기 시작한 때였다. 여기서는 이 기간을 대표하는 학자로 유형기와 박윤선을 선정하였다.[7]

유형기의 『성서주해 I』는 *The Interpreter's Bible*(Abingdon, 1952)을 번역한 것이지만 번역에서 사용한 한국어가 그의 생각과 시대의 표현을 엿보게 하고, 당대의 독자들이 많이 사용한 책이므로 우리의 목적에 어긋나지 않는다. 유형기는 에제르 크넥도를 '적당한 보조자'라고 번역한다.[8] 그는 '에제르'가 '조수, 보조원'을 뜻한다고 본다. 1970년대 말에 필리스 트리블(Phyllis Trible)은 에제르에 대해 연구하며 이 말이 이스라엘을 도우시는 하나님을 가리킬 때 종종 사용한 것을 밝혀냈다. 에제르가 돕는 조수 정도를 가리키지 않는다고 주장한 것이다.[9] 트리블은 또한 본문에 근거하여 이브를 심미적이고, 신학적이고, 창의적인 인물로 해석하였다. 그 후 이브를 가리켜 에제르 크넥도라고 할 때 현대의 독자들에게는 '조수'라는 이미지가 떠오르지 않으니 격

세지감이 있다. 유형기 주해에서 이 최초의 여자는 '남편을 안과 밖에서 격려해주는 이'이고, 이에 비해 동물은 '하나님이 원하시는 따위의 값진 보조자'가 아니라고 한다.

이 주해에서 하나님은 아담을 잠들게 하신 후 여자를 지으시고 '신부의 아버지처럼 그 여인을 남자에게로 안내'하신다. 아담이 "내 뼈 중의 뼈요, 살 중의 살이라"고 말한 것에 대해 이 주해는 "아내를 처음 본 사나이의 기쁨이야 더 할 수 있었으련만(창 2:21~23) 그 기쁨은 아직 원시적이요, '결혼의 신비의 상징으로 나타난 속계를 초월한 사실(엡 5:22~23)'은 아직 몰랐다"라고 말한다. 이 말이 무슨 뜻인지 모호하지만 분명한 것은 성서 이야기에서 아직 결혼 상황이 벌어지지 않았음에도 불구하고 여자를 '아내'로 칭하고 '결혼'을 언급한다는 점이다. 또한 인용한 에베소서 구절은 "아내 된 여러분, 남편에게 하기를 주님께 하듯 하십시오. 그리스도께서 교회의 머리가 되심과 같이, 남편은 아내의 머리가 됩니다. 바로 그리스도께서는 몸의 구주이십니다. 교회가 그리스도께 순종하듯이, 아내도 모든 일에 남편에게 순종해야 합니다"이다. 이 주해는 첫 여자를 첫 남자와 동등하게 여기지 않았음을 보여준다.

이 주해는 불순종 후에 여자에 대한 벌(창 3:16)에 관해서 여자의 삶을 고달프게 하는 세 가지로 잉태의 고난과 해산의 고통, 남자를 그리는 욕구, 그러나 그에게서 안식과 만족을 찾지 못하고(롬 1:9) 무시를 당하고 지배를 받는 것이라고 열거한다.[10] 이 주해는 한 발 더 나아가 비쉘이라는 사람의 말을 인용한다. "여자의 생활은 '참을 수 없는 충동의 종이 되어…… 고통 중에 신음하고, 목숨을 걸고 해산하며 모욕을 당하고, 과중한 짐을 지며, 고생에 시달리고 눈물이 마를 때가 없는 것이다.'" 여성에 관한 이 부정적인 인용문은 곧이어 야훼 기자(J)가 시대에 앞선 여성 우호적인 사람이었다고 말하는 것과 대치된다.

J는 남자가 여자를 지배하는 것을 좋게 생각지 않았고, 남녀의 관계, 따라서 모든 사람의 관계가 다 평등이요, 인격적이어야 한다고 보았다는 것이다.[11] 이 상치하는 생각을 20세기 중반의 한국 독자들이 어떻게 받아들였을지 모르겠다.

박윤선의 경우, 하나님이 여자를 아담의 갈비뼈로 만드신 이유를 몇 가지 찾는다. "그 배필은 아담과 한 몸이 되도록 지으셨다는 것, 직분은 서로 다르나 인권은 동등이라는 것, 그 배필은 아담의 사랑할 자라는 것이다. 갈빗대는 인체에 있어서 심장부에 관련되어 있으니 극히 보호를 받아야 된다."[12] 박윤선은, 최초의 인간이 양성(androgyne)이었고 하나님이 첫 인간의 여자 부분을 취해 여자를 만들었다는 오빙크(Obbink)의 견해에 반대한다.[13] 이 반대의 근거는 디모데전서 2장 13절에서 나온다. "사실, 아담이 먼저 지으심을 받고, 그다음에 하와가 지으심을 받았습니다." 박윤선에게 있어서 창세기 2장 24절의 "그리고 그들이 한 몸이 되었다"는 부부의 윤리 및 남편과 아내의 연합의 진리를 가르친다. 일부일처제가 창조의 질서 속에 근본적으로 깊이 뿌리박고 있다는 것이다. 이브가 뱀과 나눈 대화에 관해서 박윤선은 이브가 뱀과의 대화를 거부하지 않았다는 사실 자체가 죄라고 본다.[14]

20세기 중반에 이 영향력 있는 두 저자는 서구 학자들의 글을 번역하거나 인용하였다. 그 과정에서 본문을 어떻게 '한국적'으로 해석하였는지 단언하기 어렵다. 그들의 코멘트는 인간관계에서 때로 동등이라는 개념을 사용하기는 하지만 종종 가부장적이다. 그들의 해석은 전통적이고 남성과 남편에 중심을 두고 또한 남녀의 결혼에 중심을 둔다.

그다음에 등장하는 김정준의 해석은 여성주의 시각을 어느 정도 포함한다. 그는 여성에 대해 비하적인 표현을 사용하지 않는다. 그러나 남자와 여자 사이의 결혼을 과도하게 강조하는 경향이 있다. 그는 야훼 저자(Yahwist, J)가 최초의 두 인간 사이에 상호성을 두었다고 칭찬한다.[15] J는 남녀 사이의 철저한 동등성을 보여준다는 것이다. 김정준은 남자들과 여자들이 서로에게 상호 보완적이고 그들이 하나로 연합할 때 하나님의 창조질서를 구현하는 것이라고 강조한다. 그는 야훼 저자를 솔로몬 시대에 둔다. 그리고는 솔로몬이 일처다부제를 하여 하나님이 인간을 창조하신 원칙을 깼다는 것을 야훼 저자가 드러낸다고 본다(왕상 11:3, "그는 자그마치 칠백 명의 후궁과 삼백 명의 첩을 두었는데, 그 아내들이 그의 마음을 사로잡았다."). 김정준에게 있어서 일부일처제 또는 한 남자와 한 여자의 결혼이 하나님의 창조 원칙이고 하나님이 정하신 질서이다. 그는 여자가 뱀과 대화한 장면에 관해서는 여자가 뱀에게 속았고 남자를 공범으로 만들었다고 주장한다.[16]

3. 제3시기: 1980년부터 현재까지

1980년은 한국여신학자협의회(이하 여신협)이 창설된 해이다. 이 여신협의 회원은 여성신학을 진작시키는 데 뜻을 함께하는 신학생, 신학교 졸업생, 평신도, 신학자를 아우른다. 1980년 이전에도 서구에서 여성신학을 공부하고 한국에 소개한 학자들이 있었지만 여신협의 기독 여성들은 성서를 보다 본격적으로 여성 시각에서 해석하기 시작했다. 한국의 여성 학자들은 창세기 1~3장에 관한 필리스 트리블의 영향력 있는 해석을 잘 알고 있다. 그래서 이 글에서는 한국의 남성 학자들의 작업만을 살펴보고자 한다.

제3시기의 학자들은 성서 해석사를 돌아볼 때 창세기 1장 27절, "하나님이 당신의 형상대로 사람을 창조하셨으니, 곧 하나님의 형상대로 사람을 창조하셨다. 하나님이 그들을 남자와 여자로 창조하셨다"에서 여성과 남성 사이의 동등성을 보는 데 아무 문제가 없다. 그러나 창세기 2장에 나오는 두 번째 창조 내러티브에서 남성 학자들은 여성주의 입장의 정도가 각기 다르다.

1980년대에 서인석의 흥미로운 창세기 해석이 있다.[17] 나는 이 문학적이고 구조주의적인 접근을 통한 창세기 해석이 한국 학자들의 해석 중 가장 창의적이라고 본다. 서인석에 의하면 창세기 2~3장의 내러티브는 여성의 역할에 대해 커다란 관심을 보인다. 이 내러티브는 지혜문학처럼 죄를 실수, 곧 잘못으로 본다. 최초의 여자는 영악하고 지혜로운 뱀에 비해 강하고 교활한 적에게 어처구니없이 속은 바보로 나온다. 그녀는 너무 어리석어서 판단력이 부족했고 이는 결국 잘못과 죄를 짓게 할 수밖에 없었다. 서인석의 이 말은 여성 독자들의 민감성을 배려하지 않는 듯하다. 그러나 그는 크넥도의 의미를 설명하면서 자신의 페미니스트 진의를 드러낸다. "그것은 서로 동등하게 만나 '걸맞은 짝'을 이루는 것을 의미하고 있다. 기원전 10세기에 여성의 법적인 위치가 이토록 섬세하고도 고차원적으로 묘사된 것은 실로 놀라운 일이다. …… 이같이 아름다운 여성관을 남겼다는 것은 대단히 고마운 일이다."[18]

서인석은 시험을 당한 여자를 약간 우호적으로 해석한다. 야훼 저자는 하나님이 최초의 사람(하아담, 창 2:17~17)에게 금지 명령을 내린 일이 "또 다른 사람이 자신을 여자로 인식하기(창 2:23) 전에" 있었다고 밝힌다. 서인석에게 있어서 이것은 야훼 저자가 여자에게는 법적인 책임을 간접적으로만 돌리려고 했다는 것을 보여준다는 것이다.[19] 다시금 이것은 야훼 저자가 여성을 존중한 표시이다. 그런 후 곧 서인석은 여자가 한 말(창 3:3), "…… 만지지도 말라(금지). 안 그러면 너는 죽을 것이다(두려움)"가 여자의 두려움을 반영하는 것이라고 해석한다.[20] 뱀은 여자의 두려움을 인식했고 그것을 이용한다. 그런 후 서인석은 이브가 금지된 열매를 '성급하고도 게걸스럽게' 먹었다고 묘사한다. 서인석에 의하면 "남자와 여자는 그 열매를 먹으면서 하느님을 정복하고 먹어치운다고 생각한다. 그들은 하느님을 마치도 매우 비싼 다이아몬드처럼 훔친 것이다."[21]

서인석이 최초의 여자를 묘사한 것은 모호하다. J 기자가 여자의 지위를 높이려고 한 반면, 이브는 그의 기대에 맞지 않는 듯하다. 결국 서인석의 해석에서 여자는 어리석고, 두려워하고, 욕심스러우면서도 만족스럽다.

1990년대에 한국에는 서구 여러 나라에서 박사학위를 받고 돌아온 학자들이 급증했고 많은 출판물이 나왔다. 그러나 출판물의 숫자와 성서를 한국적으로 그리고 창의적으로 해석하느냐는 별개의 문제이다. 이 시기에 나온 출판물은 서구의 여성신학적 관점에서 나온 출판물과 어떻게 다를까?

먼저 박철우는 창세기 1장 27절에 대해 논의하면서 '남성과 여성'(자카르 우네케바)이 문장의 서두에 나와서 구문상 도치된 것을 관찰한다.[22] 그에게 있어서 이 도치 구조는 "결혼제도의 성스러움과 남녀평등 원칙의 선포에 해당되는" 것임을 강조한다. 그러나 나는 이 시점에서 '결혼 제도의 성스러움'을 언급하는 것은 너무 이르다고 본다. '결혼'이라고 할 만한 결합은 창세기 2장에야 나오기 때문이다. 사실 '결혼'이라는 단어가 등장하지도 않지만 말이다. 남자와 여자라는 표현이 등장하면 자동적으로 결혼제도를 가리키는 것일까? 그럴 수 없다고 본다.

강사문은 창세기 본문을 당대의 주요 이슈인 환경문제와 연결한다.[23] '하나님의 형상'(창 1:27)은 남성과 여성이 같은 조건으로 창조되었다는 것을 가리킨다. 두 사람은 동등할 뿐만 아니라 동일한 가능성과 의무를 부여받았다. 강사문은 이런 전제를 깔고서 여자와 남자가 어떻게 공존하고 환경에 대해 책임을 져야 하며 세상을 모든 사람이 조화롭게 살 수 있는 곳으로 관리해야 하는지를 논의한다.

천사무엘은 창세기 2장 21~25절에 나오는 이야기가 남자와 여자 사이의 친밀한 관계에 초점을 두고 있다고 본다.[24] 여자를 남자의 갈비뼈로 만들었다는 것은 남자의 우월성을 나타내려는 것이 아니다. 이는 남자와 그 아내의 동등한 파트너십을 상징적으로 보여주는 것이다. '뼈 중의 뼈'라는 남자의 표현은 파트너를 보았을 때 이 '외로운 남자'

가 얼마나 기뻤는지를 보여주는 기쁨의 외침이다. 천사무엘은 본문을 남자의 관점에서 읽으면서 충분한 논의를 하지 않은 채, 최초의 인간이 남자였다고 전제하고 있다. 그는 다시금 에제르 크넥도라는 표현에서 남자의 외로움을 예민하게 관찰한다. "돕는 배필은 동등한 관계 속에서 도움을 제공하는 동반자이고 지지해주고 '외로움의 위험'에서 구해주는 사람이다"[25] 천사무엘은 창세기 3장 16절에 나오는 '여자의 욕구'를 '남편을 지배하고 통제하고 자신에게 복종하게 만들려는 욕구'라고 해석한다.[26] 이 코멘트는 독자의 미소를 자아내게 한다. 독자는 이것이 아내의 지배를 경험한 남편의 관점을 드러내는 것인지 의아해하게 된다.

차준희는 돕는 배필의 의미를 세 가지로 생각한다.[27] 1.돕는 반대자. 여자가 반대하는 사람이라는 개념은 다른 학자를 인용한 데서 나온다. "만일 남자가 존경받을 만하면 그의 아내는 '돕는 자'(에제르)가 될 것이요, 만일 그렇지 않으면 그녀는 반대자(크넥도)가 될 것이다"라는 뜻이라고 한다.[28] 나는 여기서 여자의 반대를 부각시킨 것은 에제르 크넥도라는 표현에서 크넥도라는 전치사 부분을 과하게 해석한 것이라고 본다. 2.동등한 돕는 자. 차준희는 이에 대해서 김정우의 글을 인용한다.[29] 남자와 여자는 동등하고 서로가 서로를 의지하고 도우며 살도록 창조되었다. 배필은 '완전한 짝을 이루어 서로 돕는 동반 관계'라는 것이다. 3.신적 도움을 주는 대등한 돕는 자. 에제르는 성서에서 종종 하나님의 도움을 가리키는 데 사용되었다.[30] 차준희는 아내가 남편을 위해 하나님의 도움을 중개하는 채널이라고 말한다. 여기서 차준희는 남편의 관점으로 본문을 다루고 있다. 이 글에서 소개된 대부분의 남성 학자들이 부지불식간에 남편의 관점을 가지고 본문을 읽고 있는 것이 흥미롭다. 남자가 표준일 때는 학자들이 남녀가 '동등'하다는 말을 아무리 많이 써도 여자는 그저 보조자에 불과하다. 특히 차준희가 잠언 19장 14절, "집과 재물은 조상에게서 상속하거니와 슬기로운 아내는 야훼께로서 말미암느라"를 인용할 때 이 점이 더욱 분명해진다.

금단의 열매를 먹은 것에 대해 논의하면서 차준희는 남자가 범죄 현장에 여자와 함께 있었다는 점을 강하게 강조하며 여자를 옹호한다.[31] 여자가 주도권을 갖기는 했지만 남자와 여자 둘 다 하나님의 명령을 어겼고 둘 다 뱀의 유혹에 넘어갔다. 그는 남자를 여자의 공모자로 볼 뿐만 아니라, 남자가 하나님께로부터 금단의 열매를 먹지 말라는 명령을 직접 받았기 때문에 뱀의 유혹에 넘어간 것에 대해 여자보다 더 큰 책임이 있다고 본다.

박종구는 월간지에 창세기 해석을 연재했다. 그는 하나님이 인간을 "남성(자카르)과 여성(네케바)으로 창조하셨다"(창 1:27)는 말이 단순한 부가어가 아니라고 본다. "왜냐하면 남자와 여자는 인간이 인간을 경험하는 실존 방식이기 때문"[32]이라는 것이다. 나는 이 문장의 뒷부분에 대해 묻고 싶다. 정말로 '남자와 여자'가 인간으로 존재하는 유일한 모습인가? 이러한 일반화는 이 범주에 들지 않는다고 생각하는 사람들과 성적 지향이 다른 사람들을 배제하는 위험을 초래한다.

이희학은 하나님이 인간을 남자와 여자로 창조하신 것에 대해 다른 해석을 제공한다. "인간은 남자와 여자 이외의 어떠한 존재도 불가능하다. ……완전한 인간은 남자와 여자가 함께 공존할 때만 가능한 것이다."[33] 그에게 있어서 성서의 족보는 남자와 여자를 통한 인류의 번성의 증거이다. 족보는 "남자와 여자로 창조된 인간들이 오랜 세대에 걸쳐 얼마나 많은 축복을 받게 되었는지를 말없이 증언하고" 있기 때문이다. 이희학이 이성애주의를 강하게 강조하는 것 또한 퀴어 인구를 배제하는 위험을 초래한다. 이희학은 '결혼'이라는 단어를 사용하지는 않았지만 남자와 여자의 결혼을 과도하게 강조하고 있고 이 또한 같은 위험을 초래한다.

이희학은 하나님이 진흙으로 최초의 사람을 만들었고 그의 이름이 아담이라고 말한다.[34] 우리가 이 최초의 인간에게 서구에서 남자 이름이 된 아담이라는 이름을 붙여주면 이 사람은 자동적으로 남자라고 가정하게 된다. 그러므로 트리블의 영향력 있는 저서, 『하나님과 성의 수사학』에서 제안한 바와 같이 이 최초의 인간을 그저 '흙 피조물'이라고 부르는 것이 현명할 것이다.[35] 지금까지 소개된 대부분의 남성 학자들의 견해는 최초의 두 사람에 관한 트리블의 연구를 반영하는데 그에 대한 언급이 분명치 않다는 것을 볼 수 있다.

이희학은 저서 93~109쪽에서 최초의 인간을 계속 남자가 아니라 인간이라고 일컫는다. 그런데 93쪽에 나오는 새 단락의 제목은 "하나님의 첫 번째 창조: 아담(2:7)"이라고 붙인다. 그에게는 아담이 남자이다. 하나님이 '남자가 외롭지 않도록' 가족 공동체를 여자와 함께 창조하셨다고 말하기 때문이다.[36] 사람과 남자를 혼동하거나 동의어로 사용하는 같은 실수가 다른 학자들의 글에서도 보인다. 창세기를 다룬 한 책은 "남자의 창조"라는 부분에서 아담이라는 히브리어 단어가 인류의 조상이 되는 어느 특정인을 가리키지 않는다고 말하고서는, 최초의 '인간' 창조에 관한 이야기라고 말한다.[37] 다시 말해서, 제목에는 '남자'가 들어 있고 설명은 이 단어가 남자를 가리키지 않는다고 말하는 논리적 모순을 보인다. 이희학에게 있어서 남자와 여자의 만남이나 결혼은 창조 질서에 해당한다. 이희학은 '돕는 배필'이 열등한 지위에서 돕는 것이 아니며 여자는 남자와 동등하다. 이희학은 여기서 동등성이라든가 상호의존과 같은 좋은 말을 사용하지만 코멘트는 남성 중심적이다. 그는 여자가 남자에게 절대적으로 필요한 도움을 제공한다고 말하는데, 여자가 어떤 '절대적으로 필요한 도움'을 제공하는지는 알기 어렵다. 이희학은 여자가 금단의 열매를 따먹은 것에 대해 옹호를 한다. "본문에 근거해 여자를 '악의 화신'으로 보려는 해석은 옳지 못하다."[38] 여자가 "만지지도 말라"(창 3:3)고 덧붙인 것은 하나님의 말씀을 오해했고 경고를 왜곡했기 때문이라는 것이다. 이런 식으로 여자는 하나님이 나무를 만지지도 못하게 하는 거칠고 억압적인 분으로 만든다. 그렇다면 여자의 오해가 죄와 타락의 출발점이다. 이희학은 여자가 하나님의 명령에 덧붙인 것에 대해 너그럽지 않다.

김회권은 이브가 생명과 죽음을 갈라놓는 하나님의 절대적 계명을 상대적이고 불명료한 예상으로 바꾸었다고 본다.[39] 여자가 한 말, "먹지도 말고 만지지도 말라. 그러다가 죽을지도 모른다"와 "따 먹는 날에는 정녕 죽으리라"고 하는 하나님의 명령은 "거두절미되고 뱀의 입술이나 하와의 입으로 옮겨지는 순간마다 치명적으로 곡해되고 정반대의 의미를 강조하는 말로 변질"되었다고 한다. 여자는 하나님의 말씀을 부정확하게 인용하고 변질시킨다. 김회권에게 있어서 창세기 3장 16절에 나오는 여자의 '욕구'라는 말은 "일부일처제하의 남편에 대한 여성의 질투어린 독점욕과 남편의 아내에 대한 지배를 반영한다."[40] 이런 종류의 코멘트는 독자로 하여금 주석가의 개인적인 경험을 드러내는 것이 아닌가 의아하게 만든다.

『보시니 참 좋았다』의 편집자들은 학계에서 나온 많은 통찰을 소개한다. 그러나 이 자료는 창세기에 대해 다룬 책 중 가장 최근 책이지만 결혼과 인간의 성에 대해 여전히 전통적인 관점을 보인다. 먼저 이 책은 "두 사람이 원래 한 몸이었다가 둘로 갈라진 것이 아니다"라고 피력한다.[41] 그러나 바로 다음 쪽에서 "남자와 여자는 본래 한 몸이었고"라고 하여 모순이 된다.[42] 그래서 그들은 "결합하고 싶은 충동이 자연스럽게 일어난다." 그래서 이 생각은 비슷한 생각과 연결된다. "남자와 여자의 결합은 하나님의 뜻이요, 축복이요, 창조질서이다" 이 진술은 앞선 연구들과 같은 위험을 내포한다. 곧 이성애주의와 결혼제도, 특히 일부일처제를 과도하게 강조한다. 이 책은 또한 이브와 뱀의 상호작용이 나오는 장면에서 이브의 긍정적인 능력 같은 것은 관찰하지 못한다. 여자가 "손도 대지도 말라"고 보탠 것은 과장이라는 것이다.[43] 트리블은 하나님의 말씀과 금단의 열매에 대해 감상하고 평가하고 해석한 이브의 심미적인 능력을 관찰한 반면, 본 글에 소개된 연구 중 그 어느 것도 이브를 이렇게 관찰한 바가 없다.

제3시기에 인용된 연구들은 페미니즘 시대의 산물이라고 볼 수 있다. 이들 연구는 시대정신을 반영하고, '정치적으로 옳고,' 최초의 두 사람의 관계를 동등성, 상호성, 공동체, 상호의존, 조화와 같은 좋은 표현으로 묘사한다. 그러나 대부분의 연구가 보이는 공통적인 한계는 이성애주의를 강조하고 결혼과 일부일처제를 하나님이 창조하신 질서로 강조한다는 점이다. 앞에서 지적한 바와 같이 이런 경향은 오늘날과 같은 다양성의 시대에 여러 그룹의 사람들을 배제하는 위험이 있다.

나가는 말: 여전히 돕는 배필을 찾아서

우리는 성서 최초의 두 사람에 대해 특히 첫 여자 이브에 초점을 두며 한국에서의 해석사를 추적하였다. 우리는 최초의 신학자인 최병헌으로 시작하였는데 그는 최초의 남자와 여자가 같은 영혼, 몸, 움직임, 감각을 갖고 있다고 말했다. 그는 이러한 이해를 가지고 소녀들의 교육을 주창하였다. 제1시기에서 우리는 첫 두 사람의 동등성을 두드러지게 강조하는 것을 관찰하였다. 또한 축첩을 허용한 당시의 문화에 반하여 일부일처제를 강조하는 경향이 있었다. 이것은 한국 사회에서 새로운 종교였던 기독교가 일으킨 운동 중의 하나였고 당시 여성 해방을 향한 한 걸음 전진을 뜻했다.

시간이 흐른다고 해서 자동적으로 진보하는 것은 아니다. 제2시기는 페미니즘 관점의 해석에서 많은 진전을 이루지 않았다. 오히려 인간관계에서 동등성이라는 개념을 쓰면서도 가부장적 코멘트가 자주 나오기도 하였다. 해석은 종종 전통적이었고, 남성 및 남편 중심적이었고 남자와 여자의 결혼에 초점을 두었다. 최초의 여자는 남자의 '보조자'로 남았다.

제3시기의 연구들은 대체로 시대정신을 반영하여 최초의 두 사람 사이의 동등성을 자연스럽게 여기고, '동등성'이라는 단어를 매우 자주 반복하였다. 그러나 '최초의 인간'과 '남자'를 별 설명 없이 동의어로 사용하기도 했다. 주석가의 절대 다수가 남성이므로 첫 인간의 성을 다루는 데 주의 깊지 않은 경향이 있었다. 또한 '동등성'이란 단어를 반복적으로 사용하여 이 말은 진정성 없이 등장하는 말로 들렸다.

이 세 시기는 몇 가지 공통 측면이 있다. 첫째로, 이브가 뱀과 상호작용하는 장면에서 이브의 행동과 말에 대해 긍정적으로 해석하지 않았다. 둘째로, 이성애 중심주의와 남자와 여자의 결합으로 이루어지는 결혼제도에 대해 강하게 강조하였다. 셋째로, 모든 연구자들은 19세기에 살았던 21세기에 살고 있든 각자 자신의 배필을 찾고 있었다는 것이다. 겉모습은 역사비평적이지만 속은 항상 독자 반응이요, 포스트모던이었다. 연구자들은 이브를 읽고 있었던 것이 아니라 자신을 읽고 있었다.

돕는 배필은 어디에나 있다. '내 뼈 중의 뼈요, 살 중의 살', 에제르 크넥도는 지금 우리의 전철 칸에 타고 있다. 그러나 우리는 여전히 우리의 돕는 배필을 찾고 있다. 각 아담은 각자 볼 수 있는 만큼만 자신의 배필을 볼 것이다.

제2장 돕는 배필을 찾아서

1 하리영, "창세기 강의", 「신학세계」 3.20 (1927년 6월), 8.

2 하리영, "창세기 강의", 9.

3 하리영, "창세기 강의", 10, 11, 13.

4 하리영, "창세기 강의", 13.

5 하리영, "창세기 강의", 13.

6 L. H. 맥컬리, 『창세기 공부』 (대한기독교서회, 1933), 10~11.

7 유형기(1897~1989)는 1920년대에 오하이오주의 웨슬리대학교, 보스톤대학교와 하버드대학교의 대학원에서 공부했다. 기독교대한감리회 본부에서 일했고 감리교 신학교의 학장이 되었고(1948~1953), 1951년에 감독회장으로 선출되었다. 그의 출판물 중에 단권성서주석이 잘 알려져 있다(1934). 이 주석은 1965년에 네 권으로 재출판되었다. 박윤선(1905~1988)은 숭실대학교, 미국의 웨스트민스터신학대학원과 네덜란드에서 공부하였다. 그는 1979년에 성서 주석 시리즈를 완성했다. 그는 한국에 칼빈의 사상을 소개한 가장 영향력 있는 신학자로 알려져 있다. 유형기와 박윤선은 많은 성서 주석서를 냈다. 20세기 중반에 한국의 많은 설교자들이 그들의 저서를 읽었다.

8 유형기 편, 『성서주해 I』 (선교 80주년 기념출판위원회, 1965), 126.

9 필리스 트리블/ 유연희 옮김, 『하나님과 성의 수사학』(태초, 1996), 4장. 원제는 Phyllis Trible, *God and the Rhetoric of Sexuality* (Philadelphia: Fortress, 1978).

10 유형기 편, 『성서주해 I』, 129~130.

11 유형기 편, 『성서주해 I』, 130.

12 박윤선, 『성경주석: 창세기, 출애굽기』 (서울 영음사, 1968), 99.

13 박윤선은 오빙크의 다음 책을 인용한다. *De Goddeleijke Openbaring in De Eerst Drie Hoofdstukken Van Genesis*, 311.

14 박윤선, 『성경주석: 창세기, 출애굽기』, 99.

15 김정준, "J의 창조설화에 나타난 인간," 「신학연구」 21 (1979년 가을): 26.

16 김정준, "J의 창조설화에 나타난 인간," 30.

17 서인석, 『한 처음 이야기』 (생활성서사, 1986), 56~57.

18 서인석, 『한 처음 이야기』, 61, 62.

19 서인석, 『한 처음 이야기』, 105.

20 서인석, 『한 처음 이야기』, 107.

21 서인석, 『한 처음 이야기』, 110.

22 박철우, "창조사 연구", 「신학사상」 73 (1991년 여름): 319.

23 강사문, "땅에 충만하라, 땅을 정복하라: 창 1:24~31", 「기독교사상」 467 (1997년 11월).

24 천사무엘, 『창세기』 (대한기독교서회, 2001), 66.

25 천사무엘, 『창세기』 (대한기독교서회, 2001), 84.

26 천사무엘, 『창세기』 (대한기독교서회, 2001), 99.

27 차준희, 『창세기 다시 보기』 (기독교서회, 1998), 24.

28 최창모, "반대할 수도 있는 돕는 배필", 「살림」 72 (1994, 11월): 45~48.

29 김정우, "창세기 1~3장에 나타난 여성의 위치에 대한 새로운 조명", 『구약해석학 논문집』1995.

30 최초의 남녀에 관한 차준희의 논의는 창세기에 관한 필리스 트리블의 영향력 있는 연구인 『하나님과 성의 수사학』을 충실히 반영한다.

31 차준희, 『창세기 다시 보기』, 30.

32 박종구, "여섯째 날의 두번째 창조", 「신학전망」 139 (2002, 겨울): 39.

33 이희학, 『인간의 죄악과 하나님의 구원 행동』 (대한기독교서회, 2003), 78.

34 위의 책, 93.

35 필리스 트리블/ 유연희 옮김, 『하나님과 성의 수사학』.

36 이희학, 『인간의 죄악과 하나님의 구원 행동』, 110.

37 성서와 함께 편집위원회, 『보시니 참 좋았다. 성서 가족을 위한 창세기 해설서』 (2007), 78.

38 이희학, 『인간의 죄악과 하나님의 구원 행동』, 116.

39 김회권, "인간 창조와 하나님 나라의 좌절", 「기독교사상」 531 (2003년 3월): 172.

40 위의 글, 176.

41 『보시니 참 좋았다』, 87.

42 『보시니 참 좋았다』, 88.

43 『보시니 참 좋았다』, 90.

제 3 장

하갈과 사라 이야기와 페미니스트 비평

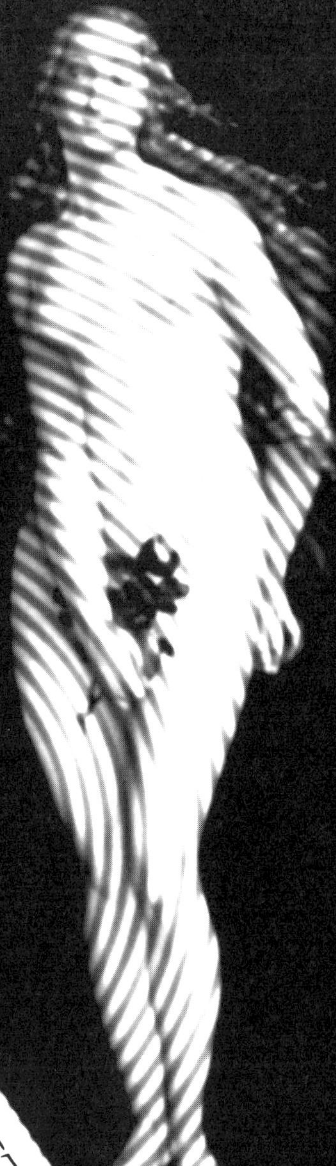

"어디서 와서 어디로 가느냐?"(창 16:8)

는 주인집에서 도망 나온 하갈에게 광야에서 만난 주의 천사가 물은 질문이다. 삶의 근본적인 이 질문은 하갈과 사라의 이야기를 읽는 모든 세대의 독자에게 도전한다. 이 질문은 본 글에서 해석의 흐름을 조명할 때 묻는 질문이다. 사라와 하갈 이야기에 대한 해석들이 어디서 와서 어디로 가는지를 묻는 것은, 본문과의 만남을 통해 독자 자신의 해석 여정을 살펴보는 일이기도 하다.

오늘날의 독자는 독자가 처한 사회적 정황이 해석에 영향을 미친다는 것을 인정한다. 독자의 문화, 계급, 인종, 경험 등은 읽기 과정에 영향을 미치는 중요한 요소이다. 그래서 독자는 이제 본문을 대할 때 자신의 사회적 정황을 밝히고 본문과 만나도록 되어 있다. 그래서 여성 성서학자가 자신의 성과 무관하게 객관적으로 성서를 해석한다고 하면 그것은 매우 이상한 일이 되었다. 남성 성서학자 역시 자신이 남성 중심적 해석을 의식하지 못한 채 과학적으로 성서를 해석한다고 하면 아이러니하게도 그것은 비과학적인 일로 여겨지게 되었다. 그래서 필자가 스스로의 사회적 정황을 밝히자면 개신교, 진보, '백인 아시아(White Asian)' 여성이 될 것이다. 이 글을 읽는 독자 역시 자신의 사회적 정황에 따라 본문을 해석하고 선택하는 모습을 들여다보도록 초대될 것이다.

사라와 하갈 이야기(창 16, 21장)는 독자에게 부담스런 본문이다. 두 여자의 갈등관계는 독자로 하여금 편을 들고 판단을 하게 만든다. 특히 여성 독자에게 더 부담스러운 본문이다. 여성 독자들은 남성 독자들보다 좀 더 분명하게 사라나 하갈과 동일시하며 스스로 갈등하고, 분리되는 듯하다.

이 글은 하갈과 사라이야기를 페미니스트 비평으로 읽는다. 먼저 페미니스트 비평이 관심하는 바와 기술이 무엇인지를 서술할 것이다. 페미니스트 비평의 시각에서 성서 본문의 화자(narrator), 후대의 번역가, 주석가의 가부장제 이데올로기를 살펴볼 것이다. 그런 후 페미니스트 비평가들이 사라와 하갈 이야기를 어떻게 읽었는지 몇 가지 대표적인 입장을 살펴보고자 한다.

1. 페미니스트 비평이란 무엇인가?

페미니스트 비평은 먼저 본문 안에 들 있는 저자의 가부장제 이데올로기에 주목한다. 본문 안에는 분명 설득의 수사학(a rhetoric of persuasion)이 작용하고 있다.[2] 이 표현은 이데올로기, 주입(indoctrination)과도 바꾸어 쓸 수 있다. 페미니스트 비평은 남성 주석가들이 종종 이러한 본문을 오해했거나 무시하였으며, 나아가 해석에서 (무의식적으로) 자신의 가부장제 이데올로기를 재도입하는 경향이 있다고 지적한다. 이런 남성중심적 작품을 읽을 때 여성은 남성처럼 생각하고 남성의 관점을 갖고 남성의 가치 체계를 규범적이고 적법한 것으로 받아들이도록 강요당한다. 이 과정은 성의 정치학(sexual politics)의 강력한 도구로서 여성을 자신의 이익과 상반되는 입장을 갖게 한다.[3] 남성 중심의 본문은 여성이 가부장제 이데올로기와 공모하게 만들고 남성 관점을 보편적인 것으로 보고 남성 경험을 규범으로 보게 만든다.

페미니스트 비평이 본문(성서)의 이데올로기와 독자의 본문(주석, 설교, 해석)의 이데올로기를 분석한다는 면에서 페미니스트 비평은 이데올로기 비평과 맥을 같이 한다. 그래서 다음과 같은 질문을 묻는다.[4] 이 본문은 누구의 이익을 위한 것인가? 어떤 가치관을 진작시키는가? 누구의 목소리가 특권을 가지며, 왜 그러한가? 여성의 목소리를 억압하는가? 여성의 관점이 있는가? 여성이 어떻게 묘사되어 있는가? 누가 힘을 가지고 있는가? 여성을 무엇을 원하며 어떻게 얻는가? 여성에 대한 편견(예를 들어 여자는 믿을 수 없다든가, 남자를 미혹한다든가)을 감추고 있는가?

그래서 페미니스트 비평가는 '이의 있는 독자'(the resisting reader)로서 '본문의 결에 거슬려(against the grain)' 읽어야 한다.[5] 페미니스트 비평가는 정체성, 성, 역학관계에 주의를 기울이고, 읽기 과정과 본문이 자신의 반응을 통제하는 미묘한 방식을 더 의식하면서 이 남성화 과정을 깬다. 페미니스트 비평이 독자의 다양한 해석을 존중하고, "본문이 무엇을 뜻하는가?"가 아니라 "본문이 무엇을 하는가?"에 관심을 갖기 때문에 독자 반응 비평과도 긴밀한 관계가 있다.

페미니스트 비평가가 가장 효과적으로 본문의 가부장제 이데올로기를 대하는 방식은 성서 본문에 대해 적대적(adversarial) 태도를 취하는 것이다. 본문을 전적으로 거부한다는 뜻은 아니다. 비평가는 전지한(omniscient) 화자가 주는 정보를 신뢰할 만하고 권위 있는 것으로 받아들일 준비가 되어 있다. 다만 등장인물을 통해 독자에게 전하려는 화자의 이데올로기나 인물에 대한 화자의 평가 및 해석을 불신하겠다는 것이다. 비평가는 본문의 이데올로기를 비판적으로 평가하고 본문의 가부장제 틀에 대항하여 성서를 읽는다. 그러므로 페미니스트 비평가에게 있어서 읽기는 가부장제에 대한 일종의 방어전이다.

성서에 대한 페미니스트 비평의 역사는 오래되었고 그 열매도 풍부하다. 성서 페미니스트 비평가들 사이의 이론 논쟁은 치열하고, 성서 해석에 대한 입장도 여러 갈래가 있다. 지면이 제한되어 여기서 소개할 수 없고 다만 하갈과 사라 이야기에 대한 페미니스트 비평은 아래에서 맛보기를 할 수 있을 것이다.

2. 화자, 번역자, 주석가가 본 하갈과 사라 이야기

1) 화자(narrator)의 가부장제 이데올로기

페미니스트 비평은 화자가 본문 안에서 견지하는 가부장제 이데올로기에 주목한다. 페미니스트 비평은 등장인물을 묘사하는 방식과 시각 등 다양한 기법을 통해 개진되는 이데올로기를 관찰한다. 화자의 이데올로기 전략 중 하나는 여성을 주변화시키기(marginalization)이다. 이 전략은 특히 족장설화에서 두드러진다. 여성은 종종 남성 주인공들의 주변 인물로서 그들의 이익을 위해 봉사한다. 사라가 능동적으로 보이지만 실제는 주변 인물에 불과하다. 어디까지나 아브라함이 주인공이다. 창세기 16장에서 화자의 첫 마디는 "아브람의 아내 사래는 아이를 낳지 못하였다"이다. 화자는 불임 상황을 사라 탓으로 돌리는 듯하다. 요즘 같으면 "그들은 아이가 없었다"로 부부 공동의 일로 기술하였을 것이다. 사라는 하나님의 계획에 필요한 도구이고, 아브라함에게 주신 약속에 필수적인 존재일 뿐이다. 성서에서 어머니란 종종 성(sexuality)과 재생산능력을 통제하기 위한 남성의 요구를 진작시키는 방식으로 묘사된다.[6] 사라는 어디까지나 하나님과 아브라함 사이에 수립된 계약에서 배제되어 있고, 이 계약의 특권적 위치로 들어오지 못한다.[7] 이삭이 태어나서 남성 상속자가 정해지자(창 21) 사라는 이야기에서 아예 사라진다.

이스마엘족의 어머니 하갈 역시 마찬가지이다. 하갈은 이스마엘과 쫓겨나 브엘세바 빈 들에서 물이 떨어져 죽어가게 되었다(21장). 아이가 죽어가는 모습을 차마 볼 수가 없어서 하갈은 좀 떨어져 앉아 "소리 내어 울었다."(21:16) 그런데 하나님이 들으신 것은 하갈이 우는 소리가 아니라 아이가 우는 소리였다(21:17ad). 하갈의 통곡은 '큰 민족을 나오게 할' 남자아이에 가리어 하나님의 귀에 상달되지 못했다. 화자에게 있어서는 하갈 역시 자손을 잇는 도구에 지나지 않았던 것이다.

화자가 자신의 가부장제 이데올로기를 담는 또 하나의 방식은 침묵이다. 때로는 화자 자신이 침묵하거나, 때로는 등장인물을 침묵시키는 방식이다. 주님의 천사는 사라의 학대를 피해 임신한 몸으로 도망나온 하갈에게 사라에게 돌아가 복종하고 살라고 한다. 이 점에 대해 하갈은 아무 말이 없다. 다시는 학대를 당하며 살고 싶지 않은데 왜 나를 그곳에 돌아가라고 하느냐며 항의할 수도 있는데 하갈의 입은 재갈 물려진다.

화자는 사라의 행동이 당시 문화에서 각각 타당할 수 있었다는 설명을 하지 않음으로써 독자로 하여금 사라에 대해 부정적인 판단을 하게 만든다. 아브라함은 사래가 사라가 되고 민족의 시조모가 될 거라는 말(17:15 ff.)도 사라에게 전하지 않았다. 사라가 나중에 남편과 하나님의 사자가 대화하는 것을 엿듣고 이 약속에 대해 알게 된다(창 18:10).

혼동시키기(confusing) 역시 화자의 효과적인 전략이다. 하갈과 사라의 이야기에서 하나님은 모호한 입장을 취하신다. 분명 사라의 편이면서도 하갈을 신경 쓰시는 것으로 묘사된다. 또한 하갈에게 많은 자손을 주겠다고 하면서도 태어날 이스마엘이 모든 친족과 싸우며 살아갈 것이라고 애매한 약속을 준다. 이 말씀은 축복인가, 저주인가? 이때 화자는 하갈이 "나를 보시는 하나님"을 뵈었다고 감탄한다고 전한다. 고통의 근원인 사라에게 돌아가라는 말과 이스마엘이 장래에 싸우고 살 거라는 말을 들었을 때 현실 속의 하갈은 감탄보다는 원망했을 가능성이 더 크다. 화자는 하갈의 입에 엉뚱한 말을 담아둠으로써 독자의 판단을 흐리게 한다.

화자는 16장의 앞부분에서는 사라의 시각을 취하여 전개함으로써 독자가 사라의 입장에 동조하게 만든다. 그런데 10절부터는 하갈과 곧 태어나는 이스마엘이 조명을 받는다. 21장은 사라의 아들 이삭이 태어난 것과 하갈과 아들 이스마엘이 쫓겨나는 이야기이다. 화자는 다시 21장의 전반부는 사라와 아브라함 시각에서 전개한다. 후반부는 하갈의 이야기이다. 이렇게 화자가 번갈아 시각을 취한 것은 우연일까 아니면 의도적일까. 대답은 독자가 선택한다. 선택의 결과도 독자가 책임진다. 독자는 객관적 서술처럼 보이는 화자의 이야기 전개를 따라가다가 화자의 이데올로기 전략에 넘어가 진의를 놓치고 화자에 동의하게 된다.

2) 성서 번역자들

하갈과 사라의 이야기 번역에서 특히 하갈에게 불리하게 번역된 부분은 창세기 16장 4절 하반절이다. 원문(바테칼 게비르타 베에네하)의 문자적인 뜻은 "그녀의 여주인이 그녀의 눈에 가벼웠다"이다. 이 부분이 여러 번역에서 왜곡되었다.

> 표준새번역 개정판: "하갈은 자기가 임신한 것을 알고서 자기의 여주인을 깔보았다."
>
> 개정 개역판: "그가 자기의 임신함을 알고 그의 여주인을 멸시한지

라."

공동번역: "하갈은 …… 안주인을 업신여기게 되었다."

RSV, NRSV: "When she saw that she had conceived, she looked with contempt on her mistress."(그녀는 자신이 임신하였다는 것을 알자 여주인을 깔보았다.)

NAB: "She has been looking on me with disdain."(그녀가 나를 업신여겨 보았어요.)

CEV: "She became proud and was hateful to Sarai."(그녀는 자만하였고 사래를 미워했다.)

이와 같이 한국어 번역과 주요 영어 번역은 하갈이 사라를 '경멸' 또는 '멸시'했다고 전한다. 이들 번역은 하갈에 대한 부정적인 해석을 담고 있다. 이런 번역은 독자로 하여금 하갈을 나쁘게 여기도록 만든다. 사라와 화자가 동의한 바(16: 4, 5)를 번역자들이 좀 더 분명하게 지원한다. 로버트 얼터(Robert Alter)의 조언대로 히브리어 표현을 번역에서 문자적으로 그냥 두는 게 나았을 것이다.[8] 하갈은 파워 관계에서 그리고 사회적으로 여전히 약자였으므로 사라를 멸시했다고 보기는 어렵다. 문자적인 번역이 보여주듯이 사라가 덜 권위적인 존재로 보였을 수는 있지만 말이다.

3) 주석가들

전통적인 주석가들은 아브라함에게 동정적이다. 궁켈은 여러 곳에서 사라가 아내로서의 자부심이 강한 여자로서 매우 주관적이고 열정적이고 사납고 질투하고 잔인하다고 평가한다.[9] 하갈은 심하게 학대받고, 어머니의 긍지가 깊이 손상받은 인물로서 독자의 연민을 불러일으킨다. 사람이 좋고 의로운 아브라함은 아내에게 복종했으며 "성깔 있는 아내 때문에 혼자서 한숨을 쉬었을 것이다."[10] 아브라함은 두 억센 여자들 사이에서 다소 불행한 역할을 맡고 있다. 궁켈은 창세기 16장 12절에서 천사가 하갈에게 태아의 운명에 대해 말한 것이 고통 속에서도 견디도록 용기를 주었다고 본다. 태아의 운명에 대한 묘사는 자유를 추구하고 이웃과 분쟁적이고, 교역에 능한 베두인(Bedouin)의 삶에 대해 인상적으로 말한 것이라고 해석한다. 궁켈은 이스마엘족의 기원이라는 원인론적 관점에서 하갈 이야기를 보기 때문에 천사의 말을 자세히 살펴보지 않는다. 천사는 태아의 미래에 위험과 불안을 예기하는데 어느 어머니가 그런 말씀을 축복이라고 들을 것인가? 궁켈은 단순히 화자에 동의한다.

게르하르트 폰라트는 사라가 하나님께 맡기지 못하고 자기 방식으로 문제를 해결하려고 한 것을 불신앙적인 행위라고 지적한다.[11] 이야기 속에서 하갈이 가장 뚜렷이 법과 관습을 범한 인물이지만 화자가 하갈에게 가장 동정적이라고 관찰한다. 그러나 하갈은 '도전적이고 거만한 어머니'이다.[12] 폰라트는 궁켈의 해석에 따라 천사가 태아의 운명에 대해 한 말(창 16:12)은 '유능하게' 사는 베두인에 대한 '동정과 경탄'을 반영한다고 본다.

현대의 주석가인 월터 부르그만(Walter Brueggemann)은 인간 등장인물들 사이의 갈등을 상술하기 보다는 외부인(the outsider)에게 관심을 가지시는 자애로우신 하나님에 초점을 둔다.[13] 이스마엘이라는 존재는 하나님이 아브라함과 사라만을 위해주지 않는 분이심을 보여준다. 하나님의 관심은 선택받은 계열에만 제한되지 않는다는 사실은 내부인(insider)에게는 큰 위협이다. 부르그만은 창세기 21장을 해석하면서 이스마엘이 물을 얻는 장면(10절)을 가장 감동적이고 가장 섬세하다(most movingly and most delicately)고 본다.[14] 부르그만은 "본문은 우리로 하여금 선택을 강요하지 않는다"고 하지만 정작 본인은 하갈과 사라 이야기의 여러 요소 중 하나님의 자비를 선택하여 계속 강조한다. 그러나 페미니스트 비평은 어떻게 화자가 하나님을 묘사한 방식을 통해 자신의 이데올로기를 피력하고 있는가를 지적하는데, 이는 뒤에서 다룰 것이다.

테렌스 프레팀(Terence E. Fretheim)은 사라가 하갈을 가혹하게 대하지만 아브라함도 암묵적으로 참여한다고 인정한다.[15] 프레팀은 사라가 당시 문화에서 전형적인 방식을 썼기 때문에 사라의 선택을 비난해서는 안 된다고 옹호한다. 프레팀 역시 아브람에게 주신 약속과 비슷한 약속을 하갈에게 주시는 자애로우신 하나님을 관찰한다. 프레팀은 이슬람과의 관계를 염두에 두고 "하나님은 하갈과 이스마엘에게 하신 약속을 신실하게 지켜오셨는가?"라고 우리가 물어야 한다고 주장한다.[16]

3. 하갈과 사라 이야기에 대한 페미니스트 비평

사라와 하갈 이야기는 여성 사이의 결합을 막고 갈등을 조장한다. 이런 본문을 읽는 여성 독자는 딜레마를 겪는다. 둘 중 한 여성의 편을 들고, 나머지는 배제하고 잊어버리고 차별하도록 선택을 강요받는다. 페미니스트 비평가라고 해서 무조건 여성 등장인물의 편을 드는 것은 아니다. 같은 페미니스트 비평가라 하더라도 사라와 하갈 이야기를 읽는 방법과 결과는 다양하다. 흑인이라고 해서 다 하갈 편을 드는 것도 아니고 유대교, 기독교계라고 해서 다 사라의 편을 드는 것도 아니다. 아래의 정리는 비평적인 여성 독자들이 같은 여성 또는 같은 인종이라 하더라도 본문을 다양하게 해석하였다는 것을 보여줄 것이다.

1) 잔인한 여주인 사라 vs. 희생자 하갈

여성 독자들이 사라를 이해하는 한 가지 해석은 사라가 힘 있는 위치에 있는 여주인으로서 이기적이고 잔인하다는 것이다. 그래서 이런 시각에서는 외국인 종의 신분인 하갈은 희생자로 보인다. 성서를 여성의 시각으로 본격적으로 읽기 시작한 학자 중 하나인 필리스 트리블(Phyllis Trible)은 창세기 16장과 21장의 이야기를 '하갈의 이야기'로 읽었다.[17] 그에 의하면, 하갈은 민족, 계급, 성이라는 세 가지 억압을 당하는 인물이고, 처음부터 하나님이 힘 있는 사라의 편을 들었기에, 하갈은 힘이 없었다.

외국인 여성 노예로서 하갈은 이용당하고 학대당하고 버림까지 당하는 죄 없는 희생자이다. 그래서 버림받은 적이 있는 여성 독자들은 하갈의 이야기에서 자신의 이야기를 발견한다. 뿐만 아니라 하갈은 출애굽에서 포로생활까지의 천로역정을 겪은 이스라엘을 예시하는 것이기도 하다. 한마디로 하갈 이야기는 테러 본문(text of terror)이다. 이처럼 하갈의 시선으로 성서를 읽었기에 트리블은 하갈이 성서에서 최초로 하나님의 사자의 방문을 받았고, 신학자처럼 하나님의 이름을 부른 유일한 사람이라는 것을 관찰하게 되었다.

유대인들은 사라를 시조모로 여긴다는 사실을 생각할 때 유대계 여성 학자들이 사라와 하갈에 대해 어떤 평가를 할지 궁금하다. 수잔 나이디치(Susan Niditch)는 트리블처럼 사라가 하갈을 괴롭혔고, 사라와 하나님의 목소리는 같다고 본다.[18] 그리고 화자 또한 아브라함과 사라의 감정과 행동을 정당화하려고 애쓴다(21:12~13)고 관찰한다. 나이디치는 하갈과 이스마엘의 어려움에 동정하며 그들을 '축복받은 모자' 라고 부른다. 티크바 프라이머 켄스키(Tikva Frymer Kensky)는 각주에서 잠깐 사라가 하갈을 '억압적으로' 대한다고 지적한다.[19]

조앤 해킷(Jo Ann Hackett)은 사라가 하갈에게 취한 행동은 절대 권력을 가진 자가 힘을 오용하는 것이고 약자를 부당하게 다룬 것이라고 생각한다.[20] 해킷은 자신이 원하는 바를 얻기 위해 주변 남성에게 호소하고 도움을 받는 사라의 모습 속에서 신화 속의 여신들을 본다. 길가메시(Gilgamesh) 신화의 이슈타르(Ishtar), 그리고 우가릿의 아크핫

(Aqhat) 신화의 아낫(Anat)은 주인공 남성 인간 또는 신에게서 모욕을 느꼈을 때 보통 자신의 아버지인 신들의 왕에게로 찾아가 그를 엄벌해달라고 호소하다 못해 위협까지 하는 패턴이다. 해킷에게 있어서 아브라함에게 항의하고 조르는 사라는, 버릇없이 자신의 욕구와 자만을 주장하는 신화 속의 여신들과 같다. 아브라함은 아버지 신이고, 하갈은 길가메시나 아크핫처럼 고난을 겪는 주인공이다.

가장 논쟁적이고 주관적으로 하갈과 사라의 이야기를 읽은 학자는 레니타 윔스(Renita Weems)라고 볼 수 있다.[21] 윔스는 흑백 인종갈등의 시각에서 노예였던 할머니의 경험, 백인 여성들에 의해 실제로 이용당했던 본인의 경험을 서술하며 자신을 하갈과 동일시한다. 이 이야기는 서구 세계에서 노예제를 재가(sanction)해주는 역할을 했다. 윔스는 백인 여성들이 19세기 하반부에 노예제 반대를 외쳤지만 결국 그 운동을 이용하여 참정권을 따낸 것이라고 날카롭게 지적한다.[22] 백인 여성이 흑인 남성(그리고 흑인 여성)보다 나은데 여자라고 해서 투표권을 안 주냐고 하면서 말이다. 그리고 현재에도 흑인 여성은 백인 여성에게 이용당하고 배신당할 것을 두려워한다고 말한다. 윔스의 눈에는 사라가 불충실했고 하나님의 약속을 신뢰할 인내심이 없었다.[23] 하갈 또한 스스로의 착취에 참여했으며, 무방비 상태의 노예였고 자존감이 낮았고 결국 정착 자금도 없이 쫓겨났다.[24] 윔스는 가부장제 사회에서 사라와 하갈은 여성으로서의 공통점이 더 많았다고 하며 그들의 차이는 가축 몇 마리(요즘말로 하면 학위와 수입의 차이)뿐이었다고 지적한다.

또 하나의 흑인 학자 돌로레스 윌리엄스(Dolores Williams) 역시 '거만한 (백인? 유대인?) 노예주인(the haughty [white? Jewish?] slave-owner)'의 전형인 사라가 하갈의 불행을 가져온 주요 원인이었다고 본다.[25]

그러나 이렇게 단순하게 하갈을 노예, 첩, 희생자로 보고, 사라를 잔인한 불임 여주인으로 보는 것은 신화 읽기에 대해 엘리아데(Eliade)가 "사실적이고 의미 있는 세계를 발견하는 것은 거룩한 것을 발견하는 것과 긴밀하게 연결되어 있다"[26]고 지적한 것을 간과하는 것이 아닐까.

2) 사라와 하갈: 각각 자신의 구원을 스스로 찾은 여성들

윌마 베일리(Wilma Ann Bailey)는 흑인이지만 윔스처럼 하갈을 희생자로 이해하지는 않는다. 베일리에게 있어서 하갈은 어려움을 겪었지만 그것을 극복하고 새 인생을 향해 나아간 생존자(survivor)이다.[27] 하갈이 16장에서 사라를 피해 도망가고 있다고 말한 것은 '대담한' 것이었다. 보통 도망가는 종은 그것을 밝히지 않기 때문이다. 베일리는 하갈이 다시 학대하는 여주인에게로 돌아간 것은 생존하기 위해서였다고 해석한다. 시간이 무르익을 때까지 '겸손한 종의 역할을 해야' 했기 때문이다. 베일리는 21장에서 하갈이 아들을 살리고 그를 위해 아내를 찾아준 부분을 강조하며, 하갈에게 운명을 헤쳐 나갈 내면의 힘과 기술이 있었다고 본다.

남미 학자 엘사 타메즈(Elsa Tamez)는 억압당한 하갈의 시각에서 이야기를 해석하였다.[28] 하갈은 구원사를 복잡하게 만든 능동적 주체이며, 이야기는 해방된 하갈과 해방하시는 하나님을 보여준다. 하갈은 모세나 엘리야나 욥처럼 하갈은 하나님을 직접 뵙고도 살아남는다. 타메즈에게 있어서 하갈이 하나님을 '보시는 하나님'이라고 이름붙이고, 아브라함이 받은 약속(창 12:1~3)과 비슷한 약속을 받는 것은 해방된 하갈을 보여주는 중요한 요소이다.

사라의 행동 역시 독자의 이해가 필요하다. 사라는 뜻밖에도 아브라함과 동등하게 묘사되어 있다. 애드리언 블레드스틴(Adrien Bledstein)은 이집트의 두 형제 이야기, 바빌론 창조신화의 마르둑과 티아맛 이야기와 같은 고대 중동의 다신론적 신화들이 어머니와 아내로서의 여성에게 적대적인 묘사를 담고 있는 것을 고려할 때 성서에게 사라에 대한 묘사가 긍정적이라는 데 주목한다.[29] 사라는 분명 질투심이 강하고 모질다. 그렇지만 그저 인간적인 모습일 뿐 악인으로 묘사되어 있지는 않다.[30] 화자는 불임 탓을 사라에게 돌렸지만(16:1), 사라는 아브라함에게 책임을 묻는다(16:5). 많은 여성 학자들은 사라가 당시 문화에서 자녀를 생산하지 못한 여성으로서 사회적 권리를 누리지 못했을 때 포기하지 않고 주도권을 가지고 대안을 제시했다는 점을 높이 산다. 사라나 하갈은 각자 구원을 얻은 것이다.

3) 하갈과 사라의 협동

성서에서 여성 등장인물끼리 갈등을 벌이는 장면에서 현대의 여성 독자들은 마음이 불편하다. 본문의 결에 따라 읽자면 '객관적으로' 화자의 의도에 따라 여성의 갈등을 받아들이고 그들을 판단해야 하지만 무언가 불편하다. 하갈을 미국의 억압당한 흑인 여성으로 본 윔스는 여성은 힘들 때 자매 같은 여성이 필요하고, 한 여성만 있으면(just a sister away) 치유가 가능하다고 주장했다. 그리고 여성을 서로 영구적으로 분리시키는 것과 여성 사이의 끊임없는 적대감을 조장하는 것이 불의라고 했다. 과연 사라와 하갈은 서로에게 자매가 될 수 있을까?

전혀 새로운 관점에서 하갈과 사라의 연대와 화합이라는 독자의 숙제를 푼 학자는 사비나 튜벌(Savina Teubal)이다.[31] 튜벌에 의하면, 두 여성은 단순히 여주인과 외국인 여종 사이가 아니다. 사라는 가나안에 올 때 메소포타미아에서부터 가모장제 문화와 종교를 가져왔다. 아브라함과 다른 남성 자손은 빨리 가나안의 가부장제에 동화되었지만 사라와 여성 후손들은 이 흐름에 저항했다. 사라에게 아이가 없었던 것은 불임이어서가 아니라 여사제 신분이었기 때문이다. 사라는 여성의 종속과 억압에 대항하는 투쟁의 상징이다.

튜벌에 의하면 하갈은 이집트 공주였을지도 모르고[32] 사라가 입양했었을 수도 있다.[33] 16장과 21장의 하갈은 동일인이 아니다. 16장의 하갈은 이름 없는 아들이 있고, 요리나 허드렛일을 하기 위해서가 아니라 처음부터 자손을 낳기 위해 들인 사람이었으므로 '시프하'를 종으로 번역하는 것은 맞지 않다. 하갈은 노예나 첩이 아니라 사라의 벗(companion)이었다. 그리고 21장의 여성은 사막 여족장(the Desert Matriarch)으로서 이스마엘이라는 아들을 낳았다. 이스마엘은 유산 문제로 쫓겨난 것이 아니라, 이삭에게 문화적인 영향을 줄까 봐 그런 것이었다. 사라, 하갈, 사막 여족장, 이 세 여성은 초기 이스라엘 시기에 작은 도시에서 부족(tribe) 형태로 살면서 부족과 종교와 문화의 보존에 주력했다. 원래 세 명의 여성 이야기였지만 성서 저자들은 하갈을 사막 여족장과 합치고 아이들의 탄생 이야기를 합침으로써 아브라함을 하갈족과 이스마엘족의 조상으로 만들었다. 그리고 후대에 바빌로니아와 앗시리아의 남성 중심적 편견의 영향으로 하갈의 역할은 첩과 종으로 하락 편집(redaction)되었다.

이러한 튜발의 해석은 방법론적인 문제점이 있다는 지적을 받기는 하지만 여러 면에서 그럴듯하다. 이 해석은 사라와 하갈의 협동을 바라는 여성 독자들의 기대를 채워주기 때문에 학계의 평가와 상관없이 페미니스트 성서 해석의 또 다른 가능성을 보여준다고 볼 수 있다.

4) 아브라함

페미니스트 비평은 본문의 아브라함을 마냥 의로운 믿음의 조상이라고 보는 데 어려움을 느낀다. 남성 독자들이 아브라함을 옹호했다면 여성 독자들은 아브라함을 잘해야 우유부단하다고 평가한다.[34] 그는 수동적이고 자신의 견해가 없다. 사실 아브라함은 가만히만 있어도 손해 볼 것이 없다. 하나님께로부터 부르심을 받은 것도, 미래에 대한 약속과 축복을 받은 것도, 두 여자에게서 두 아들을 얻은 것도 그이다. 가부장제 문화에서 자손이 없는 여자들은 곤경을 겪기 때문에 여자들이 알아서 자손을 잇고자 노력할 것이다. 아브라함의 우유부단함은 그를 덜 잔인하게 보이게 하는 화자의 전술일 뿐이다.

화자가 아브라함을 침묵시키는 것은 그의 명예를 보호하는 하나의 방법이다. 아브라함이 섣불리 입을 열어 두 여자 중 하나를 편들었다면 그의 평판이 위태롭게 된다. 사라의 편을 들어 하갈을 박해한다면 잔인한 주인이 되고, 하갈의 편을 들어 사라를 나무란다면 당시 제도에 도전하는 일이 된다. 그래서 화자는 편을 들게 하고 판단하는 일을 독자의 몫으로 남겨둠으로써 독자를 공모에 초대한다. 독자를 갈라놓으면 통제하고 가르치기가 훨씬 쉬워진다.

그러나 실은 아브라함은 사라보다 잔인하다. 사라더러 하갈에 대해 "좋을 대로 하라"(16:6)고 하고, 사라가 하갈을 쫓아낼 때 근심하는 아브라함은 아내의 견해에 따르는 남편이요, 하갈과 아들 이스마엘의 안녕에 염려하는 것처럼 보이지만 가부장제 사회에서 그리고 계약의 주체로서 아브라함이 사라보다 더 힘이 있었고 대안을 결정할 수 있었다. 화자는 '좋을 대로'하는 역할을 사라가 하게 함으로써 잔인한 사라, 우유부단의 이름을 빌린 착한 아브라함으로 제시한다.

아브라함은 또한 인색하다. 이집트에서 아내 사라의 목숨을 담보하고(창 12장) 바로에게서 얻어 온 그 많은 종과 가축은 어디 두고 하갈이 어깨에 메고 갈 만큼의 '먹거리 얼마와 물 한 가죽부대'(21:14)만 싸준 것일까? 그는 하갈과 이스마엘을 위해 집을 마련해주지도 않는다.

5) 하나님 또는 하나님의 천사

화자에게 있어서 독자를 가장 잘 설득시킬 수 있는 등장인물은 하나님 또는 하나님의 천사이다. 화자는 하나님을 계약의 바깥에 있는 하갈과 이스마엘에게도 자비를 보이신 것으로 몇 번이고 강조한다. 그러나 화자의 하나님은 분명 히브리인의 편을 드신다. 고통당하는 여종이 아니라 억압하는 압제자의 편에 선다.[35] '들나귀처럼 모든 사람의 손과 싸울'(16:12)이스마엘에 대한 편견도 감출 수 없다.

트리블은 하갈의 운명을 더 힘들게 한 이는 폭력적인 하나님이라고 고발한다.[36] 스스로 용기를 내어 집을 나온 하갈에게 학대받는 곳으로 다시 돌아가라는 말은 무슨 뜻일까. 왜 돌아가야 하는지 설명해주지 않는다. 하나님의 천사는 일방적이다. 임신한 하녀 하갈이 당장 겪고 있는 학대는 아직 태어나지 않은 아이의 운명에 대한 말로 덮인다.

나가는 말

앞에서 살펴본 바와 같이 페미니스트 비평은 이데올로기 비평 및 독자 반응 비평과 맥을 같이한다. 한걸음 더 나아가 페미니스트 비평은 성이라는 코드로 본문, 번역, 주석이 어떻게 의식적 · 무의식적으로 가부장제 이데올로기를 진작시켜 여성을 주변화하고 편들고 갈라놓았는지를 분석하였다. 그리고 이를 위해 어떤 전략들이 사용되는지도 살펴보았다.

이 글은 여성과 남성 비평가들이 각기 등장인물에 대해 다양하게 해석하였음을 보여주었다. 비평가의 성이나 인종이 성서 인물과 같다고 해서 그 인물과 항상 동일시하거나 편들지는 않았다는 것도 알게 되었다. 다만 여성 독자들은 아브라함의 우유부단함을 지적하는 데 망설임이 없었고, 남성 독자들은 그 부분을 의식적으로 또는 무의식적으로 간과하는 듯하였다. 남성 독자들은 이방인까지 돌보시는 하나님의 자비를 여성 등장인물들에 대한 분석보다 더 강조하는 경향이 있었다.

독자는 "어디서 와서 어디로 가느냐?" (창 16:8)는 천사의 질문에 자신의 사회적 정황에 따른 해석의 여정을 말해주어야 한다. 그 여정은 새 미래를 향해 떠나는 하갈의 여정과 같을지도 모른다.

1 이 글은 "어디서 와서 어디로 가는가? (창 16:8): 페미니스트 비평과 하갈과 사라이야기 (창 16, 21장)"라는 제목으로 「구약논단」 23(2007년 3월): 101~17쪽에 실렸다.

2 E. Fuchs, *Sexual Politics in the Biblical Narrative: Reading the Hebrew Bible as a Woman* (Sheffield, 2000), 15.

3 Cf. C. J. Exum, "Feminist Criticism: Whose Interests Are Being Served?" in *Judges and Method: New Approaches in Biblical Studies*, ed. G. A. Yee, (Minneapolis: Fortress, 1995), 70.

4 참조. D. Clines, 「포스트모더니즘과 이데올로기 성서비평」 (서울: 한들, 2000), 제1장. 원제는 *Interested Parties: The Ideology of Writers and Readers of the Hebrew Bible*, (Sheffield, 1995); Exum, 69.

5 E. E. Davis, *The Dissenting Reader: Feminist Approaches to the Hebrew Bible*, (Ashgate Publishing Company, 2003),

6 E. Fuchs, "The Literary Characterization of Mothers and Sexual Politics in the Hebrew Bible", in *Feminist Perspectives on Biblical Scholarship*, (Chico: Scholars Press, 1985), 120~21.

7 Fuchs, 2000, 50; 참조. D. N. Fewell and D. M. Gunn, *Gender, Power, and Promise: The Subject of the Bible's First Story*, (Nashville: Abingdon, 1993), 41. 아브라함이 바로에게 사라를 아내라고 거짓말했을 때도 (창 12:11~13) 사라와 상의하지 않았다. 그리고 이 거짓말은 사라에게 어떤 일이 벌어질지 따위는 안중에도 없고 오직 자신의 안전만을 생각한 것이었다. "그렇게 하여야 내가 당신 덕분에 대접을 잘 받고, 또 당신 덕분에 이 목숨도 부지할 수 있을 거요."(창 12:13, 표준새번역) 그러나 이런 견해와 반대로 사라야말로 아브라함 언약을 실제 수령자였다는 해석에 대해서는 이경숙, 「구약성서의 여성들」 (대한기독교서회, 1997), 17쪽을 보라.

8 R. Alter, *Genesis: Translation and Commentary*, (Norton, NY: 1996), 68. 얼터는 "Her mistress seemed slight in her eyes"(그녀의 안주인은 그녀의 눈에 경미해졌다)고 번역한다.

9 H. Gunkel, *Genesis*, (Macon: Mercer University Press, 1997), 226 ff. 원제는 Genesis, (Goettingen: Vandenhoeck & Ruprecht, 1901).

10 윗글, 185.

11 G. von Rad, 「창세기」, 국제성서주석 1, (한국신학연구소, 1981), 212. 원제는 *Das erste Buch Mose: Genesis*, (Goettingen: Vandenhoeck & Ruprecht, 1972).

12 윗글, 213.

13 *Genesis, Interpretation*, (Atlanta: John Knox, 1982), 152~53:

14 윗글, 183.

15 "Genesis", *The New Interpreter's Bible*, (Nashville: Abingdon, 1994). Vol. I, 454.

16 윗글, 455.

17 필리스 트리블/ 최만자 옮김, 「성서에 나타난 여성의 희생」 (전망사, 1989, 13~52), 제 1장. 원제는 *Texts of Terror: Literary~Feminist Readings of Biblical Narratives*, (Philadelphia: Fortress, 1984).

18 "Genesis", in *The Women's Bible Commentary*, ed. Carol A. Newsom and Sharon H. Ringe, ((Louisville: Westminster/John Knox, 1992), 18.

19 *In the Wake of the Goddesses*, (New York: Fawcett Columbine, 1992), 254. n. 2.

20 J. A. Hackett, "Rehabilitating Hagar: Fragments of An Epic Pattern", in *Gender and Difference in Ancient Israel. ed. Peggy L. Day*, (Minneapolis: Augsburg Fortress, 1989), 17.

21 *Just a Sister Away: A Womanist vision of Women's Relationships in the Bible.* (San Diego: LuraMedia, 1988).

22 윗글, 18.

23 윗글, 12.

24 윗글, 5, 12.

25 사비나 튜발이 Dolores Williams가 했다고 한 말, Claremont Colleges, Claremont, CA, Feb. 1989.

26 M. Eliade, *A History of Religious Ideas: From the Stone Age of the Eleusinian Mysteries*, trans. W. R. Trask, Vol., I(Chicago: Univ. of Chicago Press, 1978), xiii.

27 "Hagar: A Model of an Anabaptist Feminist?" *The Mennonite Quarterly Review* 68, no.2 (April 1994): 219~28; "Black and Jewish Women Consider Hagar", *Encounter* 63.1~2 (2002): 37~44.

28 "The Woman Who Complicated the History of Salvation", *New Eyes for Reading: Biblical and Theological Reflections by Women from the Third World*, ed. John S. Pobee and Barbel von Wartenberg~Potter, (Oak Park, IL: Meyer Stone, 1986), 5~17.

29 A. O. Bellis, *Helpmates, Harlots, Heroes: Women's Stories in the Hebrew Bible*, (Westminster/John Knox, 1994), 72에서 중인.

30 Bellis, 72.

31 S. J. Teubal, *Sarah the Priestess: The First Matriarch of Genesis*, (Athens, OH: Swallow Press, 1984).

32 *Hagar the Egyptian: The Lost Tradition of the Matriarchs*, (San Francisco: Harper & Row, 1990), 46.

33 윗글, 133.

34 참조. P. Trible, "Ominous Beginnings for a Promise of Blessing", in *Hagar, Sarah, and Their Children: Jewish, Christian and Muslim Perspectives*, ed. P. Trible and L. M. Russell, (Louisville: Westminster/John Knox, 2006), 46 ff.

35 트리블, 1984, 42.

36 윗글, 32.

제 4 장

미리암의 항변

미리암의 목소리

"주님께서 우리와도 말씀하시지 않았나요?" 다시 말해서 "주님께서 너하고만 말씀하신 것이 아니라 우리하고도 말씀하셨다고!"라고 한 여자가 목소리를 높여 민족 최고의 지도자에게 도전한다. 민수기 12장에 나오는 미리암의 이야기이다. 미리암이 동생 모세에게 한 말이니까 이렇게 반말도 가능하다. 미리암은 아론과 함께 모세가 구스인 아내를 얻은 것을 가지고 따져 물었다. 그런데 구스 아내 문제는 더 이상 다루어지지 않고, 이야기는 두 사람이 모세에게 지도력을 나누어 행사할 것을 요구한 문제로 넘어간다. 하나님은 도전한 두 사람에 대해 화를 내고 모세의 절대적 위치를 변호하시는 것으로 나온다. 결과는 미리암만 벌을 받아 피부병을 앓고, 아론은 무사히 벌을 모면한다.

이 이야기에는 풀리지 않는 수수께끼가 몇 가지 있다. 미리암과 아론이 정확히 무슨 잘못을 한 것일까, 모세는 도전을 받고서도 왜 침묵했을까, 왜 하나님은 그토록 노기를 띠고 모세를 옹호하셔야 했을까, 두 사람이 도전했는데 왜 미리암만 벌을 받은 것일까 등의 질문이다.

이 이야기는 다양한 해석을 낳았다. 그런데 대부분의 해석은 미리암의 지도력를 약화시키고자 하는 성서 화자의 이데올로기 안에 머무르는 경향이 있다. 이에 대해 본문의 결에 거슬러 읽으면 풀리지 않은 의문에 대해 새로운 관점을 갖게 될 것이다. 이 이야기를 이데올로기 비평을 적용하여 해석해보고자 한다. 먼저 성서 화자의 이데올로기를 드러낸 뒤 성서 주석가들이나 번역가들이 어떻게 화자의 편에서 이야기를 받아들였으며 그들의 이데올로기가 무엇인가를 들여다볼 것이다.

이데올로기 비평의 전제와 관심은 대략 다음과 같다.[2] 이데올로기라는 말은 (성서) 화자의 의도나 신학과도 비슷한 말이지만 더 포괄적인 표현이다. 이데올로기 비평은 본문(글, 텍스트)이란 그냥 생겨난 것이 아니라 특별한 목적이 있어서 생겨난 것이라고 본다. 그 목적이란 모종의 갈등 상황을 감추거나 해결하기 위해서 또는 일정한 가치관이나 행동 양식을 선전하기 위해서이다.

본문은 이런 목적에 반대하는 것에 대해서는 침묵한다. 그래서 이데올로기 비평가는 본문이 말하지 않는 것, 곧 침묵, 간격, 부재 등에 주의를 기울여야 한다. 이데올로기는 말하지 않는 것 속에 들어 있기 때문이다. 비평가는 이데올로기를 드러내고 억눌린 목소리를 찾는 것이 과제이다. 그러기 위해서는 본문에서 특정 이데올로기를 받아들이도록 독자를 설득하고자 사용한 수사학적 도구를 탐구한다. 인물 묘사, 구성(plot), 반복, 관점, 상징, 아이러니, 복선 등과 같은 도구 말이다. 민수기 12장 본문의 수사학을 조사하면 본문의 이데올로기와 억눌린 목소리가 드러날 것이다. 이 작업은 성서 본문만이 아니라 주석가와 설교자, 독자의 이데올로기를 밝히는 작업과 연결된다.

성서 화자의 이데올로기

성서의 화자(narrator)는 공동체에 갈등 상황이 있다는 점을 인정한다. 곧, 모세의 지도력에 대해 도전하는 사람들이 있다는 점이다. 화자가 할 일은 모세의 지도력과 그의 특별한 지위를 강조하고 옹호하는 일이다. 그런데 다른 사람도 아닌 모세의 누이와 형제인 미리암과 아론이 도전자일 필요가 있다.[3] 형제들조차 배제되는 것을 보여준다면 모세에 대한 그 어느 도전도 용납될 수 없다는 교훈을 사람들에게 줄 수 있다. 화자는 이 목적을 달성하고자 다음 여러 기법을 쓴다.

1) 특별 인물, 하나님을 등장시키기

성서 이야기 속에서 하나님은 당시나 지금이나 종교적인 청중을 설득하는 가장 강력한 등장인물이다. 본문의 등장인물 중 하나님에 관한 인물묘사가 매우 흥미롭다. 하나님은 가장 감정적이고 가장 활동적이며(5절의 내려오다, 서다, 부르다), 가장 길게 말한다(6~8절, 14절). 정작 권위에 도전을 받은 모세 본인은 하나님만큼 감정적이지도 않고 행동도 많지 않다. 성서 저자는 도전을 받아서 화가 난 모세의 역할을 하나님의 말씀과 행동 속에 실어 넣은 듯하다.

먼저 하나님은 구름기둥 속에서 장막 문 앞에 나타나신다. 구름기둥과 장막 문 앞이라는 언급은 앞으로 하실 하나님의 행동과 말씀과 맥을 같이하는 권위와 힘을 상징한다. 구름은 초자연적이고 신비한 힘을 상징하는 동시에 인간의 눈을 가린다. 더욱이 하나님이 판결하시고 미리암이 피부병에 걸리게 된 현장에는 하나님 이외에 미리암, 모세, 아론 등 세 사람만이 있었다. 이 사건은 온 회중이 모인 데서 벌어진 것이 아니고, 협소한 범위에서 벌어졌다.[4] 그래서 모세와 그의 지지자들이 하나님이 그처럼 말씀하시고 판결하셨다고 주장할 만한 편리한 고안이 된다.

둘째로 하나님의 대사에는 화자가 원하는 말이 담겨 있다. 하나님은 미리암과 아론의 의견을 들어보기도 전에 다짜고짜 화를 내시며 모세 편을 드시는 것으로 묘사된다. 하나님의 첫 대사(6~8절)는 교차대구법을 사용한 시 속에 담겨 있다. 하나님은 이 대사에서 모세와의 각별한 관계를 강조하신다. 하나님은 모세와 '얼굴과 얼굴'을 마주하는 사이라고 하신다. 문자적으로는 '입과 입'을 마주하는 사이이다. 다른 예언자들에게는 하나님과 환상과 꿈으로 모호하게 말해주시지만, 모세에게는 분명히 말씀해주시며, 모세는 '하나님의 모습'을 볼 수 있다.

그런데 모세가 하나님의 얼굴을 볼 수 없다는 것에 대해 길게 다룬 성서 본문도 있다(출 33:17~23). 출애굽기는 "하나님을 보는 사람은 아무도 살 수 없기 때문"(출 33:20)에 모세는 하나님의 등만 볼 수 있다고 했다. 어느 본문이 사실일까? 출애굽의 본문이 옳다면 민수기 12장의 화자는 모세와 하나님의 관계를 과장하고 있다. 그런가 하면 화자는 하나님과 모세와의 특별한 관계를 강조하느라 모순을 범하는 것도 잊고 있는 듯하다. 하나님은 모세한테만 직접 분명히 말씀하시고 미리암과 아론 같은 다른 예언자들에게는 꿈과 환상으로 모호하게 말씀하신다고 했지만, 모세는 뒤에 서 있고 미리암과 아론을 따로 앞으로 불러 말씀하시는 지금, 하나님은 직접 미리암과 아론에게만, 그것도 아주 분명하게 말씀하신다! 사건의 서두에서 "주님께서 우리와도 말씀하시지 않았느냐?"라고 미리암이 도전한 말을 화자가 아이러니하게도 재확인해주는 장면이다.

진노하신 하나님과 더불어 구름이 사라지자 미리암은 악성 피부병에 걸려서 눈처럼 하얗게 되어 있다. 하나님은 분명히 복수형으로 두 사람에게 말씀하셨건만 아론은 벌을 받지 않았다. 여기에는 아무 설명이 없다. 아론의 간청으로 모세가 하나님께 미리암을 낫게 해달라고 요청한다. 하나님의 둘째 대사에는 여전히 분노가 배어 있고 민감한 독자에게 걸림돌이 된다. "아버지가 그녀의 얼굴에 침을 뱉는다면 칠 일간 수치를 겪어야 하지 않겠느냐? 그러니 그를 이레 동안 진 밖에 가두었다가 그 뒤에 돌아오게 하여라."(14절)[5] 사실 아버지가 딸의 얼굴에 침을 뱉는 것을 언급하는 규정은 성서에 나오지 않는다. 그렇지만 이것은 만인 앞에서 겪는 수치를 나타내는 것임은 분명하다. 여기서 하나님은 사람들 앞에서 딸의 얼굴에 침을 뱉어 폭력을 사용하고 딸에게 수치를 겪게 만드는 아버지에 비유된다. 하나님은 모세와는 얼굴을 마주하는 사이지만, 미리암의 얼굴은 피부병으로 하얗게 되었을 뿐만 아니라, 침이 뱉어져서 누구도 마주하지 못하도록 만들어진 얼굴이다. 하나님은 모세와는 '입'(8절)의 관계이지만, 미리암과는 '코'(분노, 9절)의 관계이다. 화자는 자신의 논조를 강조하기 위해 이렇듯 수사학적으로 신체의 이미지 및 시각과 촉각 효과를 사용한다.

화자는 자신의 말을 하나님의 대사에 담아두어서, 하나님이 직접화법으로 말씀하실 때 독자가 화자의 이데올로기를 쉽게 받아들이게 만든다.[6] 화자는 자신의 목적에 맞도록 하나님의 이미지를 만든다. 화자는 하나님을 앞뒤 정황도 듣지 않고 모세 편을 드는 심판자 하나님이요, 나누는 지도력을 믿지 않는 분이요, 자녀에게 폭력을 쓰는 아버지요, 같은 행위에 대해 한 사람에게만 벌을 주는 부당한 분으로 제시함으로써 독자에게 하나님의 이미지를 왜곡시킨다.

그런가 하면, 화자가 하나님을 통해 미리암에게 보이는 감정적인 반응이 크면 클수록 독자는 화자가 숨기려고 하는 바를 눈치 채게 된다. 즉, 미리암만 벌을 받았다는 사실은 이 지도력 문제의 핵심이 아론이 아닌 미리암에게 있다는 말이다. 미리암은 사람들 사이에서 큰 지도력을 발휘했기 때문에 아론보다 미리암을 경계해야 했다. 처음부터 화자가 견제 목표로 삼은 것은 아론이 아니라 모세에게 실질적인 위협이 된 미리암이었던 것이다.

2) 남성의 협력을 얻기

화자가 모세의 지도력과 특권을 옹호하기 위해 사용하는 또 다른 전략은 다른 남성의 협력을 얻는 것이다. 화자는 미리암과 모세 사이를 중재하기 위해 아론을 이용한다. 아론은 원래 모세의 지도력에 도전하는 사람이었지만 지금은 모세의 협력자가 되었다. 미리암이 벌받는 것을 본 아론은 얼른 말한다. "내 주여, 우리가 어리석었던 죄와 우리가 저지른 죄를 부디 우리에게 벌하지 마십시오. 미리암을 어머니

의 태에서 나올 때에 살이 반이나 썩은 채 죽어 나온 아이처럼 저렇게 두지는 마십시오." (11~12절)

아론은 복수형을 써서 '우리'를 벌하지 말라고 하지만, 미리암은 이미 벌을 받고 있으므로 그 '우리'는 '나'가 되고, 그래서 '나'를 벌하지 말라는 요청이기도 하다. 또한 아론은 비유를 통해 미리암의 상태를 묘사하는데, 갓 태어난 아이의 이미지를 사용한다. 이는 미리암이 갓난아이 모세를 구해주었던 것을 독자와 모세에게 상기시킨다. 사제인 아론이 모세에게 미리암을 살려달라고 구하는 것은 모세와 하나님의 독특한 관계를 거듭 강조하는 기능을 한다.

아론은 자신이 했던 주장을 '어리석은' 것이었다고 평가하고 두 번이나 '죄'라고 한다. 또한 아론은 모세를 '내 주'라고 불러서(11절) 자신의 상관으로 인정한다. 화자는 이런 표현이 바로 도전자의 입에서 나오게 함으로써 공동체의 모든 청중에게 모세에 대한 그 어떤 도전도 죄요, 어리석은 것이라고 효과적으로 설득한다. 아론의 예로써 공동체의 남자들은 협력하면 처벌을 면하고 이익을 본다는 것을 배운다.

3) 모세의 명예를 보호하기

화자가 당면한 과제 중 하나는 독자에게 모세의 이미지를 좋게 제시하는 것이다.[7] 모세는 도전을 받은 사람으로서 화를 내야 마땅하다. 그런데도 그는 침착할 뿐만 아니라 관대하기까지다. 모세를 이처럼 관대한 지도자로 그리는 작업은 화자가 바로 앞장인 11장부터 해온 일이다. 11장에서 70명의 장로들이 예언을 마치자 엘닷과 메닷이라는 두 젊은이가 예언하는 일이 생겼다. 여호수아는 모세에게 젊은이들을 말려야 한다고 제안했다. 그런데 모세의 대답은 놀라웠다. "네가 나를 두고 질투하느냐? 나는 오히려 주님께서 주님의 백성 모두에게 그의 영을 주셔서 그들 모두가 예언자가 되었으면 좋겠다."(11:29)

실상 민수기 11장의 주제가 지도력 나누기이다. 모세는 일이 과중하여 하나님께 불평을 했다. "이 모든 백성을 제가 배기라도 했습니까? 제가 그들을 낳기라도 했습니까? …… 마치 유모가 젖먹이를 품듯이 그들을 품에 품고 가라고 하십니까? …… 저 혼자서는 도저히 이 모든 백성을 짊어질 수 없습니다. ……"(11~15절). 이처럼 모세는 여성 이미지를 차용하면서 불평을 여섯 절에 걸쳐 길게 늘어놓았다. 그는 차라리 '죽여달라'(15절)고 하나님을 위협하고는 70인의 장로를 얻어냈다.

이렇게 관대했던 모세가 12장에서 사제요 예언자인 동기들에게서 도전을 받았다고 해서 편협하게 굴 수는 없는 노릇이다. 대신 하나님이 그들에게 화를 내고 처벌하는 역할을 맡으시면 된다. 모세는 12장에서 한 번 간단히 말을 했을 뿐이다. 미리암을 위해 두 번이나 '제발'(na')을 써서 낫게 해달라고 하나님께 간구한 때(13절)이다. 자신에게 도전한 사람을 위해 간구하는 모세란 더욱 관대하게 보일 수밖에 없다. 11장에서 열변으로 하나님을 닦아세운 모세는 12장에서 침묵과 인내하여 대조적인 모습을 보인다. 70인의 장로는 경쟁 상대가 되지 않기 때문에 관대할 수 있지만, 아론과 미리암은 경쟁이 될 만한 위치와 영향력을 지녔기 때문에 12장에서는 화자가 전혀 다르게 접근하는

것일까.[8]

화자는 미리암과 아론이 모세의 지도력에 도전하는 대사를 한 후(2절)에 간접화법으로 독자에게 모세를 칭찬한 바 있다. "모세로 말하자면, 땅 위에 사는 모든 사람 가운데서 가장 겸손한 사람이다."(3절) 이 구절은 일부 번역에서는 괄호에 들어 있다.[9] 화자의 이 개인적인 평가는 모세를 강력하게 옹호한 하나님의 직접화법을 준비하는 역할을 하고, 사건의 결말을 암시하며, 독자로 하여금 화자의 편에서 이야기 전개를 따라가도록 유인한 복선이다.

4) 미리암을 침묵시키기

화자는 여러 수사학적 기법을 써서 미리암이라는 등장인물을 주의 깊게 다룬다. 두 가지 요소가 특이하다. "미리암과 아론이 모세에 반대하여 말했다"(1절)[10]에는 미리암의 이름이 먼저 나오고, 동사는 두 사람이지만 삼인칭 여성 단수이다. 두 사람이 도전했지만 미리암만 처벌받았다. 역사비평가들은 이 모순이 원래 아론과 미리암에게 따로 속해 있던 두 전승이 혼합된 증거라고 한다.[11] 수사학자들은 이 모순이 의도적인 배열이라고 한다. 즉, 이 표현이 미리암의 운명을 미리 보여줌으로써 독자들이 미리암의 처벌을 받아들이도록 한다는 것이다. 실제로 수많은 주석가와 설교자들이 이 동사 하나 때문에 미리암을 주범이라고 판단했고, 혼자만 벌을 받은 이유라고 보았다.[12] 그러나 히브리 구문에서 주어가 둘 이상일 때 앞에 나온 주어를 따라 단수동사

가 나오는 것은 흔한 현상이다.[13]

화자가 미리암과 아론이 모세의 구스 아내에 대해 반대하는 말을 했다고 앞뒤 설명도 없이 전하는 의도는 무엇일까? 학자들은 구스 여자가 누구인지를 밝히느라 핵심을 놓치곤 한다. 일부 주장은 구스는 미디안의 다른 이름이므로 구스 여자가 십보라를 가리키는 것이라고 본다. 다른 주장에 의하면, 구스가 북시리아지역 또는 누비아(Nubia)나 에티오피아(Ethiopia)이므로 구스 여자란 피부색이 검은 여자였고, 인종적 편견 때문에 미리암과 아론이 모세에게 도전했다는 것이다.[14] 흥미로운 해석 중 하나는 구스 여자라는 언급이 메리즘(merism)이라는 문학기법에 해당한다는 해석이 있다. 메리즘이란 중요치 않은 것과 중요한 것을 병렬하여 모든 것을 총괄하는 기법이다. 곧 구스 여자와의 결혼은 중요치 않은 것이고, 모세의 절대적 지도력은 중요한 것이다.[15] 또 다른 해석에 의하면, 화자는 모세의 지도력 문제 이전에 구스 여자와의 결혼을 언급함으로써 가족 문제인 양 다루려고 연막을 친다고도 볼 수 있다는 것이다.[16] 그러나 아론은 대사제로서 최고 종교 지도자였고 미리암은 예언자요 여성 공동체의 수장이었기 때문에(출 15:20 이하) 두 사람의 도전은 단순한 가족 문제나 남동생에 대한 질투가 아니었다.

12장의 주제는 지도력이건만 화자가 미리암이 구스 여자 운운했다고 시작한 것은 여자와 여자의 대립을 도모하기 위해서였다고 볼 수 있다. 화자는 여성들을 분리시키기 위해 "나누고 정복하라"는 정복자의 전략을 사용한다. "여자가 셋이 모이면 접시가 깨진다"는 한국의 속담 뒤에는 여성간의 협력과 힘을 두려워하는 심리가 놓여 있는 것과 마찬가지이다.

목소리를 높여 사건의 포문을 연 미리암은 곧 침묵으로 일관한다. 미리암과 모세가 "주께서 모세하고만 말씀하셨느냐? 우리하고도 말씀하시지 않았느냐?"(2절)라고 함께 말했을 때 미리암의 목소리가 들린다. 그러나 미리암은 피부병으로 벌을 받은 뒤부터 끝까지 아무 소리가 없고, 화자는 미리암이 벌에 대해 어떻게 반응했는지 전하지 않는다. 왜 미리암이고 여성이어야 하는가? 성서 여기저기에서 미리암은 출애굽 및 광야 공동체의 영향력 있는 지도자였다고 나온다.[17] 미리암은 남동생을 구한 지혜롭고 용기 있는 누나요(출 2장), 여성공동체에 영감을 불어넣어 하나님의 역사를 찬양하게 한 '여예언자'(출 15:20)이다. 또한 후대 전승은 미리암을 아론과 모세와 더불어 출애굽의 지도자 중 하나로 기억한다(미 6:4).

목소리가 침묵되어야 하는 사람은 비단 미리암만이 아니다. 공동체 내의 여성과 그들의 지도력도 화자의 견제 대상인 듯하다. '구스 여자'(1절)라는 구절의 반복, 어머니 이미지(12절), 딸 이미지(14절) 등이 실마리이다. 사산하는 어머니의 약한 이미지는 딸의 얼굴에 침을 뱉어 공공연히 수치를 주는 사납고 강한 아버지의 이미지와 대조가 된다. 아버지에게 야단맞는 자식이 아들이 아닌 딸이라는 것도 주목할 필요가 있다. 이런 어머니와 딸의 약한 여성 이미지는 미리암이 주창하는 여성 지도력의 참여와는 매우 대조적인 것이다.

미리암은 진 밖에 일주일간 격리되어 있었다. 벌이 피부병인 것도 미리암을 공동체에서 왕따를 시키려는 것과 어울린다. 미리암과 아론이 개인적으로 도전한 것이 어째서 공적인 사건이 되었을까? 이는 미리암을 대중의 표본으로 삼기 위해서라고 볼 수 있다. 신명기 24장 9절("당신들이 이집트에서 나오던 길에 주 당신들의 하나님이 미리암에게 하신 일을 기억하십시오.")이 미리암의 운명을 기억하고 있다. 필리스 트리블(Phyllis Trible)의 표현대로, 미리암은 "오고 오는 세대를 위한 경고요, 찍힌 여자"가 되었고 중요한 여자 지도자라서 비방자들이 미리암을 "불명예 속에 영원히 묻어버리고 싶어"하였다.[18] 수치란 혼자 있을 때 느끼는 것이 아니라 한 공동체 속에서 다른 사람들의 시선과 평가를 염두에 두고 느끼는 감정이다. 그러므로 이 민수기 12장 이야기에서 교훈을 얻어야 할 사람들은 두 종류이다. 먼저 남자들 같은 지도력을 원하는 공동체의 여성들이고, 아론처럼 모세와 같은 지도력을 원하는 남자들이다.

그런데 미리암의 침묵은 수동성을 나타낸다기보다는 미리암의 위엄을 드러낸다. 아론과 달리 미리암은 동등한 지도력을 주장한 자신이 '어리석었다'거나 '죄'를 지었다고 시인하지 않았다. 자신의 행동에 대해 변명하거나 피부병을 낫게 해달라고 애원하지도 않았다. 그래서 미리암의 침묵은 긍지와 항변을 웅변적으로 말한다.

주석가와 설교자의 이데올로기

주석가들은 공백 상태에서 주석을 쓰지 않는다. 의식적으로든 무의식적으로든 주석가들은 성서 화자의 이데올로기와 연관해서 글을 쓴다. 데이비드 클라인스(David J. A. Clines)는 성서의 주석가나 독자들은 권위를 지닌 성서의 이데올로기에 압도되기 십상이고 그래서 마치 자신의 견해인 양 받아들이고 자연스런 상식으로 간주하게 된다고 지적한다.[19] 그리고 성서 본문의 단어, 구, 문장에 주를 달고 해석하는 전통적인 주석 방식은 종종 화자의 논리와 이데올로기를 그대로 받아들여 따르게 하고, 그럼으로써 학자들은 그것을 계속 강화하는 역할을 한다.

성서 본문의 논리 전개를 액면 그대로 받아들이는 것은 독자로 하여금 미리암을 골칫거리라고 평가하게 만든다. 성서 화자의 논리대로라면 미리암은 알 수 없는 이유로 구스 출신 올케를 시샘하고, 높은 위치의 남자 형제를 질투한 속 좁은 여자일 뿐이다. 많은 주석가들이 성서에서 간단하게만 언급된 이 두 여성의 적대관계에 관심을 쏟았다.[20] 전통적인 주석가들은 핵심에서 벗어난 질문을 하고 그에 대답하려고 애쓴다. "누가 구스 여자인가?" "인종차별이 주제인가?" "미리암과 아론 중 누가 주범인가?"[21] 이런 질문들은 모두 화자의 이데올로기 안에 머물러 있는 작업이며 결국 답변 역시 미리암을 문제아로 결론짓게 하고, 미리암의 처벌을 마땅하게 여기게 한다. 우리가 이데올로기 비평에서 물어야 할 질문은 이 글에서 다루듯이, "왜 화자가 여자와 여자의 대립 구도를 사용하는가?" "미리암만 처벌받았다는 것은 무슨 뜻인가?" "화자가 수사학적 기법을 동원하여 주장하려는 사상은 무엇인가?" "화자가 누구의 목소리를 억누르려고 하는가?" 등이다.

이처럼 미리암을 문제아로 보는 입장은 주석 책과 성경 번역의 소제목에서도 드러난다. '미리암의 질투',[22] '모세를 질투(jealous)하는 아론과 미리암',[23] '모세에 대항한 미리암과 아론의 반역(rebellion)',[24] '불충한 동료(disloyal colleagues)',[25] "미리암과 아론이 모세에게 시비를 걸다",[26] "미리암이 벌을 받다"[27] 등. 이런 제목은 주석가와 성서 번역자들이 성서 화자의 편에 서 있다는 것을 드러낸다. 이것이 바로 화자가 독자들에게 의도한 바이다.

미리암을 이렇게 평가하는 것은 미리암이 벌 받은 것을 마땅하게 보는 것과 긴밀한 관련이 있다. 어떤 학자들은 'poetic justice(인과응보식 시적인 정의)'라는 표현을 쓴다.[28] 이들은 구스 여자가 흑인이었다고 전제하고, 미리암이 그를 비난했으니 '하얗게' 되는 피부병에 걸렸다는 것이다. "미리암의 피부가 눈처럼 하얗게 되었다"는 구절을 가지고 본문이 '백인과 흑인을 대립'시킨다고도 한다.[29] 그러나 케인 홉 펠더(Cain Hope Felder)는 유럽계 백인이 흑인을 차별하는 것은 비교적 현대의 산물이므로 성서 본문에 도입해서는 안 된다고 지적한다.[30] 인종간의 갈등이라는 주제를 가지고 본문에 들어가는 것도 화자가 독자들을 위해 파놓은 함정인지도 모른다.

한국에 번역 또는 저술된 것으로서 설교자들을 대상으로 하는 주석책들은 성서 화자의 이데올로기를 단순히 전달하는 정도가 아니라, 확대 재생산하는 경향이 짙다. 미리암과 아론의 행위를 성서에도 없는 표현으로 정죄한다. 그런 면에서 이들 설교 주석은 성서 화자의 가장 순진한(gullible) 독자인 셈이다. 출판연도별로 읽어보면 다음과 같다.

매튜 헨리(Matthew Henry)의 주석서(1975)는[31] "미리암이 다툼을 시작했고, 70장로의 선발에 끼지 못한 아론은 당시 약간 기분이 나빴다"고 본다. 이 책은 홀(Hall) 주교라는 사람의 말을 인용하여, "그녀의 더러운 혀가 얼굴을 더럽게 한 것은 정당한 벌이다. …… 모세의 얼굴에는 영광이 있고 그녀의 얼굴에는 문둥병이 발해 있었기 때문이다. 모세는 그의 얼굴에 영광의 광채가 나기 때문에 수건을 써야 했지만 미리암을 부끄럼을 감추기 위해 수건을 써야 했다"고 말한다. 아론이 벌을 면한 이유는, 다른 사람의 피부병을 진단할 사제이었기 때문에 "직책상 잠시 진노를 보류해주셨다"고 한다. "미리암의 벌은 '무례함을 응징'한 것이고, ……미리암이 겸손하게된 것은 어디까지나 심판이 있었기 때문이다"고 주장한다.

유진 메릴과 잭 디어(Eugene H. Merrill & Jack S. Deere)의 『민수기, 신명기』(두란노 강해주석시리즈, 1983)는 미리암이 올케를 언급한 것은 "모세의 새 아내에게서 자신의 위치에 대한 위협을 느꼈음이 분명"하기 때문이라고 본다.[32]

기독교문사의 『민수기(상)』(베이커 성경주석, 1987)에 의하면,[33] 미리암과 아론은 이스라엘의 종교지도자였지만 "극히 야비하고 큰 죄를 범했다." "그들의 비방은 합당하지 않았고, 신성모독적이었고, 뻔뻔스러웠다." 이 책의 자료 설교의 제목은 '미리암과 아론의 형벌'이고, "그 형벌은 범한 죄에 적합한 것이었다"라고 하고는 헨리가 인용한 위의 홀의 끔찍한 표현을 그대로 재인용하고 있다. 미리암은 "죄의 선동자였고 죄가 더 컸기에 벌을 주셨다. 아론은 직무상 벌을 받지 않았다." 이 책에 포함된 자료 설교의 제목은 '미리암과 아론의 형벌'인데 아론의 벌에 대해서는 언급이 없다. 그리고 "한 사람의 죄가 민족 전체의 발전을 저해한다"고 지적하는데 그 이유는 '백성이 행군을 못하게 되어서'이다. 또 다른 자료 설교의 제목은 '문둥병 형벌을 받은 미리암:

범죄를 통한 용모의 변화'이다. 이 설교문은 "미리암은 질투의 불이 타올랐으며 그녀는 신랄하고 분노에 찬 말을 하였다. 여호와의 분노는 맹렬하였다. 미리암의 분한 감정은 강렬하였다. 이 둘의 결과로 생긴 질병은 최악의 것이었다"라는 주장을 담고 있다.

『창세기-민수기』(강병도 편, 호크마종합주석, 1997)는 미리암과 아론의 도전을 "추잡한 명예욕과 시기심 때문이었다"라고 평가하고, "모세를 비방한 것은 곧 그 권위를 인정하신 하나님께 대한 도전이었다. 그들은 한 인간과 하나님을 동시에 비방하는 과오를 범했던 것이다. 아무튼 미리암의 문둥병 발병 사건은 인간의 불의한 시기와 질투가 하나님 앞에서 얼마나 더럽고 죄악된 죄인가를 여실히 증명해준다"라고 결론짓는다. 이 주석서의 자료 설교의 제목은 '지도자에 대한 비방'이고, 그 결론은 "우리를 지도하는 영적 지도자에게 순종하며 공경합시다"이다.[34]

성서아카데미의 『민수기, 신명기』(그랜드종합주석, 1999)에 의하면[35] 미리암과 아론이 모세를 "비방한 것은 모세의 결혼에 하자가 있어서라기보다는 그의 통치권에 대한 시기와 질투 및 명예욕의 결과였고…… 욕심의 노예가 되어 모세뿐만 아니라 그를 높이신 하나님까지 비방하는 어리석음을 범한 것이다." 그리고 "미리암이 주동자였음이 분명한 이유 중 하나는 아론은 어떤 일에 앞장설 것 같지 않은 유순한 성격의 소유자였기 때문이다." 또 1절의 여성형 동사는 아론이 누나인 '미리암의 꾀임에 빠져 함께 모세를 비방한' 증거이다.[36] 그래서 이 책에 실린 자료 설교의 주제는 "하나님께서 세우신 지도자들에 대해 비방을 하면 심각할 정도로 나쁜 결과를 초래한다"이다.

지난 1970년대 이후로 성서 해석과 방법론에 엄청난 변화가 있었음에도 불구하고 설교자를 위한 한국의 주석서 출판계의 논조는 크게 변하지 않은 듯하다. 얼마나 많은 설교자들이 이 주석서들을 애용하는지 알 수 없지만, 주석서 시장의 선택폭이 다양하지 않다는 점과 많은 한국 교회의 강단에서 나오는 설교 내용으로 미루어 그 영향력을 짐작하게 한다. 주석과 설교는 국가적으로 인지도와 인기도가 높은 여성 지도자 미리암을 견제하려는 성서 화자의 이데올로기를 답습할 뿐만 아니라, 확대 및 재강조하고 있다.

우리에게 직접, 분명히 말씀해주시는 하나님

남성 중심적 문화 속에서 사는 교회 여성들은 미리암의 경우에서 자신이 겪은 불의를 떠올린다. 성서 화자들과 전통적인 주석가들과 현대의 교회 지도자들은 저술, 주석, 설교, 성경공부 등을 통하여 성서 화자의 이데올로기를 재생산하고 강화해왔다고 볼 수 있다. 성서 화자의 이데올로기를 진작시키는 일은 주석가만 하는 것이 아니다. 설교자, 성경 공부 지도자 등 교회에서 지도력을 가지고 있는 사람들도 참여한다. 지도자들은 여성과 평신도의 지도력을 인정할 수 없는 주장의 전거를 모두 성경에서 찾는다. 교회 여성이 겪은 경험과 예를 들라고 하면 한도 끝도 없다. 오늘날 특히 한국교회 여성의 낮은 지위를 볼 때 그들의 작업은 가히 성공적이라고 볼 수 있다.

그런데 성서 화자가 자신의 이데올로기를 관철시키려고 했던 일이 아주 성공한 것은 아니다. 우리가 관찰하였듯이 화자는 모세에게만 직접, 분명히 말씀하신다는 하나님이 미리암과 아론에게도 직접, 분명히 말씀하시는 것으로 묘사하였다. 그래서 애초에 미리암이 도전한 말, "주님께서 우리와도 말씀하시지 않았느냐?"를 역설적으로 재확인해주었다. 그리고 화자는 하나님의 감정적인 반응을 통해 아이러니하게도 미리암이 영향력 있는 지도자임을 증명하였다. 또한 미리암의 침묵은 단순한 침묵이 아니라 확고한 의지와 저항을 나타냈다는 것을 관찰할 수 있었다. 우리는 주의 깊은 독자로서 민수기 12장에서 화자가 만들어낸 하나님의 이미지는 모세의 권위를 강조하기 위해 왜곡된 것이라는 것을 관찰하였다.

주석가와 설교자들이 성서 화자의 이데올로기를 전달하고 재강화하는 작업도 성공하는 것만은 아니다. 존귀하신 하나님의 모습으로 만들어졌다고 고백하는 교회의 여성과 남성들은 성서 본문의 행간을 읽으며 독립적인 독자로서 스스로 성서를 해석하고 하나님과 직접 만나고 하나님께서 직접, 분명하게 말씀해주신다고 고백하고 있기 때문이다.

1 이 글은 Yani Yoo, "How the Powerful Play their Bible Game (Numbers 12)", *CTC Bulletin* 20:3 (Dec. 2004): 21~26과 그 번역인 '주님께서 우리와도 말씀하시지 않았느냐?': 민수기 12장에 대한 이데올로기 비평,"「한국여성신학」62(2005 가을): 66~82"의 글을 약간 개정한 것이다.

2 David. J. A. Clines, *Interested Parties: The Ideology of the Readers and Writers of the Hebrew Bible* (Sheffield: JSOT Press, 1995), 김병하 외 역, 『포스트모더니즘과 이데올로기성서비평』(한들, 2000), Ch. 1; Gale A. Yee, "Ideological Criticism: Judges 17~21 and the Dismembered Body", in *Judges & Method: New Approaches in Biblical Studies* (Minneapolis: Fortress, 1995).

3 노트는 미리암과 아론만 형제지간이었을 것이라고 본다. Martin Noth, Numbers, 국제성서주석 (한국신학연구소, 1986), 107.

4 슬로브핫의 다섯 딸들이 유산 상속을 주장한 사건은 온 회중이 있는 데서 벌어진다(민수기 27장). 그러나 나중에 남자들 몇 명이 모인 자리에서 이 유산상속법에 제한 조항을 붙인다(민수기 36장).

5 성경전서 새번역은 히브리어의 '그녀의 얼굴'에서 '그녀'를 일반적인 딸이 아닌 미리암으로 보고 '미리암의 얼굴'로 번역하였다. 이 글은 성경전서 새번역을 사용하는데, ★는 나의 개정을 나타낸다.

6 사무엘하 21장 1절의 하나님 말씀은 사울이 기브온 사람들을 살해했다는 점을 인정하신다. 다윗은 이 말씀을 근거로 사울의 남은 아들들을 처형한다. 월터 브루거만은 하나님의 말씀은 다윗왕에게만 하신 것이라 다른 사람들은 모르는 일이고, 사울이 집행했다는 살육 역시 성서 다른 곳에서 말하지 않는다고 지적한다. Walter Brueggemann, *Frist and Second Samuel, Interpretation* (Louisville: John Knox Press, 1990), 336.

7 이는 다윗의 경우와 비슷하다. 화자는 다윗이 정적을 제거하는 데 직접 나서지 않는 것으로 묘사하고자 고심하였다.

8 이와 비슷하게 성서 화자의 이데올로기를 다른 방향에서 찾은 학자들이 있다. 스터디는 12장에서 모세의 절대적 위치를 강조하는 것은 11장의 가르침과 균형을 잡기 위한 것이라고 본다. 즉 자신들이 모세와 같다고 주장하는 예언자 그룹을 견제하게 위한 것이라는 점이다. John Sturdy, *Numbers*. The Cambridge Bible Commentary (Cambridge Univ. Press, 1976), 89. 스펄링은 이 성서 이야기가 페르시아의 아케메니드(Achaemenid) 시대에 기록된 토라가 구전 예언과 경쟁할 때 유대인들에게 기록된 토라의 권위를 강조하기 위해 나온 이야기라고 본다. S. David Sperling, "Miriam, Aaron and Moses: Sibling Rivalry", *Hebrew Union College Annual* 70~71 (1999~2000): 39~55.

9 *The Holy Bible*. King James Version (Nashville: Thomas Nelson, 1977, 1984); R. Dennis Cole, *Numbers*, The New American Commentary (Broadman & Holman, 2000), 198.

10 새번역은 "미리암과 아론은 ······모세를 비방하였다"고 번역했는데, 동사 다바르와 전치사 베의 결합은 "~에 대해 말하다, ~에 반대하여 말하다"고 번역될 수 있다. 우리말의 '비방'이라는 단어 선정은 미리암과 아론을 원문보다 더 부정적으로 묘사한다.

11 노트, 『민수기』, 92~6; Philip J. Budd, *Numbers* Word Bible Commentary 5 (Waco: Word Books, 1984), 133.

12 Walter Riggans, *Numbers*, The Daily Study Bible Series, 이원규 역 (기독교문사, 1986), 39; Cole, Numbers, 200; Eugene H. Merrill & Jack S. Deere, *Numbers, Deuteronomy*, The Bible Knowledge Commentary (Victor Books, 1983), 문동학 역, 두란노 강해주석 시리즈 (두란노서원, 1989), 41; C. F. Keil & F. Delitzsch, Numbers, Commentary on the Old Testament, 김만풍 역 (기독교문화사, 1987), 102; J. R. Lange, *The Book of Numbers*, 김진홍 역, 백합출판사, 1979, 150; 류형기 편, 『성서주해』 (한국기독교문화원, 1965), 403; 박양조 역, 『민수기 (상)』 베이커 성경주석 (기독교문사, 1987), 437; Matthew Henry, Numbers (기독교문사, 1975), 163; 이자노 중이찌 외 저, 박만제, 고영민 공역, 『창세기-사사기』 신성서주해 (기독교문사, 1985), 333; 제자원 편, 『민수기, 신명기』 그랜드 종합주석 3 (성서 아카데미, 1999), 165.

13 A. E. Cowley, *Gesenius-Kautzsch Hebrew Grammar* (Oxford: Clarendon,1980), 468.

14 참조. Dennis Olson, Numbers, Interpretation, 현대성서주석 (한국장로교출판사, 2000), 118~19. 여성신학자도 구스 여자를 흑인 여성으로 전제하고 미리암과 아론에 의해 억압받았다고 평가하고 이 성서 본문을 읽었다. 화자의 이데올로기에 의해 설득된 경우라고 할 수 있다. Mukti Barton, "The Skin of Miriam Became as White as Snow: The Bible, Western Feminism and Colour Politics", *Feminist Theology* 27 (2001): 68~80.

15 Sperling, "Miriam, Aaron and Moses: Sibling Rivalry", 49.

16 Cole, *Numbers*, 200.

17 Phyllis Trible, "Bringing Miriam out of the Shadows", *Bible Review* 5 (1989): 14~25, 34.

18 Ibid., 23.

19 Clines, 『포스트모더니즘과 이데올로기성서비평』, ch. 1.

20 Bernard P. Robinson, "The Jealousy of Miriam: A Note on Numbers 12", *Zeitschrift für die Altentestamentum Wissenschaft* (1989), 432; Ronald Kenneth Harrison, Numbers, Wycliffe Exegetical Commentary (Chicago: Moody Bible Institute, 1990), 105; Timothy R. Ashley, *The Book of Numbers*, New International Commentary on the Old Testament (Grand Rapids: Eerdmans, 1993), 224.

21 Catholic Study Bible (Oxford: Oxford University Press, 1990)은 말하기를 "아론은 누이가 반역을 꾀하는데 그저 따랐을 뿐이다. 그래서 미리암이 혼자서 처벌을 받았다"고 한다.

22 Bernard P. Robinson, *Zeitschrift für Altes Wissenschaft* 101(1989): 428

23 *New Revised Standard Version* (New York: American Bible Society, 1989); 올슨, 『민수기』, 117; Walter Riggans, *Numbers* (Philadelphia: Westminster, 1983), 101.

24 Eryl W. Davies, Numbers, The New Century Bible Commentary (Grand Rapids: Eerdmans, 1995), 113; 올슨, 『민수기』, 117; R. D. Cole, Numbers, 199.

25 Raymond Brown, *The Message of Numbers* (Inter~Varsity Press, 2002), 106.

26 공동번역성서 (서울: 대한성서공회, 1977).

27 성경전서 개역개정판 (서울: 대한성서공회, 1998); 성경전서 새번역 (서울: 대한성서공회, 1992).

28 Kenneth V. Mull & Carolyn Sandquist Mull, "Biblical Leprosy", *Bible Review* 8,2 (1992); 36.

29 Phyllis Trible, "Bringing Miriam out of the Shadows", *Bible Review* 5(1989): 22.

30 Cain Hope Felder, *Troubling Biblical Waters: Race, Class and Family* (Maryknoll, NY: Orbis Books, 1989), ch. 1.

31 매튜 헨리, 『민수기』 (기독교문사, 1975), 163~173.

32 유진 메릴, 잭 디어, 『민수기, 신명기』, 41; 여성신학자도 그렇게 성서 화자의 이데올로기에 잘못 따르기도 했다. Renita J. Weems, *Just a Sister Away: A Womanist Vision of Women's Relationships in the Bible* (California: San Diego, 1988), 71~83, esp. 80를 보라.

33 『민수기 (상)』, 426~42.

34 강병도 편, 『창세기-민수기』, 호크마종합주석 (기독지혜사, 1997), 247.

35 제자원 편, 『민수기, 신명기』, 164~170. 이 책과 앞의 호크마종합주석은 소위 문둥병을 한센병으로 고쳐 부르기 시작한 후인 1999년에 출판되었음에도 불구하고 여

전히 옛 표현을 쓰고 있다.

36 이는 류형기 목사가 편찬한 주석에서도, 1절의 여성단수 동사가 '원래 미리암의 불평에 아론은 개재하지 않았었으리라는 추측의 근거'라고 한 것과 같다. 『성서주해』(한국기독교문화원, 1965), 403.

제 5 장

평화를 만드는 여성들

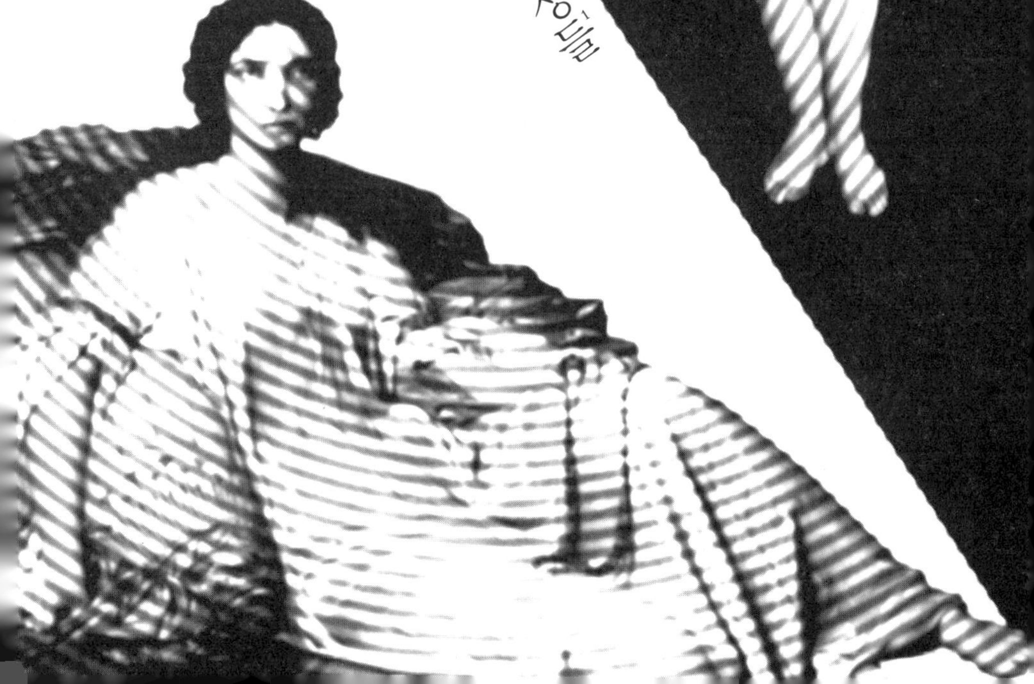

금세기는 지난 세기에 비해 세상 사람들이 물질적으로 훨씬 더 잘살게 되었지만 비평화와 폭력은 더욱 만연하게 되었다. 이 폭력 상황은 지구 구석구석과 모든 사람들에게 영향을 미치고 있다. 평화와 생명이 시대의 핵심용어가 되었다. 기독교인은 성서로 눈을 돌려 답을 찾으려 한다. 성서는 우리의 모든 질문에 해결책을 주지는 않지만 암시를 주기도 한다.

성서에는 여성이 개인적 폭력과 제도적 폭력의 희생자가 된 이야기가 많이 나온다. 동시에 성서에는 여성이 능동적으로 평화와 생명을 가져오는 이야기도 여럿 들어 있다. 여성은 여러 차원에서 갈등을 풀고 평화를 가져오는 것으로 나온다. 개인 사이의 갈등을 해결하고(아비가일, 삼상 25장), 왕족 사이의 갈등을 해결하고(드고아의 지혜로운 여성, 삼하 14장), 공동체나 국가에 닥친 위기를 해결하기도 한다(에스더와 유딧). 여성 위기 해결을 위해 일한다고 해서 모든 사람이 안전하게 되는 것은 아니다. 에스더서에서 유대인을 박해하던 사람들은 복수의 희생자가 되었고, 유딧이 속한 유대 공동체의 적도 비슷한 운명을 겪는다.

여기서는 성서에서 개인 살해 또는 집단 살해와 같은 직접적 폭력이 벌어질 수도 있었던 갈등 상황에서 여성이 대안을 찾아 평화로이 해결한 세 경우를 다루려고 한다. 구체적으로 그 상황은 한 국가 안에 사는 상이한 민족 간의 갈등(부아와 십브라, 출 1:15~22), 같은 민족 내에서 상이한 지역 간의 갈등(아벨 벳마아가의 여성, 삼하 20: 14~22), 그리고 한 가족 내에서 구성원의 갈등(리브가, 창 27장)에 관한 것이다. 이들 여성의 선택을 관찰하면서 현재 세계의 갈등 문제에 성서의 여성들이 어떤 제안을 줄 수 있을 것인지 찾아보고자 한다.

1. 민족 갈등 속에서 생명을 지키다: 생명 전문가 부아와 십브라(출 1:15~22)

출애굽기는 갈등 이야기로 시작한다. 이스라엘인들은 이집트 제국에서 소수민족으로 살고 있는 상황이다. 새로운 왕이 등극했지만 이 왕은 이스라엘인들을 달가워하지 않는다. 무명의 바로는 히브리인의 인구가 증가하는 것을 경계한다. 또한 히브리인들이 전쟁 시 적의 편에서 이집트에 대항할까 봐 두려워한다(1:9~10). 그래서 그는 이스라엘인들을 강제노동에 사용한다. 그러나 이스라엘인들은 억압당할수록 인구가 증가한다. 이집트인들은 이스라엘인들에게 더욱 잔인하게 군다. 우리는 출애굽기가 이스라엘 국가의 탄생에 관한 책이고 이스라엘인들의 관점에서 쓰여졌다는 것을 기억할 필요가 있다. 그래서 이런 빛에서 우리는 화자(narrator)가 바로를 어리석게 묘사한 방식을 고려한다.

출애굽기 1장은 바로가 이스라엘인들을 억압하려는 세 가지 계획을 도입한다. (1)강제노동을 시키고, (2)산파를 통해 히브리 남자 아기들을 살해하고, (3)모든 남자아이들을 죽이는 계획이다(출 1:15~22). 우리가 다룰 본문은 둘째 계획에 해당하고, 첫째 계획과 셋째 계획에 에워싸여 있다. 둘째 계획은 산파를 통해 히브리 남자 아기들을 살해하는 것이라서 산파들의 협조가 절대적으로 필요하다. 그러나 산파들은 바로의 명령에 따르지 않기에 바로는 인종말살 정책을 편다. 여러 명의 여성이 참여하여 바로의 셋째 계획을 무산시킨다(출 2:1~10).

바로는 강제노동 정책이 효과적이지 않다고 판단하자 두 히브리 산파에게 태어나는 히브리 남아들을 죽이라고 명령한다(출 1:15~16). 제국의 왕 바로는 익명에 묻혀 있는 반면, 사회적으로 미천한 산파의 이름은 부아('소녀')와 십브라('아름다운')로 밝혀져 있다.[2] 두 산파는 하나님을 두려워했기 때문에 바로의 명령을 따르지 않는다(출 1:17). 바로가 꾸짖자 그들은 히브리 산모들이 이집트 산모와 달리 힘이 좋아 산파가 도착하기도 전에 벌써 아이를 낳는다고 변명한다(출 1:18~19). 이 답변으로 산파들은 바로의 말을 조소적으로 꼬집고 히브리인에 관한 그의 편견을 주의 깊게 공격하고 있다. 화자는 하나님이 두 산파의 말과 행동을 기뻐하셨고 그들을 축복하셨다고 기록한다(출 1:21).

이 이야기에는 풍자와 유머와 어처구니없는 설정이 많이 들어 있다. 제국의 왕이 몸을 낮추어 평범한 산파를 직접 상대했을까? 죽음을 다루는 일에 바로는 왜 생명을 다루는 게 직업인 산파들을 택하는가? 전국에 히브리 산파가 단 두 명인 것도 이상하다. 산파들은 간단한 변명만으로도 무사히 빠져나간다. 그래서 바로는 산파의 답변을 그대로 믿는 어리석은 사람이요, 출산에 무지한 사람으로 묘사된다. 결국 바로는 전국에서 태어나는 '모든 남아'를 죽이라고 함으로써 이집트 남아를 포함하는 어리석은 명령을 내린다(출 1:22). 이런 요소들은 이야기를 풍부하게 만들기 위한 문학기법으로 보는 것이 좋을 듯하다. 이야기에서 여아/남아, 생명/죽음, 히브리인/이집트인, 약자/강자, 여자/남자 등의 이분법이 전개되어 있는 것도 찾아볼 수 있다. 평화를 만들고 생명을 선택하는 것에 관한 우리의 논의와 관련된 몇 가지 요점을 생각해본다.

1) 하나님 경외가 원칙이다

독자는 두 산파의 선택을 보고 독자가 비슷한 상황에 처할 때 인간과 하나님 중에서 누구를 두려워해야 할지 생각하도록 초대한다. 바로가 이스라엘인들을 두려워한 것은 전염병이 되었고 이집트인들 사이에 인종차별을 조장했다. 이런 두려움은 폭력과 죽음을 가져온다. 바로는 히브리인들 사이를 이간질하는 점잖지 못한 전략을 쓴다(출 5:10~21 참조). 바로는 히브리 노예들에게 벽돌 만드는 짚을 주지 않고 직접 구해다가 만들라고 한다. 히브리인 작업반장을 세워 동족인 노예들을 들볶게 만들기도 한다.

이와 대조적으로 성서는 산파들이 가장 선명한 위험의 상징인 바로를 두려워하는지에 대해서는 언급이 없다. 대신 그들은 하나님을 두려워한다. 하나님 경외는 하나님에 대한 전적인 존경과 신뢰를 뜻하며, 이는 이스라엘의 지혜전통에서 중요한 주제이다(잠 2:5~15 참조). 다른 한편으로 생존하기 위한 실용 지혜는 반대로 말한다. "나는 권한다. 왕의 명령에 복종하여라. …… 그것은 네가 하나님 앞에서 맹세한 것이기 때문이다. 왕이 싫어하는 일은 고집하지 말고, 왕 앞에서는 물러나거라. 왕은 자기 마음대로 할 수 있는 사람이다. 왕의 말이 곧 최고의 법인데, 누가 감히 그에게 '왜 그렇게 하십니까?'하고 말할 수 있겠는가? 왕의 명령을 지키는 이는 안전하다. 지혜 있는 사람은 언제 그렇게 그 일을 하여야 하는지를 안다."(전 8:2~5, 새번역) 성경의 다른 곳에서 등장인물이 강자의 명령에 거역한 경우처럼 여기서도 산파들의 영웅적 행동에는 속이는 태도가 들어 있다.[3] 힘없는 여성들로서 산파들은 바로에게 공공연히 저항하지 않고 간접적으로 저항하며 속이는 방법을 쓴다. 그러나 하나님을 두려워한다는 것은 가장 큰 인간 세력인 왕의 뜻에 대항하는 것이고 자신의 생명을 건다는 뜻이다. 산파들은 창조주를 믿는 신앙을 행동으로 옮김으로써 진정 지혜로운 여성으로서 기능한다.

2) 생명, 오직 생명

이 이야기에는 죽음과 폭력의 위협이 지배적이지만 그 근간에는 결국 죽음을 이기는 생명이 강조되어 있다. 여기서 생명은 일반적 의미의 생명과 인구 증가를 의미한다. 바로는 죽음과 폭력을 대표한다. 산파들, 출산하는 산모들, 태어나는 아기들은 생명과 평화를 대표한다. 생명이 핵심 단어이다. 생명(하이)이라는 단어의 어근이 거의 모든 절에 등장한다(16, 17, 18, 19, 22절). 16절 하반절, '그리고-그녀는-살-것이다(바하야)'와 19절, '기운이-좋아서(하요트)'는 같은 어근이 변칙적으로 사용된 형태이다. 이 두 단어는 성서에서 여기에만 등장하는데(*hapax legomena*), 이것이 우연이 아니라면[4] 독자의 주의를 '생명'에 더 기울이게 하는 기법일지도 모른다. 곧, 죽음의 위협을 다루는 이 이야기가 문학상 생명으로 가득 차 있다.

하나님이 산파들에게 상을 주신 내용도 생명이다. 20절과 21절에서 "그래서 하나님이 산파들에게 은혜를 베풀어 주셨으며, 이스라엘 백성은 크게 불어났고, 매우 강해졌다. 하나님은 산파들이 하나님을 두려워하는 것을 보시고, 그들의 집안을 번성하게 하셨다"라고 하는데, 생명이라는 단어를 직접 사용하지는 않지만 내용은 생명을 가리킨다. "집안을 번성하게 하다"라는 숙어는 문자적으로 "가족들을 주다"이고 아카드어와 히브리어에서 혈통을 시작하는 것을 가리킨다.[5] 이 두 산파로 인해 나라와 개인의 가문이 풍부한 생명의 복을 받게 되었다.

3) 함께 저항하기

왜 산파가 하나가 아니고 둘인가? 이 두 사람은 동시에 말하고 행동하므로 동일한 역할에 꼭 두 명이 등장할 필요가 없다고 볼 수 있다.

2인 1조가 팀이 되어 조산 업무를 했다고 상상해도 상관은 없을 것이다. 하나는 약할 수 있지만 둘이 힘을 합칠 때 왕을 속일 용기가 났는지도 모른다. 구약성서 그 어디에서도 산파가 사회의 상류층이거나 지도층이었다는 기록이 없다. 게다가 숙련된 산파라면 나이도 지긋했을 것이다. 산파와 노년은 힘과 부에서 멀어 보인다. 그러나 그들은 왕을 거역하는 일에서 서로 힘을 의지했다. 산파는 평범하지만 둘이 일하면 비범한 결과를 가져올 수 있다.

화자는 산모들이 바로의 명령을 알았는지에 대해서나 산파들과 함께 했을 법한 그 어느 적극적인 역할에 대해서도 언급하지 않는다. 그러나 독자는 틈을 메우는 자유를 누린다. 이 여성들이 산파와 공모하여 아이를 살리는 것을 상상할 수 있다. 아기 모세를 살리려고 여성들이 연대하는 일은 본 이야기 바로 다음에 따라 나온다(출 2:1~10).

4) 나중에야 참여하시는 하나님

바로의 무시무시한 위협에도 불구하고 하나님은 개입하시지 않는다. 화자는 산파들이 모든 행동을 마친 후에야 하나님이 은혜를 베풀어주셨다고 보고한다. 그때조차 하나님은 바로를 처벌하는 조치를 취하지 않으시고 단지 산파들을 축복하실 뿐이다. 산파들은 자신들의 행동이 하나님의 축복을 보장할 거라고 기대하지 않았다. 산파들은 명령을 거역할 때 생명을 걸었고, 성서 다른 부분이 보여 주듯이 바로에게 협력하면 받을 수 있는 보상도 저버렸다(창 12:10~20 참조).

두 산파의 용기와 지혜와 하나님의 관심은 독자에게 어느 정도 낙관하게 한다. 그러나 본문에는 하나님이 행동하셔서 미래를 만드실 거라는 말이 없다. 하나님도 긍정적이든 부정적이든 인간의 행동이 하나님 자신의 가능성에 영향을 미칠 그러한 미래를 기다리신다.[6]

바로는 산파들에게서 효과를 얻지 못하자 모든 신생 남아를 죽이라는 세 번째 국가 정책을 쓴다. "갓 태어난 모든 남자아이는[7] 모두 강물에 던지고,[8] 여자아이들만 살려 두어라"(출 1:22). 왜 남자아이들만 죽일까? 바로의 명령이 암시하는 것은 이스라엘인들이 전범을 다룬 방식과 같다. 남자들은 모두 죽이고 여자들은 잡아오는 식이었다(민 31:1~18; 신 20:14; 21:10~14; 삿 21:11~14; 왕상 11:15; 삿 5:30 참조). 이는 세계적으로 공통된 관습이고 여전히 자행된다.[9] 이 이데올로기는 생명이 남성 혈통을 통해 이어진다는 가부장적 사고방식에 근거한 것이다. 여성이 남성을 구하는 것은 이야기 속에 있는 또 하나의 풍자이다. 출애굽기 2장에서는 이집트 여성들과 히브리 여성들이 인종의 차이를 넘어 협력하여 아기 모세를 구한다.[10]

독자가 억압하는 편에 있는 경우, 왜 바로가 그의 계획을 좀 더 제도적이고 제국다운 방식으로 수행하지 않는지 궁금할 것이다. 독자가 억압당하는 편에 있는 경우, 왜 산파들이 노동조합과 상의하여 파업을 일으키지 않는지 궁금할 것이다. 화자는 강제노동과 국가 인종말살 정책을 배경으로 힘없는 여성들이 위험을 감수하며 명에 거역한 것을 가급적 조용히 전하고 있다. 어떻게 보면 화자는 우리가 산파들의 상황에 처하면 무엇을 할 것인지를 고민하도록 초대할 뿐만 아니라 산파들이 오늘날 비슷한 상황에 있다면 무엇을 할 것인지 생각하도록 초대한다.

이야기는 가장 중요한 것이 무엇인지 간단히 말할 뿐이다. 왕은 제국 안에 있는 한 인종 그룹을 두려워했고, 그것은 틀렸다. 이야기는 말하기를, 세상에서 두려워할 게 있다면 그것은 바로 하나님이라고 한다. 이집트 왕이 그것을 알았다면 자기 백성을 노예 감독과 병사로 만들지 않아도 되었다. 그랬다면 아무 방비 없이 저항한 한 인종 그룹이 하나님에게 복수와 저주를 해달라고 빌지 않아도 되었을 것이다. 이라크의 한 어머니가 아이를 잃고서 한 말과 행동이 생생하게 텔레비전에 나왔었다. 어머니는 가슴을 치며 울면서 "알라여, 이것을 보시고 기억하소서"라는 말을 몇 번이고 반복했다.

2. 지역 갈등 속에서 평화를 말하다: 아벨 벳마아가의 용감한 여성(삼하 20:14~22)

두 번째 이야기는 한 민족 내에 상이한 지역 사람들 사이에 생긴 갈등 상황을 해결한 여성의 이야기이다. 이것은 성서에서 폭력과 죽음에 대한 대안을 취한 최상의 예라고 볼 수 있다. 본 이야기는 다윗이 권력과 왕국을 다지는 일련의 '왕위 계승 설화' 중 마지막 일화이다. 배경 이야기는 다윗이 모든 것을 자신의 통제 하에 두는 데 몇 가지 어려움이 있다고 전한다. 왕국은 북쪽 지파들이 비협조적이라서 통일왕국이 못되고 있고, 아들들은 왕위 계승 때문에 다투고 있고, 통일왕국을 편히 꾸리고 싶은데 요압 장군이 너무 강해서 왕명을 제대로 따르지 않고 마음대로 일을 처리하고 있다.

이제 세바라는 사람이 북쪽 지파들을 선동하기 시작한다. 성서 화자는 세바를 '불량배'라고 부르고 있지만 그 표현은 정확하지 않다. 단순한 불량배라기보다는 북쪽 지파의 영향력 있는 지도자라고 볼 수 있다. 세바가 지도자였기에 성 주민들은 요압이 성을 부수기 직전까지 그를 지지하며 성에서 버티고 있었던 것이다. 세바가 말한다. "우리가 다윗에게서 얻을 몫은 아무것도 없다. 우리가 이새의 아들에게서 물려받을 유산은 아무것도 없다. 그러니 이스라엘 사람들아 모두들 자기의 집으로 돌아가자!" 나중에 우리의 주인공인 아벨 부인도 '유산'이라는 같은 용어를 쓴다. 이들은 과거의 전통적인 지파 출신으로서 야훼의 '유산'을 중시한 듯하다. 성서는 '온 이스라엘 사람'이 다윗을 버리고 비그리의 아들 세바를 따라갔다(삼하 20:2)고 전한다. 세바가 병사들을 조직하지 않았으므로 반역이라고 부르기는 어렵다. 그러나 압살롬 왕자가 다윗을 위협했다면(삼하 15~18장), 세바의 선동은 왕국 자체를 위협하는 것이다. 다윗은 세바가 '압살롬보다 우리를 더 해롭게 할 것'이라고 판단한다(삼하 20:6).

다윗은 먼저 '골육지친'인 아마사 장군(삼하 19:13)더러 세바의 무리를 진압하는 데 필요한 군사를 사흘 안에 모으라고 한다. 아마사가 사흘 안에 군사를 모으지 못하자 다윗은 요압이 아닌 '요압의 동생', 아비새 장군(삼하 20:10 하반절)에게 세바를 잡으라고 명한다(삼하 20:6). 다윗은 요압을 견제하려고 그런 듯하다.[11] 그러나 요압도 세바의 무리를 소탕하는 데 참여하고 있다. 가는 도중에 요압은 경쟁자이자 다윗의 친족인 아마사 장군을 죽인다. 그럼으로써 아비새보다 더 한 힘을 장악하게 된다. 세바는 지지 세력을 얻어 벳마아가의 아벨성을 확보하고(삼하 20:14) 요압군과 대치하게 된다. 이곳은 이스라엘의 가장 북단이고 단에서 서쪽으로 몇 십리 떨어져 있다.

요압군은 도착하자마자 성을 포위하고, 둔덕을 쌓아 성벽을 무너뜨릴 준비를 한다. 둔덕 쌓기는 포위된 성을 공략하는 표준 전술이다.[12] 둔덕이 바깥 성벽의 높이만큼 솟아오르자 요압군이 성벽을 무수기 시작했다. 독자는 둔덕을 쌓는 데 시간이 걸리는 동안 성 안에서 사람들이 대책회의를 하며 긴장 가운데 있었을 것이라고 상상할 수 있다. 그러나 그들은 공격이 시작될 때까지 묘책이 없다. 성벽을 부수기 시작하고 나서야 막판에 익명의 한 '지혜로운' 여성이 나타난다.[13] 기혼여성을 출신 지역 이름을 따서 부르던 한국의 옛 관습을 따라 편의상 이 익명의 여성을 '아벨 부인'이라고 부르기로 한다. 아벨 부인은 성벽 위에서 요압과의 대화를 청한다. 요압이 수락하자 아벨 부인은 본론으로 들어간다.

> "옛날 속담에도 '물어볼 것이 있으면 아벨 지역에 가서 물어 보아라' 하였고 또 그렇게 해서 무슨 일이든지 해결하였습니다.
> 저는 이스라엘에서 평화롭고 충실하게 사는 사람들 가운데 하나입니다.
> 그런데 장군께서는 지금 이스라엘에서 어머니와 같은 성읍을 하나 멸망시키려고 애쓰십니다.
> 왜 주님께서 주신 유산을 삼키려고 하십니까?"

아벨 부인은 “예식처럼 반복하면서 성직자와 같은 고양된 방식으로 시에 담아” 말한다.[14] 이 여성의 설득력 있는 연설은 ‘성읍’에서 ‘나’로 움직여가고, 끝으로 ‘당신’으로 움직여간다. 이 여성은 본인이 존경하는 지혜전통을 먼저 묘사한다. 그리고 초점을 지혜롭고 신실한 여성인 자신에게로 옮겨가고 조심스럽지만 단호하게 요압의 폭력을 꾸짖음으로써 말을 맺는다. 그녀는 북쪽의 모든 사람들을 폭도로 의심해서는 안 된다고 강조한다. 성읍을 ‘어머니’라고 부르며 다시 성읍을 ‘주님의 유산(기업, 땅)’과 대구에 둔다. 결론이자 마지막 타격으로 한 말, “왜 주님께서 주신 유산을 삼키려고 하십니까?”는 ‘그렇지 않다’는 대답을 요압의 입에 아예 담아준다. 실제로 요압은 연거푸 부인한다(삼하 20:20~21 상반절).

“나는 절대로 그러는 것이 아니오.
정말로 그렇지가 않소.
나는 삼키려는 것이 아니오
멸망시키려는 것이 아니오.
그 일이 그런 것이 아니오.”

요압은 특이하게도 다섯 번이나 아니라고 부인할 뿐 아니라 부정어를 두 번씩 쓰고 있다(할릴라, 할릴라, 임, 임). 그는 아벨 부인의 논리에 밀려 말을 더듬기라도 하는 듯하다. 성읍을 파괴할 의사가 없다고 완강히 부인한 요압은 이제 협상에 임할 자세가 되어 있다.

마치 아벨 부인이 상황을 모르기라도 하듯이 요압은 먼저 왜 자신이 성읍을 공격하는지 설명한다. 그는 에브라임 출신 세바가 다윗 왕에게 반란을 일으켰다고 요약한다. 그러면서 협상의 조건을 먼저 제시한다. "여러분이 그 사람만 내주면 내가 이 성읍에서 물러가겠소." 아벨 부인은 즉각 답한다. "그의 머리를 곧 성벽 너머로 장군께 던져 드리겠소." 잔인한 요압 장군과 그의 군대가 둔덕을 쌓으며 시시각각 위협을 더하던 분위기와는 대조적으로 막상 두 사람의 협상은 불과 한 절에서 단박에 끝난다(21절). 요압은 세바만 '내주면'이라고 말했는데, 아벨 부인은 '머리를 던져주겠다'고 답했다. 요압의 말이 그런 뜻이었을까? 아니면 아벨 부인은 자신의 방식이 최상이라고 판단한 것일까? 놀라운 것은 아벨 부인의 대답이 성읍 사람들과 미리 상의해 결정한 내용이 아니라는 점이다. 그녀는 요압에게 먼저 답변을 주고 그리고 나서 '슬기로운 말로 온 주민을 설득'시킨다. 성읍 사람들이 곧 세바의 머리를 잘라서 요압에게 던져 주니 전군이 철수한다.

이 이야기에서 생명과 평화를 만드는 것에 관해 몇 가지 생각해본다.

1) 많은 이들을 위해 목숨을 걸고 나선 지도자

이야기는 한 현명한 여성의 용기와 승리에 관해 전하고 있지만 위험과 공포와 긴장이 가득 차 있다. 그녀가 상대하는 사람인 요압은 왕위 계승 설화에서 가장 잔인한 인물이다. 요압은 살인 전문가이다. 그는 사울 왕의 장군 아브넬(삼하 3:27)과 압살롬 왕자(삼하 18:14~15)와 아마사 장군을 죽였다. 그는 또한 성읍 포위와 파괴의 전문가이다(삼하 11:1; 12:26~31). 그는 교활하고 야망이 있는 사람이다. 요압은 평화 회담을 거부하고, 그 제안을 한 사람인 아벨 부인을 죽일 수도 있었다. 지혜롭다고 해서 용기까지 있는 것은 아니다. 어쩌면 그래서 아벨 부인이 공격이 이미 시작된 후에야 나타난 것은 막판까지 버티다가 용기를 내서 나타난 것처럼 보인다.

성읍 안에는 세바에 동조하고 요압군에 대항하여 끝까지 싸우자고 주장하는 사람들도 있었을 것이다. 지상에 있던 강력한 적이 요구하자 한 여자를 높은 건물에서 던져서 죽게 한 이야기를 독자는 기억한다(이세벨과 예후, 왕하 9:30~37). 아벨성 사람들이 아벨 부인을 배신자로 여기고 오히려 그녀를 던져버릴 수도 있었다. 평화를 위해 일하는 사람들은 종종 양쪽 그룹 사이에 끼어 오해를 받을 수 있고, 혹평은 물론 죽음을 감수하는 일도 생긴다. 아벨 부인은 운이 좋았다. 요압이 전에 압살롬 왕자의 일로 다윗 왕을 설득할 필요가 있었을 때 드고아에서 지혜로운 여성의 도움을 받은 일(삼하 14장)이 있었다. 요압은 여성 지혜의 힘을 믿는 사람이었던 것이다.

당시 이스라엘 사회에서 권력은 중앙화와 세습화와 계급화가 이루어지는 중이었고 남성이 공적인 권력 위치를 차지하는 경향이 있었다. 그런데 화자는 여전히 지혜로운 여성을 아벨 지역의 대표로서 전쟁과 정치와 같은 문제에 중요한 결정을 내릴 수 있는 사람으로 묘사한다.[15] 아벨 부인은 생각 회전이 빠르고 말을 잘한다. 게다가 생명을 거는 용기가 있고, 평화로운 성읍과 거민들을 구하고, 요압의 맹목적인 충성에서 요압의 명예와 존엄도 구한다. 그녀의 행동은 요압의 생각 없는 폭력과 다윗과 요압의 권력 중심의 정치에 대한 대안을 제시한다. 진정한 지도자는 많은 생명을 위해 평화를 만드는 일을 할 때 개인의 위험과 두려움 때문에 멈추거나 하지 않는다.

2) 평화라는 원칙을 지키기

출애굽기 1장의 두 산파, 부아와 십브라처럼 아벨 부인은 최악의 위기 상황에서도 지켜야 할 원칙을 갖고 있었던 듯하다. 두 산파에게 있어서 그 원칙이 생명이었다면 아벨 부인에게 있어서 그 원칙은 평화였다. 아벨 부인은 말을 시작하면서 속담을 인용한다. "물어볼 것이 있으면 아벨에 가서 물러보라." 아벨은 문제가 생기면 해법과 대안을 들으러 오는 곳으로 알려져 있었음을 나타낸다. 아벨 성읍에는 현자가 한 명이 아니라 많이 있었을 것이다. 지혜가 여성 전유의 전통이었는지, 아벨 성읍의 현자가 모두 여성이었는지는 알 수 없다. 아벨 부인이 "저는 이스라엘에서 평화롭고 충실하게 사는 사람들 가운데 하나입니다"라고 한 말은 문제를 평화롭게 푸는 것이 자신의 전통과 원칙임을 보여준다. 월터 부르그만(Walter Brueggemann)은 현인을 이렇게 이해한다. "현인은 일반적 인식에 사로잡히지 않는 사람들이다. 그들은 주어진 환경에서 대안을 생각할 수 있는 사람들이다."[16]

'어머니 성읍'[17]이라는 표현은 남성의 전쟁문화 가운데서도 평화 이미지를 불러일으킨다. 브루그만은 아벨 부인의 어머니 같은 목소리가 이 어머니 성읍을 위해 말한다고 표현한다.[18] 성읍은 어머니로 의인화되어서, 성읍을 파괴하는 것은 마치 어머니를 살해하는 것과도 같다. 요압은 아벨 부인의 수사학에 단단히 매이게 된 것이다. 아벨 부인은 유능하다.("Ms. Abel is able.")[19]

3) 평화를 선택하기

본 이야기는 가장 폭력적이고 야심이 많은 사람이나 그룹도 합리적인 협상을 할 수 있고 유혈사태를 피할 수 있는 길을 배울 수 있다는 것을 제안한다. 그러나 그 전제는 양편이 서로 기꺼이 소통하려고 해야 한다는 점이다. 그러기 위해서 소통에로의 초대가 필수적이다. 우리의 본문에서 평화 회담의 탁자에는 무자비한 살인자와 여성이라는 짝이 맞지 않는 둘이 앉아 있다. 아벨 부인은 몇 번이고 상대를 대화로 초대한다. "들으시오. 들으시오. …… 들으시오."(20:16, 16, 17) 거기에 결국 요압은 "듣습니다"(20:17)라고 대답하게 된다.

초대는 급진적이다. 신뢰하기 어려운 적과 함께 일한다는 것이 불가능해 보이기 때문이다. 그러나 이 초대는 놀랍게도 요압이 자신의 입으로 먼저 대안을 내놓게 한다. 아벨 부인은 가장 잔인한 그룹도 평화 만드는 일에 초대될 수 있다는 것을 보여준다. 토니 카틀리지(Tony Carledge)의 말을 인용하자면, 갈등은 피할 수 없지만 폭력은 피할 수 있다.[20]

4) 많은 사람을 위해 한 생명을 포기하는 문제

요압의 집단 살해에 대한 대안은 한 생명, 세바를 포기하는 것이었다. 다윗의 통치에 대해 이견을 갖고 있던 북지파 사람들의 지도자였던 세바 한 사람의 목숨을 내어주고 다른 많은 사람들이 살게 되었다. 이것은 세바가 메시야처럼 자원해서 그렇게 한 일이 아니었다. 민감한 독자들은 이 해결책이 마음에 걸린다.[21]

화자는 이런 상황에서 다수를 위해 하나를 희생하는 것이 최상의 지혜라고 제시한다. 그러나 독자에게는 자신의 친족이요 유력한 지도자인 세바를 잃어야 했던 북지파 사람들의 조용하고 억울한 외침이 들린다. 독자는 또한 어머니 성읍의 고통과 슬픔을 느낀다. 아벨 부인은 대안을 취하는 것이 그녀의 이익을 항상 최대로 보장하지는 않는다는 것을 알았을 것이다. 현대의 독자들은 한 생명이라도 포기하는 것은 이미 너무 많이 포기하는 것이라는 점을 잘 알고 있다. 이 이야기는 독자로 하여금 한 생명이라도 잃지 않기 위해 더 노력할 것을 촉구하는지도 모른다.

3. 형제살해를 막다: 가정을 살리는 어머니 리브가 (창 27장)

평화를 이룬 여성의 세 번째 예는 창세기 27장의 리브가이다. 이번에는 갈등이 가족 안에 있다. 어머니인 리브가는 쌍둥이 중 작은아들이 야곱을 도와 남편 이삭의 축복을 받도록 돕는다. 원래 이삭은 장자인 에서를 축복할 계획을 갖고 있었다. 이삭은 에서를 불러 사냥에서 돌아오면 사냥한 동물로 요리를 해서 먹으며 축복해주겠다고 말한다. 리브가가 이것을 엿듣게 된다(창 27:5). 리브가는 이삭이 좋아하는 요리를 만들고, 야곱을 털이 많은 에서인 양 분장시켜 이삭에게 가도록 한다. 이삭은 야곱이 에서인줄 알고서 그에게 축복을 내린다.

학자들과 설교자들은 리브가가 가족 갈등의 원인을 제공했다면서 종종 그녀를 탓한다.[22] 리브가가 한 아들을 편애한 것과 속임수를 쓴 것 때문에 갈등이 생겼다는 것이다. 그러나 이런 평가는 타당하지 못하다. 전체 리브가 내러티브 내에서 리브가가 맡은 문학적 역할을 고려하지 않은 의견이기 때문이다.[23] 리브가는 임신 기간 동안에, 족장이요 남편인 이삭이 아니라 그녀 자신이 자손의 미래에 관한 하나님의 신탁을 받는다. 그 신탁에 의하면 장자가 아니라 차남이 축복의 상속자가 될 거라고 한다(창 25:23). 내러티브는 이 신탁이 어떻게 성취될 것인가를 두고 펼쳐진다. 그 신탁 사건 이래로 리브가는 유일하게 신탁을 알고 있는 사람으로서 신탁을 실현시킬 기회를 기다리고 준비했다고 상상할 수 있다. 창세기 27장의 소위 속임수 이야기는 리브가가 주어진 상황에 자동적으로 반응한 것으로 묘사한다. 메리 터너(Mary D. Turner)가 말하듯 당시 리브가 취할 수 있는 유일한 길은 이삭을 속이거나 아무것도 하지 않는 것이었다.[24] 리브가가 상속자의 비밀을 아는 유일한 사람이라면 그녀 말고 누가 신탁을 실현시킬 책임이 있다는 말인가?

에서는 사냥에서 돌아와 본인이 없는 사이에 동생 야곱이 자신의 복을 가로챘다는 사실을 알게 된다. 에서는 동생을 죽이기로 결심한다(창 27:41). 리브가에게는 형제살해를 막아야 하는 새 임무가 생겼다. 그녀는 급히 야곱을 불러 이른다.

> "네 형 에서가 너를 죽여서 한을 풀려고 한다.
> 이제 나의 아들아, 내 목소리를 들어라.
> 이제 곧 하란에 계시는 내 형 라반 외삼촌에게로 가거라.
> 네 형의 분노가 풀릴 때까지 너는 얼마동안 외삼촌 집에 머물러라.
> 네 형의 분노가 풀리고 네가 형에게 한 일을 네 형이 잊으면 거기를 떠나서 돌아오라고 전갈을 보내마.
> 내가 어찌 하루에 자식 둘을 다 잃겠느냐!" (창 27:42~45)

리브가는 어머니로서 가장 위엄 있는 목소리로 길게 말하면서 전에 야곱에게 말할 때와 같은 표현을 쓴다. "이제 나의 아들아, 내 목소리를 들어라." (창 27:8, 13) 리브가는 세 개의 명령어를 써서 야곱에게 이르고(들어라, 일어나라, 도망해라), 또 하나의 동사(거하다)는 명령 의미로 사용한다.[25] 그녀는 야곱이 외삼촌 집에 도피해 있으라는 계획을 얼른 알려준다. 리브가는 야곱을 설득하기 위해 위험의 근원인 '네 형(에서)'와 안전을 제공하는 '내 형(오빠 라반, 43절)'을 대조시킨다.

리브가는 야곱에게 하는 말을 마치고 남편 이삭에게 호소한다(창 27:46). 이것은 리브가가 리브가 내러티브에서 하는 마지막 대사이다. 이삭의 축복을 받는 일에서 함께 공모했던 야곱과 말할 때는 솔직하게 피신 계획을 얘기했지만 이삭에게는 야곱을 피신시킬 구실로 다른 이유를 댄다. 리브가는 이삭을 설득할 수 있는 가장 좋은 이유를 댄다. "나는 헷 사람의 딸들 때문에 사는 게 아주 넌더리가 납니다. 야곱이 이 땅에 사는 사람들의 딸들, 곧 헷 사람의 딸들 가운데서 아내를 맞아들인다고 하면 내가 살아 있다고는 하지만 나에게 무슨 사는 재미가 있겠습니까?"(창 27:46) 리브가는 에서를 전혀 언급하지 않는다. 그러나 헷 여성들을 두 번 언급한 것은 이삭과 리브가에게 공통의 기억을 상기시킨다. 전에 에서의 아내인 헷 며느리들이 두 사람에게 고통(bitterness)을 가져왔다고 언급한 바 있다(창 26:34~35). 이삭에게 말하면서 '딸들'이라는 단어를 세 번 언급함으로써 리브가는 의도적으로 그 기억과 연결시킨다. 이삭은 곧바로 리브가의 조언을 따라 야곱을 하란에 보낸다(28:1~5).

다음을 고려할 때 리브가는 가족 갈등을 일으켰다는 전통적인 비난과는 달리 평화를 만드는 사람이라 부를 만하다.

1) 두 아들을 염려하는 어머니

리브가가 야곱을 도와 이삭의 축복을 받게 한 것은 하나님의 신탁을 이룬 것이지만 동시에 또 다른 아들인 에서를 배제한 것이 된다. 만일 형제살해라도 생긴다면 리브가는 두 아들을 잃게 된다. 가인과 아벨처럼(창 4장) 하나는 형제살해를 저지른 살인자로서 도망해야 하고,

다른 하나는 형제의 손에 죽는 것이므로 두 아들을 모두 잃는 것이 된다. 리브가가 두 아들의 안녕에 대해 관심하는 것은 야곱에게 한 말의 끝부분에서 잘 드러난다. "내가 어찌 하루에 자식 둘을 다 잃겠느냐!"(창 27:45) 이 말은 야곱에게 당부하는 말의 끝에 나왔지만 당부가 아니라 자신의 심정을 보여주는 혼잣말에 가깝다. 대부분의 학자들은 리브가를 야곱만 사랑하는 어머니로 보는 반면,[26] 베노 제이콥(Benno Jacob)의 관찰은 좀 다르다. 그에 의하면 리브가는 야곱에게 말할 때(창 27:42~45) 야곱에 대한 사랑도 보여주지만 동시에 에서에 대해서도 염려한다는 것을 기술적으로 표현한다.[27]

리브가는 야곱에게 하란에서 '며칠(some days)' 머무르라고 말한다. 의도적으로 머무는 시간을 짧게 '며칠'이라고 말하여 야곱이 떠나기 쉽게 한다.[28] 그러나 '며칠'은 여러 해가 된다. 사실 이들 모자는 다시는 만나지 못한다.[29] 세 동사, '머물다(야샤브)'와 '돌아오다(슈브)'와 '잊다(샤카흐)' 사이에 있는 소리의 말놀이(paronomasia)는 리브가의 전략을 보여주는 듯하다. 라반의 집에 야곱이 '머무는 것'은 에서의 분노를 '돌리고' 결국에는 야곱이 속인 것을 '잊게' 할 것이다. 리브가가 "네 형의 분노가 풀릴 때까지 …… 네 형의 분노가 풀릴 때까지"라고 같은 말을 두 번 반복한 것은 두 아들이 완전히 평화로운 관계가 될 때까지 서로 만나면 안 된다는 당부를 강조한다.

2) 생명이 문제다

리브가는 야곱에게 집을 떠나라고 설득하기 위해 최선을 다한다. 형제살해를 피하려면 두 아들을 갈라놓을 수밖에 없다. 비록 오래 헤어져 있게 되더라도 말이다. 리브가는 두 생명을 구하는 것이 최고의 목표이다.

리브가가 이삭에게 말할 때 '생명'이라는 단어가 리브가의 대사를 감싼다. "나는 헷족의 딸들 때문에 *내 생명*을 혐오해요. 만일 야곱이 헷족의 딸들 중에서 아내를 취한다면, 이들과 같은 이 땅의 딸들 중에서 취한다면 왜 *나에게 생명*이 (필요한가요)?" 실로 이것은 생사의 문제였다. 리브가가 야곱의 생명에 관하여 이삭에게 상의를 하는 것인데 리브가 자신과 관련해서 생명이라는 말을 두 번 쓴다는 게 흥미롭다. 실상 하나님의 약속을 올바른 상속자에게 전달하는 책임이 있는 사람으로서 상속자의 생명을 잃는 것은 자신의 생명을 잃는 것과 같을 것이다. 독자는 어머니로서 리브가가 장자 에서의 상속권과 축복을 빼앗게 된 것을 가슴 아파했다고 상상할 수 있다. 한국의 속담이 말하는 바와 같다. "깨물어 아프지 않은 손가락은 없다." 곧 부모는 자녀를 모두 사랑한다는 말이다.

3) 어머니와 아내로서의 지혜와 힘

리브가는 하나님의 신탁을 성취하고 형제살해를 막기 위해 속이는 지혜를 사용했다. 속임수란 약자가 목적을 달성하기 위해 사용하는 간접적인 수단이다. 리브가는 이삭에게 야곱을 하란에 보내라고 조언할 때 이삭이 속아서 야곱을 축복했던 얘기는 전혀 언급하지 않는다. 그럼으로써 속임수 문제로 인한 이삭과의 잠재적인 갈등을 피할 뿐만 아니라 이삭이 야곱에게 또 한 번 축복을 해줄 수 있게 했다(28:3~4). 리브가는 이삭을 설득하여 자신이 원하는 바를 달성하고자 현명하고도 기술적으로 논리를 전개한다.[30] 이삭은 본인이 에서인 줄 알고 야곱을 축복한 사건 때문에 두 아들 간에 심각한 갈등이 있다는 사실을 알고 있었을 것이다. 그러나 그는 그 문제를 풀기 위해 주도권을 갖지 않는다. 그는 수동적으로 아내의 조언을 따른다. 이삭은 야곱을 불러 '네 어머니의 아버지 브두엘의 집'으로 가라고 하고, '네 어머니의 형제' 라반의 딸들 중 하나를 아내로 삼으라고 한다(창 28:2). 이삭이 브두엘과 라반을 지칭하는 방식을 본인을 기준으로 하지 않고 리브가를 기준으로 하는 것이 흥미롭다.

리브가는 이야기 속에서 남자들을 장기판의 장기 알을 움직이듯 요리하였지만 결국 그녀 역시 가부장제 문화 속의 여성이었고 속임수 지혜를 써야 했다. 그런 지혜는 뒤에서 엿듣고(창 27:5), 야곱이 축복을 받게 하기 위해 요리하고 옷을 챙기는 살림살이 기술을 썼으며(창 27:9~17), 남자들을 설득하기 위해 각기 다른 이유를 댔다(창 27:42~46). 남자들의 세상에서 여성의 힘이란 또한 아들의 성공에서 왔다. 그러한 간접적인 힘은 필요할 경우에 자신을 기꺼이 희생해야 얻는 것이기도 하다. 리브가가 "네 저주는 내가 받으마, 내 아들아"라고 말한 것처럼 말이다(창 27:13).

리브가는 지혜를 써서 성공적으로 가족의 위기를 해결했다. 아무도 살해당하지 않았고 아무도 살인자라는 가인의 표를 달지 않게 되었다. 아무도 두 아들을 하루에 잃지 않았다. 두 아들은 먼 후일에 화해를 하게 된다(창 33장). 그러나 독자는 그런 화해 뒤에 노심초사한 어머니 리브가의 노력이 있었다는 것을 안다.

나가는 말

우리는 지금까지 자신이 처한 상황에서 용기와 지혜로써 평화와 생명을 일구어낸 여성들을 성서에서 만나보았다. 출애굽기 1장의 산파들인 부아와 십브라는 히브리 남아들을 죽이라는 이집트 제왕의 명을 어겼다. 왕명을 거역하는 그들의 용기와 인간 생명을 존중하는 자세는 하나님을 두려워한다는 원칙에서 나왔다. 사무엘하 20장에서 아벨 벳마아가 지역의 지혜로운 한 여성은 잔인한 장군을 평화 회담에 임하게 했고 집단 살해를 막았다. 창세기 27장의 리브가는 어머니로서 두 아들 간의 갈등에서 살인을 막았으며 결국 그들의 화해를 미리 준비했다. 이 세 경우 모두 여성은 의사소통이라는 방식을 사용했다. 그들은 주어진 상황을 어떻게 다룰 것인지를 알았고 긴박한 상황에서 어떻게 행동해야 할지를 알았다.

이 세 경우 모두 여성들은 높은 지위에 있거나 유리한 입장에 처해 있지 않았다. 그들은 집단 폭력과 전쟁과 살인이라는 위협 속에서 대안을 찾아 일했다. 그들은 자기 나름의 지혜와 힘을 사용하여 평화와 생명을 가져왔다.

오늘날 평화를 위해 일하는 사람들을 위해 하나님은 포상을 약속하시지 않는다. 성서에서 두 산파와 아벨 부인 그리고 리브가는 위기 상황에서 대안을 찾고 우리의 세속적인 삶을 살아가면서 평화를 선택하라고 우리를 초대한다. 이 여성들은 행동을 취했다. 평화는 입술에만 거하지 않고 손에 거한다. 오래된 성서 속의 여성들은 오늘날 세계의 새로운 갈등에 평화와 생명이라는 원칙을 제안으로 내놓았다. 제국이 힘과 통치와 종속의 원칙으로 우리의 평화로운 공동체를 위협할 때 이 성서 여성들은 우리로 하여금 그들처럼 행동하라고 초대한다.

1 이 글은 "'I am a peacemaker in Israel.' (Cf. II Sam 20:19): Women Peace Makers in the Bible"이라는 제목으로 *Madang* 10 (2008): 7~23쪽에 실렸다.

2 Cheryl J. Exum, "You Shall Let Every Daughter Live: A Study of Exodus 1:8~2:10", *Semeia* 28 (1983): 70~82, 주 11, 12.

3 성서에는 약자가 강자를 속이거나 등장인물이 서로 속이거나 경쟁하며 속이는 이야기가 많이 나온다. 참조. Susan Niditch, *Underdogs and Tricksters: A Prelude to Biblical Folklore* (San Francisco: Harper & Row, 1988).

4 William H. C. Propp, *Exodus 1~18*, Anchor Bible (New York: Doubleday, 1999), 140.

5 Propp, *Exodus 1~18*, 140.

6 Terence E. Fretheim, *Exodus*, Interpretation (Louisville: John Knox,1991), 36.

7 마소라 본문에는 '히브리'라는 말이 없다. 그래서 이집트 아이를 비롯한 모든 남아를 포함하게 된다. 그러나 70인 역, 사마리아 오경, 타르굼 역에는 '히브리'가 들어 있다.

8 여기서 나일강을 언급하는 것은 풍자이다. 나일강에 아이를 던진다는 이미지는 열 재앙 중의 하나인 강물을 피로 변하게 하는 것을 준비한다. 결국 바로의 후계자와 그의 군대는 그 강에 빠지게 된다(출 14:26~28).

9 Propp, *Exodus1~18*, 141.

10 엑섬은 출애굽기 서두에서 여성을 역할이 뚜렷하게 강조되어 있는데 산파 이야기가 그 일부라고 관찰한다. "You Shall Let Every Daughter Live: A Study of Exodus 1:8~2:10."

11 프리츠 스톨즈, 『사무엘 상하』 (한국신학연구소, 1991), 462. 원제는 Fritz Stolz, *Das erste und zweite Buch Samuel.*

12 Robert P. Gordon, *I & II Samuel* (Grand Rapids: Zondervan, 1986), 295.

13 학자들은 아벨의 지혜로운 여성과 사무엘하 14장에서 나온 드고아의 지혜로운 여성 이야기에 동일한 단어가 많이 쓰인 것을 관찰하였다. P. Kyle McCarther, Jr. *II Samuel*, Anchor Bible (New York: Doubleday, 1984), 431; Gordon, *I & II Samuel*, 295를 보라.

14 Robert Altar, *The David Story* (New York: Norton, 1999), 325.

15 조 앤 해킷(Jo An Hackett)은 아벨 지역이 아직 왕국의 권력 중앙화 구조에 영향을 받지 않았고 옛 방식의 권위가 지속되고 있었다고 본다. "1 & 2 Samuel", *Women's Bible Commentary* (Louisville: Westminster/JohnKnox, 1998), 95. 일부 학자들은 아벨

부인이나 드고아의 지혜로운 여성이 지역사회에서 존경받는 지도자였다고 본다. Claudia V. Camp, "The Wise Women of 2 Samuel: A Role Model for Women in Early Israel?" *Catholic Biblical Quarterly* 43,1 (1981): 14~29; Marcia L. Geyer, "Stopping the Juggernaut: A Close Reading of 2 Samuel 20:13~22", *Union Seminary Quarterly Review* 41,1 (1986):33~42.

16 Walter Bruggemann, *First and Second Samuel*, Interpretation (Louisville: John Knox, 1990), 331.

17 히브리 원문은 문자적으로 "성읍과 어머니"이다. 이는 동일한 개념을 두 단어로 표현하는 중언법(重言法) 라는 수사 기법이다. Altar, *The David Story*, 325를 보라. 로버트 고든(Robert P. Gordon)은 성읍의 '딸들'이 위성 도시들을 가리키는데 쓰인 것(삿 1;27)과 연관지어서, 본문의 '어머니 성읍'을 수도(metropolis)라는 뜻으로 이해한다. Robert Gordon, *I & II Samuel*, 295. '이스라엘의 어머니'라는 표현은 드보라를 가리키는데 쓰였다(삿 5:7). 드보라는 현명하고 효과적인 조언으로 이 영예로운 명칭을 얻었다.

18 Bruggemann, *First and Second Samuel*, 332.

19 "아벨 부인은 유능하다"는 영어로 "Ms. Abel is able."이다. 아벨(Abel)과 '유능한(able)'은 영어로 발음이 같다.

20 Tony W. Cartledge, *1 & 2 Samuel* (Smyth & Helwys Publishing, 2001), 634.

22 고든은 "성읍을 구하기 위해 한 개인의 머리를 치라고 조언하는 지혜는 결코 인도주의적 개념이 아니다. 이것은 요나답의 교활한 '지혜'(13:3)와도 같다"고 지적한다. *I & II Samuel*, 296.

22 존 칼빈(John Calvin)은 "그녀의 거짓말은 하늘의 신탁을 어둡게 해고 그녀의 아들에게 약속된 은혜를 폐지시킨다."고 말했다. *Commentaries on the First Book of Moses Called Genesis* (trans.J. King; Grand Rapids: Eerdmans, 1948), 84. 마르틴 루터(Martin Luther)는 리브가에 대해서 두 가지 타협할 수 없는 견해 사이에서 망설인다. "그녀는 하나님의 신탁을 전적으로 신앙 안에서 이루었다"와 속임수는 "남편에 대한 심각하고 끔찍한 죄이다"라는 생각이 그것이다. *Luther's Works: Lectures on Genesis: Chapters 26~30* (ed. J. Pelikan and W. A. Hansen; Saint Louis: Concordia, 1968), 110~21; 사무엘 드라이버(Samuel R. Driver)는 리브가의 행동이 "평판을 떨어뜨리고 망신스럽고 변호의 여지가 없다"고 했다. *The Book of Genesis* (London: Methuen, 1913), 255; 아더 허버트(Arthur S. Herbert)는 "그 무엇으로도 늙고 눈먼 이삭에게 한 속임수를 변명할 수 없다"고 말했다. Genesis 12~50 (London: Bloomsbury, 1962), 76.

23 리브가 내러티브는 신학적 목적을 가진 하나의 통일된 문학단위이다. 그것은 리브

가의 등장(창 22:20~24; 23장); 선택(창 24장); 소명(25:19~34); 위기(26:1~11); 활약(26:34~35; 27:1~17, 42~46; 28:8~9); 에필로그(29:12; 35:8; 49:31)로 이루어져 있다. "3. 형제살해를 막다" 부분은 유연희, 『아브라함과 리브가와 야곱의 하나님』(대한기독교서회. 2009)을 참조했다.

24 Mary D. Turner, "Rebekah: Ancestor of Faith", *Lexington Theological Quarterly* 20 (1985): 46.

25 히브리 문법에서 완료시제의 동사가 연결접속사 다음에 나올 때(*waw* consecutive) 명령 의미를 갖는다.

26 Claus Westermann, *Genesis 12~36*, Translated by J. J. Scullion. S. J. (Minneapolis: Augsburg, 1985), 443~44; 노만 코헨(Norman Cohen)은 리브가가 에서에 대한 애정이 분명히 없었다고 본다. "The Two that Are One: Sibling Rivalry in Genesis", *Judaism* 32/127 (1983): 337.

27 Benno Jacob, *The First Book of the Bible: Genesis* (New York: KTAV, 1974), 185.

28 Herman Gunkel, *Genesis* (Macon: Mercer Univ. Press, 1997), 307, trans. M. E. Biddle. Genesis. 3rd ed. (Goettingen: Vandenhoeckund Ruprecht, 1977).

29 베스터만은 다음과 같이 리브가에 대해 부정적으로 판단한다. "그녀[리브가]는 자신의 계획이 아무 것도 이루지 못했음을 이제 안다. 아마 다 잃은 것이다. 그녀는 안전하게 빠져나갈 길을 알려줄 수 없다…… 모자는 결코 서로 다시 만나지 않는다. 이는 속임수를 한 것에 대한 암묵적 심판이다." *Genesis 12~36*, 444.

30 Susan Niditch, "Genesis", in *Women's Bible Commentary* (Louisville: Westminster/John Knox, 1998), 23. 수잔 나이디치는 리브가라는 인물과 여성 저자성을 연결시켜본다. "리브가는 영리하고 강하고 확신 있고 주변의 남성들보다 탁월하게 지혜로워서 여성 이야기꾼이 창조한 인물 같다. 여성들은 리브가와 야곱 이야기를 들으며 즐거워했을 것이다."

제 6 장

아비가일의 남자들

사무엘상 25장에는 특이한 이야기가 나온다. 아비가일이라는 여자가 설득력 있는 말로 다윗이 살인하려는 계획을 막았다는 내용이다. 다윗은 아비가일의 남편인 나발에게 다윗의 군대가 먹을 양식을 부탁했고 나발은 거절을 한다. 다윗은 모욕을 느껴 나발 집안을 치기로 결정한다. 이 일촉즉발의 위기에서 미모의 아비가일이 등장하여 현란한 말솜씨와 대범함으로 다윗을 설득하여 살육을 막는다. 나발은 곧 병으로 죽고 아비가일은 다윗과 결혼한다는 줄거리이다.

일견 명백해 보이는 이 이야기 속에 정치, 성, 이데올로기가 화자의 문학적 기지에 의해 함께 녹아 숨어 있다. 진지한 독자들은 이 이야기에 수많은 질문을 던지고 스스로 답한다. 학자들의 자문자답을 통해 나온 해석은 무척이나 다양할 뿐만 아니라 곧잘 서로 상충하며 사실과 상상, 역사성과 미드라쉬(상상이 깃든 성서 해석)를 넘나든다. 본 글의 앞부분에서 이러한 해석들을 간략히 소개할 것이다.

사무엘상 25장 본문의 주요 등장인물은 나발, 아비가일, 다윗이 있지만 다윗의 입장에서 본문을 읽은 해석들이 나발과 아비가일의 입장에서 읽은 해석들보다 훨씬 더 많다. 나발과 아비가일의 입장에서 본문을 보면 전에 보이지 않던 점이 보일 수 있다.

이 글은 본문을, 특히 등장인물 중 유일한 여성인 아비가일을 중심으로 읽으면서 학자들이 간과했던 부분을 살펴보고자 한다. 무엇보다도 아비가일이 총명하고 용감하다고 하는가 하면, 야비하고 기회주의적이라고 하는 상반되는 해석 문제를 다루고자 한다. 우리는 이 글에서 그 원인을 화자의 가부장제 문화코드에서 찾고 아비가일과 나발과 다윗과의 관계를 다시 살펴봄으로써 추적하고자 한다. 그럼으로써 새로운 이미지의 아비가일을 제시하고자 하는 것이 이 글의 목적이다.

1. 사무엘상 25장의 문학구조

사무엘상 25장의 내러티브는 발단과 위기(2~22절), 해결(23~38절), 대단원(39~42절) 등의 세 부분으로 나뉘고 전주곡(사무엘의 죽음 보고)과 후주곡(다윗의 아내들)이 있다.

위기를 도입하는 첫 부분은 광야에 있는 다윗과 젊은이들이 시작하고 마친다. 또한 다윗의 대사가 이 부분을 시작하고 마친다. 두 번에 걸친 다윗의 대사(5~8절, 13절)가 가운데에 있는 나발의 대사(10~11절)를 에워싸고 있다. 다윗과 그의 젊은 병사들 열 명이 한 명의 남자, 나발을 에워싸고 있다. 앞부분의 문학구조는 이 위기 사건에서 나발이 불리하다는 것을 암시한다.

둘째 부분(23~38절)에서는 광야에서 아비가일과 다윗의 만남

(23~35절)을 통해 위기가 해결된다. 두 사람은 대사를 주고받는데 아비가일이 여덟 절에 걸쳐 대사를 하고, 다윗은 이어서 네 절에 걸쳐 두 번에 나누어 말을 한다. 아비가일의 설득력 있는 말이 다윗의 노를 거두고 살육 계획을 멈추게 한다. 둘째 부분의 나머지 절반은 갈멜의 집에서 벌어지고, 나발이 아비가일의 보고를 들은 후 '그의 안에서 그의 마음이 죽어'(야무트 리보 베키르보) 몸이 돌같이 굳어 열흘 후에 죽는다고 전한다(37~38절).

셋째 부분(39~42절)은 내러티브의 대단원으로서 광야의 다윗이 나발의 소식을 듣고서 하는 혼잣말(39절)과 아비가일을 자신의 아내로 삼으려고 전령을 보내는 것과 이에 대한 아비가일의 순응으로 이야기를 마친다.

내러티브는 두 장소를 바쁘게 오가며 벌어진다. 독자의 눈은 갈멜에 있는 나발의 집과 다윗 무리가 있는 광야 사이를 긴박감 속에 오간다. 주목할 것은 두 장소가 상징하는 의미이다. 갈멜은 부유함, 양털 깎기, 풍성한 잔치로 상징되는 안정된 곳이고, 광야는 주거와 음식의 결핍으로 상징되는 불안정한 곳이다. 이 두 장소는 거리와 내용 면에서 서로 멀리 동떨어져 있다. 나발과 다윗은 마주한 적이 없다. 나발은 그의 대사에서 밝히는 바와 같이 정치적으로도 현 왕조인 사울 편이고 다윗은 반역을 꾀하여 도망 중이다. 다윗 또한 나발을 그다지 존경하지 않는 듯하다. 나발이 두려웠던 것일까, 다윗은 직접 찾아가지 않고 부하들을 '보내어' 전언을 할 뿐이다(6절).

이 동떨어진 두 장소, 두 세계를 연결하는 사람이 아비가일이다. 아비가일은 갈멜의 부를 광야로 가져가고 동시에, 결국 광야의 다윗이 나발이 살아 있을 때는 직접 가지 않으려고 했던 그를 결혼을 통해 갈멜로 데려다줄 것이다.[2] 아비가일이 이 연결 역할을 기꺼이 했는지가 이 글이 탐구하는 바이다.

2. 사무엘상 25장에 대한 다양한 해석

왜 사무엘상 25장의 이야기가 이 자리에 있을까? 이야기의 목적이 무엇일까? 이런 질문에 대한 답변은 주요 등장인물에 대한 이해와 관련이 있고, 학자들은 종종 엇갈린 평가를 내놓는다. 학자들이 나발, 다윗, 아비가일이 긍정적으로 또는 부정적으로 평가한 것을 다음과 같이 정리할 수 있다.

1) 멋진 다윗 또는 나쁜 다윗

이 내러티브에서 다윗은 나발과 대조되는 현자인가, 아니면 불량배에 가까운가? 이 질문에 대한 대답은 이 내러티브가 다윗을 옹호하는 본문인지, 폄하하는 본문인지도 결정한다. 학자들은 양쪽으로 고루 나뉜다.

(1) 멋진 다윗

다윗이 나발 가문을 살육하려고 했던 것에 대해 학자들은 다음과 같이 옹호한다. 먼저 존 케슬러(John Kessler)는 다윗이 나발에게 반응한 방식을 수치와 명예(shame and honor)라는 고대의 범주라는 관점에서 옹호한다.[3] 곧 환대에 관한 법을 어기고 모욕을 준 나발에 대해 자신의 명예를 지키기 위한 자연스러운 반응이라고 본다. 그러나 다윗은 경력에 오점을 남기기 않기 위해 폭력을 절제한다.

키트 화이트램(Keith W. Whitelam)은 사무엘상 25장을 사울왕국의 도덕적 쇠락이라는 배경에서 본다.[4] 사울은 아말렉을 완전히 파괴하라는 신탁에 순종하지 않았고 대신 놉을 파괴했다(15, 22장). 다윗이 나발 가문을 치지 말라는 아비가일의 조언을 받아들인 것이 사무엘상 25장의 핵심이고, 다윗이 사울보다 나은 지도자임을 증명한다는 것이다.

어떤 학자들은 다윗이 이 사건에서 한 수 배웠다고 본다. 그들은 다윗이 사울을 죽일 기회가 있었지만 살려준 사건들이 현 본문의 바로 앞뒤에 나오는 이야기(사무엘상 24장과 26장)와 연관 있다고 한다. 카일 맥카터(P. Kyle McCarter)는 사무엘상 25장에서 다윗이 외부의 위험에서 구해진 것이 아니라 그 자신으로부터 구해진 것, 곧 살인을 하게 되면 생기는 위험스런 결과로부터 구해진 것이라고 생각한다.[5] 그래서 25장의 목적은 미래의 왕의 교육에 관한 것이다. 피터 리타트(Peter J. Leithart) 역시 나발 사건을 통해 다윗은 '주님이 바보와 개를 어떻게 다루는지 아신다는 것을' 배웠다고 본다.[6] 이 교훈은 사무엘상 26장에서 사울을 대하면서 다윗이 놀라운 자제심을 보였을 때 드러났고, 26

장 10절에서 다윗이 아비새에게 사울을 죽이지 말라고 하면서 "여호와께서 살아계심을 두고 맹세하노니 여호와께서 그를 치시리니……"라고 말한 것은 다윗이 25장에서 배운 교훈을 반영한다는 것이다.

(2) 나쁜 다윗

1970년대 중반에 존 레벤슨(Jon D. Levenson)은 갈렙 가문 출신이 아닌 다윗이 어떻게 갈렙 가문 유산인 헤브론에 입성할 수 있었을까에 대한 대답을 사무엘상 25장이 준다고 하면서 도발적인 해석을 내놓았다.[7] 곧 다윗이 헤브론에서 왕이 되는데 아비가일과의 결혼이 결정적이었다. 이는 아비가일이 다윗과 결혼하고 난 뒤에도 성서가 여전히 아비가일을 '갈멜 사람 나발의 아내'라고 부르고 있다(삼상 27:3, 30:5, 삼하 2:2; 3:3)는 점을 설명해준다. 다윗이 갈렙 사람 나발의 후계자이자 뛰어난 여자인 아비가일의 남편이라면 헤브론에서 저항 없이 받아들여지고, 아비가일에게 '갈멜 사람 나발의 아내'라는 명칭이 여전히 붙는 것이 자연스럽다는 것이다.

레벤슨의 견해에 반대하여, 다윗이 아비가일의 미모와 기지에 반해서 결혼한 것이지, 처음부터 여자를 노리고 나발에게 싸움을 걸었다고 볼 수 없다는 입장도 있다.[8] 그러나 나단의 신탁(삼하 12:7~8, 특히 "내가 네 주인의 집과 주인의 아내들을 네 품에 주었다……") 때문인지 레벤슨처럼 다윗을 의심의 눈초리로 보는 학자들이 적지 않다. 조 앤 해킷(Jo Ann Hackett)과 켄 스톤(Ken Stone)은 다윗과 아비가일과의 결혼을 성, 젠더, 특권과 힘의 상징과 과시로서 적의 아내를 취한 것이라는 관점에서 본다. 왕의 아내들과 첩들은 정치적 커넥션과 권위를 상징했기 때문에 실제로 사무엘서에서 왕위 찬탈자들은 종종 왕의 여자들을 취하려 했다(삼하 15~19장의 압살롬, 삼하 3장의 이스보셋과 아브넬의 대화 참조). 그렇다면 나발은 다윗의 적이었고 헤브론과 아비가일은 전리품으로 다윗의 손에 들어온 것이다. 이 학자들은 레벤슨을 따라 다윗이 사울의 아내 아히노암을 사울 생전에 빼앗아 적 사울을 성공적으로 공략하기 시작한 것이라고 본다.[9]

마크 비들(Mark Biddle)은 사무엘상 25장을 창세기의 조상 이야기들과 더불어 읽으면서 25장의 화자는 다윗을 복합적이고 아이러니하고 거의 풍자적으로 묘사하기 위해 창세기 내러티브에 나오는 요소들을 썼다고 본다.[10] 비들에게는 25장에서 탐욕스럽고 기회주의적이고, 폭력적인 다윗이 보인다. 그래서 본문을 단순히 다윗의 도피 기간에 있었던 다윗의 행동을 정당화하는 친다윗적인 글이라고 볼 수 없다. 화자는 다윗의 단점들을 잘 알고 문학적 기술로 그것을 묘사한다. 그래서 25장 이야기는 24장과 26장에서 다윗이 사울을 살려 보낸 이야기를 약화시키고 해체한다. 다윗은 요압과 같은 주변인을 살인청부업자로 써서 자신의 지저분한 일을 대신 하게 했는데(삼하 3~4장, 아브넬, 이스보셋 등 제거), 사무엘상 25장이 이것을 예시했다는 것이다.

2) 유력자 나발 또는 바보 나발

(1) 유력자 나발

먼저 나발은 '위대한 사람'이다. 화자는 2절에서 나발을 갈멜의 갑

부라고 소개하면서 '하이쉬 가돌 메오드'라고 말한다.[11] 이 말은 "그는 매우 위대하였다"라고 번역할 수 있다. 많은 번역 성서들이 "그는 매우 부유했다"라고 번역한 것은 문맥과 편견의 영향이 크다.[12] 당시에 재산과 권력이 분리되었다고는 보기 어려우므로 나발은 부유한 만큼 지역사회에서 힘과 지위가 있었을 것이다.

일찍이 레벤슨과 바룩 핼펀(Baruch Halpern)은 나발이 갈렙 가문의 우두머리였을 것이라고 제안한 바 있다.[13] 나발이 그 지역에서 사울의 대표자였을 것이고 그래서 다윗이 나발에게 접근할 때 나발의 지위를 잘 알고서 접근했다고 보는 학자들도 있다.[14] 실제로 다윗은 자신과 부하들이 나발에게 의존해 있다는 듯이 넌지시 비춘다. 2인칭을 써서 '당신의 눈', '당신의 손', '당신의 종', 심지어 본인을 '당신의 아들'이라고 부르면서 나발의 선심에 호소한다. 다윗이 예의를 갖추어 말을 시작하고(6절) 겸손하게 마치는(8절) 모습은 나발의 힘과 지위를 인식하고 있었다고 볼 수 있다.[15]

스티븐 맥켄지(Steven L. McKenzie)가 볼 때 나발로서는 재산과 가족의 안전을 보호하기 위해 침입자들을 막는 것이 당연했다.[16] 그리고 다윗이 나발의 양떼를 지켜주었다고 주장하지만 요구하지도 않은 서비스에 대해 대가를 지불할 의무는 없다고 한다. 그렇다면 나발이 악인인 것이 아니라 다윗이 악인이다. 그러므로 화자가 나발을 나쁘게 묘사를 한 것과 아비가일이 남편에 대해 부정적으로 표현한 것과 나발의 종이 평가한 것은 모두 나발에 대한 음모요, 신빙성이 없다.[17]

이 해석에 의하면 나발은 바보도 나쁜 사람도 아니다. 실제로 다윗의 요청에 나발이 한 대답은 나발의 한 유일한 대사이자 나발의 정치적 입장과 말솜씨를 잘 보여준다.

"도대체 다윗이란 자가 누구며, 이새의 아들이 누구냐?
요즈음은 종들이 모두 저마다 주인에게서 뛰쳐나가는 세상이 되었다.
그런데 내가 어찌, 빵이나 물이나, 양털 깎는 일꾼들에게 주려고 잡은 짐승의 고기를 가져다가,
어디서 왔는지도 모르는 자들에게 주겠느냐?"
(25:10~11)

나발은 눌변이 아니다. 짧지만 자신의 정치적 입장과 단호함을 표현한다. 나발은 두 개의 수사의문문을 먼저 던진다. "다윗은 누구며, 이새의 아들은 누구냐?"는 다윗이 누구인지 몰라서 묻는 질문이 아니다. 나발은 다윗을 너무 잘 알고 있고, 그에 대해 입장 정리가 끝난 상태임을 드러낸다. "이새의 아들"이라는 표현은 부정적이고, 조롱조이다.[18] 둘째 행이 그 평가를 결정적으로 설명하고 있다. 이새의 아들, 곧 시골 목동 출신의 다윗이 주인 사울 아래 있으면서 세력을 키웠고, 주인의 자리를 찬탈하려고 꾀하고 있다. 나발은 사울 편이고, 그 입장도 강력함을 알 수 있다. "다윗은 주인에게서 도망쳤다"라고 평이한 표현을 쓸 수 있었지만 나발은 "요즈음에 각기 주인에게서 도망치는 종이 많더라"라고 수사학적 기지를 발휘하여 남의 얘기하듯 하면서 다윗을 꼬집고 있다. 말을 잘하는 것은 히브리 지혜의 범주에 속한다. 모든 독자들이 아비가일의 대사(25:24~31)에서 설득력과 지혜를 보는 반면,

나발의 대사에서는 그의 말솜씨를 잘 알아채지 못한다. 부부가 화술 면에서 서로 닮았다.

나발은 또한 결정을 내리는 데 시간을 오래 끌지 않는다. 빵과 물과 고기를 '어디서 왔는지도 알지 못하는 자들', 곧 다윗과 그 무리에게 줄 수 없다고 결정한다. 나발의 표현 속에서 다윗의 지위는 다시 그들 중 하나로 전락된다. 여기서 나발은 네 개의 동사(취하다, 도살하다, 주다, 알다)를 일인칭으로 사용하고 명사어미에도 '나의'를 네 번 더 넣어 '나'를 총 여덟 번이나 강조한다. 그는 자신감이 넘치고 부유하고 지위가 있어서 다윗이 말할 때처럼 존경과 겸손 내지는 비굴을 담아 말할 필요가 없다. 나발은 다윗의 군사력을 파악하고 그쯤은 막을 수 있다고 생각하는 것인지도 모른다.

나발의 양떼를 다윗이 지켜주었다는 주장(15~16절과 21절에서 익명의 종과 다윗의 말)은 진위를 확인하기 어렵다. 나발의 태도로 미루어볼 때 나발이 다윗에게 양떼를 지켜달라고 부탁했을 거라고 보기 어렵다. 나발은 부호요, 종도 많이 있었는데 싫어하는 다윗에게 왜 양떼를 보호해달라고 요청하겠는가. 설사 다윗 쪽에서 서비스를 제공했다 하더라도 나발은 전혀 채무감이 없다.[19] 흥미로운 것은 아비가일 또한 이 점을 언급하지 않는다. 아비가일이 다윗의 선행(?)을 알고 있었다면 다윗에게 저자세로 나가는 입장이므로 다윗에게 말할 때 그 사실을 포함하여 다윗을 치하하고 고마움을 표했을 것이다.

(2) 바보 나발

화자는 다윗 편에서 이야기를 전개하는 듯하다. 화자는 나발을 성

품이 나쁜 사람이라고 독자를 설득하기 위해 여러 장치를 만든다. 화자는 나발이 부자라고 전하며 이야기를 시작하는데(2절), 일부 독자들은 나발의 이름이 나오기도 전에 그의 부를 묘사한 것이 나발을 부정적으로 묘사한 것이라고 본다.[20] 이것은 화자가 (다윗처럼) 나발의 부에 먼저 관심이 있었다는 것으로도 해석할 수 있다. 화자는 서두에서 나발을 노골적으로 "완고하고 악하다"고 평가하고, 중간에 익명의 종을 통해 나발을 '비열한 사람'(벤 벨리야알)이라고 평가하고(25:17), 다시 결정적으로 아비가일을 통해 '비열한 사람'이요, '미련한 사람'이라고 말하게 한다(25:25).

우리말로 보통 '바보'라고 번역되는 나발은 지적인 측면이 가리키는 말이 아니다. 성서의 다른 곳에서 나발은 대식가(잠 30:22), 축적하는 사람(렘 17:11), 무신론자(시 14:1 = 53:1), 배고픈 사람에게 음식을 주지 않는 사람(사 32:6) 등을 가리킨다.[21] 그렇다면 우리말에서는 '바보'라는 단어보다 '못된 사람'이 더 정확할 것이다.

화자는 또한 여러 가지 단어와 어희의 포석을 통해 나발을 폄하한다. 25절, "나발이 그의 이름이고, 어리석음이 그와 함께 있습니다"(나발 쉐모 우네발라 이모)에는 동일 어근 나발과 네벨라의 말놀이와 쉐모와 이모라는 각운이 들어 있다. 또한 다윗이 나발 측 남자들을 아침까지 모두 죽이겠다고 했을 때 '남자들'은 원문에서 문자적으로 '벽에 오줌 누는 자들'(마쉬틴 베키르, 22, 34절)이다. 이 표현 자체가 비하적인데다, 뒤에 나오는 구절의 뉘앙스가 더해져 더욱 비하적으로 된다. 아침에 아비가일이 나발에게 말할 때는 "포도주가 나발에게서 나가고 있을 때"(베쩨트 하야인 미나발, 37절)였다. 리타트는 이 구절을 나발이 "소변을 보고 있었다"라고 푼다.[22] 나발은 포도주를 담는 가죽부대인 네벨과 발음이 비슷하기도 하다. 네벨은 동물의 방광으로 만든다. 곧, 아침에 나발은 방광을 비우고 있었다. 다윗이 죽이려고 벼른 '남자들'의 모습을 나발이 행동으로 보여주었다는 것이다. 아비가일의 말을 듣고 난 나발은 '몸이 돌처럼' 된다. 로버트 폴진(Robert Polzin)에게 이 돌은 나발이 '하나님의 물매 구멍에 맞춘 돌이 된' 양상이다.[23] 이 모든 어휘와 이미지를 화자가 숨겨놓은 것인지, 현대의 독자들이 열성껏 찾아낸 것인지 알 수 없지만 나발의 이미지에 불리하게 작용한다.[24]

마저리 보일(Marjorie O. Boyle)은 나발이 도망자요, 체류자인 다윗에게 마땅히 제공해야 할 음식을 주지 않은 냉대의 죄를 범했다고 본다. 그래서 나발이 돌이 된 것은 신체적으로 굳은 것이 아니라 환대의 법에 굳은 것, 곧 마음의 완악을 보여준다.[25] 나발의 '마음이 죽은' 것은 재물이 아까워서 충격을 받아 그렇게 되었다는 견해도 있다.[26]

3) 구원자 아비가일 또는 기회주의자 아비가일

(1) 구원자 아비가일

화자는 독자로 하여금 내러티브에서 아비가일을 긍정적으로 해석하도록 유도한다. 화자가 다윗 편을 들고 있다면 아비가일을 좋게 묘사할 필요가 있다. 앨리스 바흐(Alice Bach)는 아비가일이 자신의 내러티브의 중심이고 모든 크고 작은 등장인물이 그녀와 연결된다고 관찰한다.[27] 아비가일은 사랑과 결혼이라는 전통적인 줄거리에서 벗어나

총명함으로 자신의 삶을 통제한다. 그녀는 다윗에게 음식을 선물할 뿐만 아니라 예언의 형태로 다윗이 선택받은 영도자라고 선포한다. 그녀는 사건의 진행 방향을 바꾸는 능력이 있고, 행동과 예언으로 구원자 역할을 한다. 귀족 지주의 마나님으로서 아비가일은 일을 주관하고 편안하게 명령을 내리고 통제를 하는 어머니 같은 아내이다. 그녀는 자신의 때를 알고 기회를 알며, 안전한 집을 나와 남편의 적을 대면한다.

많은 학자들이 아비가일의 길고(8개절) 설득력 있는 대사가 내러티브에서 핵심 역할을 하고 수사학적 걸작이라고 본다.[28] 아비가일은 자신과 남편을 다윗 앞에서 비하시키는 저자세를 일관한다. 그녀는 자신이 책임을 지는 것으로 시작해서 중간 부분에서 용서를 청하고 끝에서는 후일 자신을 기억해달라는 말로 마친다. 그사이에 가장 강조하는 것은 폭력을 사용하지 말라고 설득하는 일이다. 이를 위해 예물이 동원될 뿐 아니라, '생명'을 6번(26, 29절에서 하임 3번, 29절에서 네페쉬 3번) 들먹이고, 야훼가 7번 동원된다(26절, 28절에서 각 2번, 29, 30, 31절에서 각 한 번). 또한 다윗을 '내 주'라고 말끝마다 14번(24절에서 2번, 25절에서 한 번, 26절, 27절, 28절에서 각 2번, 29절, 30절에서 각 한 번, 31절에서 3번)이나 높여 부르고, 자신은 '당신의 여종'이라고 처음과 중간과 끝에서 6번(24절에서 2번, 25, 28, 31절에서 각 한 번씩 모두 5번, 27절에서 쉬프하 한 번)이나 낮추어 부른다. 아비가일은 야훼께서 다윗이 손에 피를 묻히지 않도록 해주실 거라고 말하는 데 그치지 않고, 다윗이 다음 왕이 될 것이라며 아부의 극치를 보인다. 이 위기 상황에서 이렇게 예언자처럼 말하는 것은 아주 좋은 선택이다. 그러니 다윗은 왕답게 구는 편이 낫다. 그것은 곧 무고한 피를 흘리지 않고, 제 손으로 복수하지 않는 것이다. 다윗과 같은 사람이 현재 가장 원하는 것은 인정받는 것이다. 과연 아비가일의 한마디로 다윗의 생각이 바뀌었다. 구원자 아비가일은 다윗을 잠재적인 나쁜 경력으로부터 구했고, 남편과 가산을 구했다.

(2) 기회주의자 아비가일

아비가일을 긍정적으로 묘사하려는 화자의 노력에도 불구하고 아비가일에게서 하자를 찾는 날카로운 독자들은 화자의 복병이다. 먼저 모쉐 가시엘(Moshe Garsiel)은 아비가일의 설득력을 '남자의 본성을 아는' 것으로 해석하여 남자들을 조종하는 것에 불과하다고 여긴다.[29] 그래서 이 내러티브의 목적은 총명하고 아름다운 한 여자가 나발과 다윗을 어떻게 조종하는지를 보여주는 것이다. 아비가일이 자신의 가족을 보호하려고 하는 용기있는 행동도 남편 몰래 한 것이므로 나발과의 결혼에 대한 불성실로 이해된다.

맥켄지의 시각으로는 아비가일이 하나님이 택하신 통치자, 곧 다윗의 날개 아래 있으려고 기회를 엿보는 사람이다.[30] 칼럼 카마이클(Calum M. Carmichael)에게 있어서 아비가일은 조종하는 정도가 아니라 악녀이다. 그는 아비가일이 나발의 죽음과 관련이 있는 주요 용의자라고 본다. 아비가일이 아니고는 나발이 죽을 수 없다는 것이다.[31] 핼펀 또한 아비가일에게 같은 혐의를 둔다. 아비가일이 다윗에게로 가기 위해서 남편 나발을 죽인 것인지를 물으며 나발을 마지막으로 접촉한 사람은 다윗이 아니라 아비가일이기 때문에 혐의가 짙다는 것이다.[32] 그러나 아비가일에게 살인죄를 적용하기에는 정황적 근거조차 심하게 불충분하다.

아비가일은 남편의 재산을 허락 없이 빼돌렸을 뿐만 아니라 외간 남자 앞에서 남편을 폄하했다고 독자의 지탄을 받을 수 있다.[33] 특히 아비가일이 "내 주를 해하려 하는 자들은 나발과 같이 되기를 바랍니다"(26절)라고 말했을 때는 아예 남편이 죽기를 바란 것 같다고 한다. 밧세바는 우리야가 죽은 후에 애도했다는 말이 나오는데 반해(삼하 11:26~27) 아비가일은 나발이 죽자마자 얼싸 좋다고 다윗에게 시집을 갔다는 것이다. 화자는 아비가일의 애도에 대해 침묵함으로써 독자의 오해를 부른다.

이와 같이 학자들은 25장의 등장인물들에 평가를 다양하고도 상반되게 하였고, 여전히 지배적인 독법은 다윗의 입장에서 읽는 방식이다. 아비가일의 입장에서 이 사건과 주변 남자들을 고찰해보면 어떤 결론이 나올까? 특히 아비가일에 대한 분열된 이미지가 화자의 일관성 없는 인물묘사와 관련이 있다는 점을 염두에 두고 다시 아비가일의 시각에서 나발과 다윗을 보기로 한다.

3. 아비가일의 남자들

나발과 다윗과 같은 사람들에 대한 화자의 묘사는 일관성이 있는데 반해, 아비가일은 두 가지 모습을 보인다. 아비가일은 두 남자와 있을 때 다른 모습을 보인다. 이는 화자의 목적과 관심이 아비가일의 인생과 운명을 묘사하는 데 있는 것이 아니라는 것을 암시한다. 바로 이런 점이 우리가 내러티브를 아비가일의 시각에서 읽는 것을 돕는다. 우리는 아비가일과 나발, 아비가일과 다윗과의 관계를 살펴보며 어느 쪽이 진정 환상의 커플일지, 각각 집과 광야로 상징되는 세계 속에서 아비가일이 자신을 어떻게 규정했는지 생각해보기로 한다.

1) 집에서: 아비가일과 나발

아비가일은 '집'으로 상징되는 갈멜에서 남편과 종들과 함께 있을 때 자신감을 보이고 독립적인 판단과 행동을 하고 명령을 내리며 일을 진두지휘하는 모습을 보인다. 아비가일은 다윗과 만나러 가기 위해 선물을 준비하는 장면에서 동사 4개의 주어이고, 다윗과 만난 후 집에 돌아와서는 동사 3개의 주어이다. 선물로 준비할 항목을 정하는 것(18절), 종들을 먼저 가게하고 자신이 뒤에 따라가기로 하는 것(29절), 남편에게 말을 하지 않는 것(19, 36절)과 말하는 것(37절)에서 아비가일의 주체적인 모습이 드러난다.

아비가일과 나발과의 관계는 직접적인 상호작용이 본문에 나와 있지 않기 때문에 정확히 어떠했는지 알기 어렵다. 화자가 두 사람의 성품을 매우 다르게 직접적으로 묘사했기 때문에 학자들은 둘이 어울리지 않는 짝이었고, 아비가일이 진정으로 나발에게 속하지 않았다고 본다.[34] 그렇다고 해서 이 부부 사이의 관계가 나빴을 것이라고 단정하기는 어렵다. 두 사람의 관계를 옹호하는 몇 가지 실마리를 본문에서 다음과 같이 찾아볼 수 있다.

첫째로, 화자가 맨 처음에 두 사람을 소개할 때 서로 가까이 있다.

A **B**

이름은 그-사람의 나발이고, 이름은 그의-아내의 아비가일이었다.

a b c a′ b′ c′

B′

그-여자는 좋았고-통찰이 그리고-아름다웠다 용모가,

A′

그-남자는 거칠고 그리고-악하고 행실이

그리고-그는 갈렙-사람이었다. (25:3)

부부는 대구 속에서 이름이 소개되고(abc/a′b′c′), 둘의 이름에는 두 개의 자음이 공통으로 들어 있다(베트, 라메드). 두 명의 등장인물 소개는 나발에 대한 소개로 시작해서 중간에 아비가일에 대한 소개가 나오고 나발에 대한 소개로 마친다. 곧 나발이 아비가일을 감싸고 있는 구조이다. 이 교차구조(ABB′A′, chiastic structure)가 부부 사이가 좋았다고 말해주는 것이라고 볼 수 없지만 어쨌든 둘은 이 문학구조 속에서 서로 가장 가깝게 놓여 있다. 실제로 아비가일은 다윗과 결혼한 후에도 나발과 나뉘지 않는다. 아비가일은 흥미롭게도 끝까지 "나발의 아내 아비가일"로 소개된다(삼상 27:3, 30:5, 삼하 2:2; 3:3). 다윗이 미갈과 발디엘을 억지로 떼어놓은 일(삼하 3:15~17)이 나발과 아비가일에게서도 비슷한 협의를 상상하게 한다.

둘째로, 두 사람은 말솜씨와 결단력에서 닮았다. 앞에서 보았듯이 이 부부는 각기 언변이 좋지만 서로 소통하지 않고 단독으로 결정하는 것도 닮았다. 다윗이 음식을 요청했을 때 나발은 아내와 상의하지 않았고, 아비가일은 다윗에게 음식을 갖다 줄 때 남편과 상의하지 않았다. 그런데 아비가일은 다윗에게 선물을 주러 갈 때와 다녀온 직후에 왜 남편 나발에게 말하지 않았을까? 집에서 아비가일은 말수가 적지만 판단과 행동으로 더 크게 말하고 확신을 드러낸다. 광야에서는 말이 많으면서도 굴욕적인 것과 대조적이다.

아비가일이 남편과 상의하지 않고서 재물(음식)을 다윗 군대에 갖다 준 모습은 성서에서 약자가 생존을 위해서 강자에게 속임수를 쓰는 흔한 방식이지만,[35] 화자는 아비가일을 그렇게 소극적으로 묘사하지 않는다. 아비가일의 독자적인 모습은 남편과의 관계에서 아비가일이 굴욕적이었거나 통제당했을 것이라는 독자의 상상을 막는다. 그랬다면 스스로 아무것도 못할 만큼 공포와 주체성 결여를 내재화했을 것이다. 나발과의 사이에서 자녀가 있었다는 언급은 없다. 신혼인지, 오랜 부부라도 자녀가 없었는지 알 수 없지만 자녀의 유무를 언급하는 것은 성서 화자에게는 그다지 중요한 문제가 아니다. 아비가일은 남편을 잘 안다. 그를 어떻게 대해야 할지를 안다. 몇 년을 함께 살았는지 모르지만 아비가일이 나발을 대하는(대하지 않는) 방식은 그를 잘 알고 있다는 사실을 보여준다.

아비가일이 남편과 상의하지 않은 것은 상황 판단과 정치적 견해가 그와 다른 데서 온 것이라고 볼 수 있다. 나발은 부자로서 사병이 있었을 것이라고 상상할 수 있는데 다윗 무리가 공격해 와도 충분히 방어할 수 있다고 판단했기 때문에 다윗의 청을 거절했는지도 모른다.[36] 그러나 아비가일은 남편보다 다윗의 병력과 다윗의 행동방식을 더 잘 파악했다고 볼 수 있다. 아비가일은 정치 판도를 알고 있었을 것이다.

나발의 대사가 암시하듯이 나발은 사울 지지자였다. 사울 치하에서 부를 형성한 사람들은 충성과 신의가 사울 왕조에 있었을 것이다. 이 왕조를 흔들고 현상유지를 위협하는 자들, 특히 사울의 왕자가 아니면서 권좌를 넘보는 다윗과 같은 자들은 모두 반역자였다. 나발은 사울과 운명을 같이할 수밖에 없었다. 그러나 아비가일은 남편과는 정치 판도에 대해 독립적으로 판단했던 듯하다. 나발이 사울에게 끝까지 동조했다면, 아비가일은 다윗이 부상하는 실세라고 판단했다고 볼 수 있다.[37] 아비가일은 나발과 언변과 결단력에서 비슷했지만 상황과 정치에 대한 판단이 달랐고 그래서 사고와 행동 면에서 독립적인 존재로 등장한다.

셋째로, 화자나 독자, 그리고 다윗이 나발을 어찌 생각하든 간에 아비가일은 남편에게 성실하고, 남편을 보호하기 위해 목숨을 걸고 행동한다. 남편의 잘못을 떠맡고, 스스로를 다윗의 '여종'이라고 부르며 비굴을 감수하고, 다윗을 차기 대권주자라고 추켜세우며 그의 폭력을 막는다.

2) 광야에서: 아비가일과 다윗

아비가일은 '밖'으로 상징되는 광야에서 다윗과 다윗의 부대와 함께 있을 때 저자세와 자기비하적인 모습, 두려움, 위험, 불안전을 보이고 정체성이 남에 의해 규정되고 자신감을 상실하는 모습을 보인다. 다윗과 만날 때 아비가일은 물리적으로나 심리적으로 땅까지 낮아진다. 나귀에서 몸을 던져('떨어져', 티폴) 얼굴을 땅에 향하고(23절) 다윗의 발까지 '떨어지고'(티폴, 24절), 대사에서도 한없이 낮아진다.

다윗과의 관계도 그다지 로맨틱하지 않다. 그런데 집단살육을 앞두고 전개되는 이 무서운 이야기에서 놀랍게도 아비가일과 다윗 사이의 로맨스를 보는 해석가들이 은근히 많다.[38] 아비가일이 대사의 끝에서 "기억해-주세요 당신의-여종을"(자카르타 에트-아마테카, 31절)이라고 말한 것과 소위 다윗의 청혼에 아비가일이 순응한 것(42절)이 그러한 해석을 불러일으킨 듯하다.[39] 우리는 이 '로맨스'의 정체를 밝힐 필요가 있다.

아비가일의 눈에 다윗은 누구였을까? 다윗이 곧 공격해올 거라는 종의 말(14~17절)에 동의하여 급히 선물을 싸들고 집을 나선 아비가일의 태도는, 다윗이 모욕을 당하고 가만있지 않을 사람, 곧 관대함, 평화, 인내와는 거리가 먼 사람이요, 보복과 폭력을 행사할 실제적인 능력이 있는 사람이라는 판단을 반영한다. 실제로 광야에 나서 보니 다윗이 군대를 거느리고 갈멜 쪽으로 오고 있었고, 아비가일로서는 자신의 판단이 옳았음을 확인한 순간이었다.

아비가일은 이런 남자를 어떻게 다룰지 안다. 아비가일은 다윗이 현재 도피생활에 이르기까지의 배경에 대해 잘 알았을 것이다. 그는 사병을 거느리고 있고, 왕좌에 야심이 있으며, 음식 정도가 아니라 정치자금과 지지 배경이 필요하다. 이런 남자에게는 자신을 사정없이 낮춤으로써 상대의 경계를 풀고, 원하는 것을 주고 밝은 미래를 제시하며 기를 살려줄 필요가 있다. 그다음 일은 그다음의 일이다.

다윗은 광야에서 '어디서 왔는지도 모르는 자들'과 떼 지어 지내고, 주거와 생계는 물론 미래가 불안정한 상태이다. 아비가일이 뭐가 좋다고 '급히' 갔겠는가?(42절) 사실 다윗의 '청혼'도 명령이 아니었는지 의문스럽다. '청혼'이라는 표현은 실은 가부장제의 옷을 입고 있어서 다윗이 그녀를 아내로 '취하려고'(레카흐타) 하는 것이다. 거의 보쌈이다. 매우 흥미로운 점은 39절 끝에서 "그리고 다윗은 사람을 보냈다. 그리고 아비가일을 자신을 위해 아내로 취하려고 그녀에게 말했다."라는 표현이다. "그가-아비가일에게 말했다"(예다베르 바아비가일)에서 전치사 베를 "-에 반대해서"라고 해석하는 것이 문법상 가능하다.[40] '아비가일에게 반대해서'라고 번역한다면 뜻밖에도 문법은 이 결혼이 아비가일의 뜻에 반한 것이었음을 암시한다. '로맨스'가 사라진다.

결국 다윗과 결혼하는 것으로 끝난 이 이야기는 아비가일에게 해피엔딩이 아닌 듯하다. 일부 페미니스트 학자만이 결말에서 보이는 아비가일의 수동성에 관심을 기울인다.[41] 나발의 집에 있을 때는 활발하고 말이 많던 아비가일이 다윗과 결혼한 후 다시는 대사가 없다. 일부 학자들은 아비가일이 나발보다 다윗과 더 잘 어울린다고 했지만 아비가일은 광야에서부터 더 이상 아비가일 같지가 않다.[42] 아비가일의 침묵은 화자가 침묵시키는 것이기도 하지만 아비가일이 침묵을 하는 것이기도 하다. 아비가일이 다윗에게 진정 속했는지 의심스럽다.

내러티브의 끝에서 아비가일은 가장 낮아진다. 다윗에게 인사할 때 발치까지 낮아진 데서(23~24절) 그치지 않고 전언하러 온 다윗의 종들에게도 얼굴을 땅에 대고 인사하며, "당신의 여종(아마트카)은 내 주의 종들의 발들을 씻길 종(쉬프하)입니다" 고 말한다(41절). 아비가일은 다윗의 종이 되는 데서 그치지 않고 다윗의 종들의 종이 된다고 자청한다. 특히 '발'이 완곡어법으로 성기를 나타내고 '발을 씻긴다'는 표현이 성적인 초대를 뜻한다면 전령들의 발을 씻긴다고 했으니 아비가일은 여기서 심하게 낮아진 것이다.[43] 이것은 갈멜에서 벌어진 일이지만 나발이 없는 갈멜, 다윗의 영향력이 미치는 이곳은 이제 광야이다. 이 낯선 갈멜, 새로운 광야에서 아비가일은 낯선 사람이 되었다.

아비가일은 본문에서 두 번 나귀를 타고 여정에 있다. 첫 번째는 갈멜에서 광야로 낯선 다윗을 만나러 갈 때, 두 번째는 다시 갈멜에서 광야로 가는 것이지만 이번에는 남편이 될 다윗을 만나러 갈 때이다. 첫 여정에서 아비가일은 남편 나발을 살리고 다윗의 폭력을 막으려는 뚜렷한 목적이 있었다. 둘째 여정에 오를 때는 그토록 살리려던 나발이 결국 죽고 없는 상태로서 어떤 목적이 있었는지 알 수 없다. 길에서 아비가일은 혼자이다. 첫 여정에서 아비가일은 선물과 소년들을 먼저 다윗에게 보내고 혼자 간다(19~20절). 아내로서 다윗에게 갈 때에 아비가일은 단출하다. 함께 가는 다섯 하녀를 제외하고는 아무도 없다. 서두에서 그 많던 가축이나 종들, 양털 깎는 수확의 풍부함과 잔치의 풍부함과는 대조적이다. 어쨌든 아비가일은 새 여정에 오르고 지금은 경계선상에 있다.

나가는 말: 경계선상의 아비가일

우리는 본문의 행간을 읽으며 아비가일이 집과 광야에 있을 때, 곧 나발과 다윗과의 관계에서 다른 모습을 보이는 것을 관찰하였다. 이는 곧 여성에게 있어서 집과 안전이 연결되고, 밖은 위험하다는 가부장제 이데올로기의 전형을 반영한다. 화자는 인식하거나 인식하지 못한 채 자신의 가부장제 코드 안에서 아비가일을 묘사하기 때문에 아비가일은 남자들의 세계에서 고립되어 있고 일관성이 없는 인물로 그리며, 그래서 결국 어느 쪽에도 진정 속하지 않는 것으로 암시한다. '아름답고 총명한'이라는 수식은 화자의 목적에 필요한 만큼만 긍정적으로 묘사해준 셈이다. 그러나 우리는 아비가일이 단호한 행동, 판단력, 지휘력, 용기, 언변 등 다양한 지도자의 자질을 가졌음을 보았다. 독자는 이 여자가 왕위에 올랐더라도 손색이 없는 리더십을 발휘했을 것이라고 상상한다.

아비가일은 두 왕조, 두 남자, 두 세력의 경계에서 살아남는 여자의 모습을 보여주었다. 총명함과 대범함과 미모를 갖춘 이 여자는 그 모든 자질에도 불구하고 한 남자에서 다른 남자로 넘겨졌다. 아비가일은 우호적인 독자들과 비판적인 독자들 사이에 있다. 아비가일은 잘 생존할 것이다. 새 왕조의 풍파 속에서도, 새 조류의 독법 속에서도 필요할 때는 언제고 총명함과 대범함을 발휘하며 살아갈 것이다.

제6장 아비가일의 남자들

1 이 글은 "아비가일의 남자들: 사무엘상 25장 다시 읽기"라는 제목으로 「구약논단」 35 (2010년 3월): 98~118쪽에 실렸다.

2 참조. Jon D. Levenson, "I Samuel 25 as Literature and as History", *Catholic Biblical Quarterly* 40 (1978): 11~28.

3 John Kessler, "Sexuality and Politics: The Motif of the Displaced Husband in the Books of Samuel", *Catholic Biblical Quarterly* 62.3 (2000): 413.

4 Keith W. Whitelam, "The Defense of David", *Journal for the Study of the Old Testament* 29 (1984): 71~73.

5 P. Kyle McCarter, "The Apology of David", *Journal of Biblical Literature* 99 (1980): 493.

6 Peter J. Leithart, "David's Threat to Nabal: How a Little Vulgarity Got the Point Across", *Bible Review* 18.5 (2002): 59.

7 Jon D. Levenson, "I Samuel 25 as Literature and as History", *Catholic Biblical Quarterly* 40 (1978): 11~28, 특히 25쪽 이하. 레벤슨에 의하면, 다윗은 헤브론에 입성할 때 한 팔에는 아비가일을 다른 팔에는 아히노암을 끼고 입성했다. 둘 다 유력자의 과거 아내들이었다. 나단의 신탁(삼하 12:8)이 암시하듯이, 다윗은 사울이 아직 왕국을 다스리고 있는 동안 헤브론에서 5년 반 동안 즉위했다는 뜻이다. 27쪽을 보라. 레벤슨은 바룩 핼편과 함께 다시 이 제안을 다듬어 썼다. Jon D. Levenson and Baruch Halpern, "The Political Import of David's Marriages", *Journal of Biblical Literature* 99.4 (1980): 507~18.

8 조이스 볼드윈은 레벤슨의 견해에 반대한다. Joyce G. Baldwin, *1 and 2 Samuel: An Introduction and Commentary* (Downers Grove, IL: Inter~Varsity Press, 1988), 152.

9 Jo Ann Hackett, "1 and 2 Samuel", in *The Women's Bible Commentary*, ed. C. A. Newsom and S. H. Ringe (Westminster/John Knox Press, 1992), 92; Ken Stone, "I and 2 Samuel", in *Queer Commentary and the Hebrew Bible*, ed. Ken Stone (Sheffield Academic Press, 2001), 208~12.

10 Mark Biddle, "Ancestral Motifs in 1 Samuel 25: Intertextuality and Characterization", *Journal of Biblical Literature* 121.4 (2002): 617~638, 특히 635, 637 이하.

11 이 표현은 모세(출 11:3), 바르실래(삼하 19:32~33), 나아만(왕하 5:5, 9), 욥(1:3)에게 쓰였다. 이 중 다윗이 압살롬을 피해 도망할 때 물질적인 필요를 공급해준 바르실래만이 물질과 관련하여 쓰였다. Joseph Lozovyy, *Saul, Doeg, Nabal, and the "Son of Jesse": Readings in 1 Samuel 16~25* (New York: T & T Clark, 2009), 55.

12 일부 번역성서는 부자보다는 유력자라는 뜻으로 번역했다. KJV, JPSV: "and the man was very great"; Geneva Bible: "and the man was exceedingly mighty."

13 Levenson, "I Samuel 25 as Literature and as History", 24~28; Levenson and Halpern, "The Political Import of David's Marriages," 507~18.

14 Biddle, "Ancestral Motifs in 1 Samuel 25", 623; 로조비 또한 나발이 부자였을 뿐만 아니라 정치적인 유력자였고, 사울과 나발이 매우 가까운 사이였다고 주장한다. Lozovyy, *Saul, Doeg, Nabal, and the "Son of Jesse"*, 51~61, 83.

15 그런 의미에서 개역개정에서 다윗이 나발과 아비가일에게 마치 아랫사람에게 반말을 하는 것처럼 번역한 것은 문제가 있다. 새번역에서는 모든 등장인물이 존대어를 쓴다.

16 Steven L. McKenzie, *King David: A Biography* (Oxford: Oxford University Press, 2000), 97. Lozovyy, *Saul, Doeg, Nabal, and the "Son of Jesse"*, 21에서 중인.

17 David Gunn, *The Fate of King Saul: An Interpretation of a Biblical Story* (Sheffield: JSOT, 1989), 98~102. 건은 나발이 하나님이 택하신 자의 길을 막는 역할이라서 부정적으로 묘사된다고 본다.

18 Lozovyy, *Saul, Doeg, Nabal, and the "Son of Jesse"*, 123. 성서에서 "이새의 아들"이라는 구절은 17번 나온다. 삼상에 8번(20:27, 30, 31; 22:7, 8, 13; 22:9; 25:10), 삼하에 두 번(23:1) 나온다. 사무엘서에서 한 번(23:1, 다윗의 노래)을 제외하고 나머지는 모두 부정적인 의미에서 쓰였다.

19 비들은 나발이 다윗에게 빚진 것이 없고, 다윗의 보호를 바라고 계약을 맺지도 않았다고 하면서 나발에 대한 유일한 위협이 다윗이었다고 밖에는 말할 수 없다고 주장한다. Biddle, "Ancestral Motifs in 1 Samuel 25", 637.

20 브루거만은 나발의 이름보다 그가 큰 부자라는 소개가 먼저 나오는(2절) 이유가 "나발의 소유가 그의 인격보다 우선하였다고 말하기 위해서이다. 그는 재산을 지키기 위해 살았고, 재산으로 인한 방탕으로, 재산을 즐기는 쾌락 속에서 죽었다"라고 하며 나발을 부정적으로 평가한다. Walter Brueggemann, *First and Second Samuel* (Louisville, KY: John Knox Press, 1990), 267.

21 참조. Woflgang M. W. Roth, "NBL", VT (10 (1960): 394~409.

22 Leithart, "David's Threat to Nabal", 21.

23 Robert Polzin, *Samuel and the Deuteronomist: A Literary Study of the Deuteronomic History: Part Two: 1 Samuel* (Bloomington: Indiana University Press, 1993), 211~12. 골리앗을 물매로 친 다윗(삼상 17장) 참조.

24 필리스 트리블은 수사학의 기교들이 화자가 의도한 것도 있고, 화자가 의도하지 않았는데 독자가 찾아낸 것도 있다고 본다. 『수사비평; 역사, 방법론, 요나서』 (유연희 옮김) (한국기독교연구소, 2007), 329~33. 원제는 *Rhetorical Criticism: Context, Method, and the Book of Jonah* (Minneapolis, MN: Augsburg Fortress, 1994).

25 Marjorie O. Boyle, "The Law of the Heart: The Death of a Fool (1 Samuel 25)", *Journal of Biblical Literature* 120/3 (2001): 401~27.

26 Levenson, "I Samuel 25 as Literature and as History", 17,

27 Alice Bach, "The Pleasure of Her Text", *Union Seminary Quarterly Review* 43 (1989), 41~58. 비들도 이 내러티브의 목적이 "탐욕스럽게 보내고 취하는 자"(다윗)에 관한 것이 아니라 사건의 주인공으로서의 아비가일을 묘사하는 것이라고 본다. Biddle, "Ancestral Motifs in 1 Samuel 25", 634~35; 그러나 앤토니 캠벨은 이 이야기가 아비가일의 역할에도 불구하고 여성의 이야기가 아니고, 게릴라 대장, 보호자, 복수자, 자애로운 무법자, 왕이 될 사람, 남편으로서 다윗이 지배적인 인물이고, 다윗에 관한 이야기이라고 본다. Anthony F. Campbell, *I Samuel* (Grand Rapids, MI: Eerdmans, 2003), 257~58.

28 엘렌 밴 볼드는 25장은 사울과 다윗의 관계의 성격을 이해하는 열쇠이고, 그 열쇠는 아비가일의 대사가 보여준다고 여긴다. Ellen van Wolde, "A Leader Led by a Lady: David and Abigail in I Samuel 25", *Zeitschrift für die Altentestmentliche Wissenshaft* 114.3 (2002): 355~75. 라널드 하이먼은 아비가일을 유다(창 44)와 후새와 비교하며 이들이 가진 설득의 힘에서 다섯 가지 공통 요소를 찾는다. 합리적인 계획 제시, 자신의 유익을 구하는 것이 아님을 보이게 하려고 문제와 자신 사이에 거리를 두기, 현실을 인정하기, 상대방과 가까운 관계를 만들기, 수사학적 기법을 사용하기 등이다. Ronald T. Hyman, "Power of Persuasion: Judah, Abigail, and Hushai", *Jewish Bible Quarterly* 23.1 (1995): 9~16.

29 Moshe Garsiel, "Wit, Words, and a Woman: 1 Samuel 25", in *On Humour and the Comic in the Hebrew Bible*, ed. Yehuda T. Radday and Athalya Brenner (Sheffied: Almond, 1990), 168, 163, 165. Lozovyy, *Saul, Doeg, Nabal, and the "Son of Jesse"*, 20에서 중인.

30 멕켄지는 다윗 또한 아비가일과 결혼하려는 기회주의적인 동기를 가지고 있다고 본다. McKenzie, *King David*, 101. Lozovyy, *Saul, Doeg, Nabal, and the "Son of Jesse"*, 21에서 중인.

31 Calum M. Carmichael, *Law and Narrative in the Bible: The Evidence of the Deuteronomic Laws and the Decalogue* (London: Cornell Univ. Press, 1985), 173,

32 Baruch Halpern, *David's Secret Demons: Messiah, Murderer, Traitor, King* (Grand

Rapids: Eerdmans Publishing Co., 2002), 77.

33 장일선 교수는 대학원 세미나 때 주로 남학생들이 반응이 그러했다고 소개한다. 장일선, "다윗의 아내 미갈과 아비가일에 대한 여성신학적 조명", 「한신논문집」 제15호집 1권(1997): 58.

34 Walter Brueggemann, *First and Second Samuel* (Louisville, KY: John Knox Press, 1990), 268; Alice O. Bellis, *Helpmates, Harlots, Heroes: Women's Stories in the Hebrew Bible* (Louisville, KY: Westminster/John Knox Press, 1994), 148.

35 참조. Susan Niditch, *Underdogs and Tricksters: A Prelude to Biblical Folklore* (Cambridge: Harper & Row, 1987).

36 아브라함은 318명의 사병이 있었다. 창 14:14 참조.

37 Lozovyy, *Saul, Doeg, Nabal, and the "Son of Jesse"*, 158.

38 아델 벌린은 사무엘상 25장이 아름다운 여자 아비가일이 악한 도깨비에서 풀려나 멋진 왕자님과 결혼한다는 비현실적인 이야기라고 본다. Adele Berlin, *Poetics and Interpretation of Biblical Narrative* (Winona Lake: Eisenbrauns, 1994), 31. 피터 애크로이드에 의하면, 25장은 생생하게 로맨틱한 이야기로서 다윗이 어떻게 아름다운 아비가일과 결혼하게 되었나를 보여주는 것이 목적이다. Peter R. Ackroyd, *1 Samuel* (The Cambridge Bible Commentary, Cambridge Univ. Press. 1971), 195. 데이비드 추무라는 25장에 "다윗이 아비가일과 결혼하다"는 제목을 붙이고는 다윗이 이 결혼으로 헤브론에서 유력한 인물이 되었지만 처음부터 의도하지는 않았다고 옹호한다. David T. Tsumura, *The First Book of Samuel* (Grand Rapids, MI: Eerdmans, 2007), 576; 레벤슨은 아비가일이 야곱처럼 선물을 먼저 보내는 것은 다윗과의 로맨틱한 만남을 준비하는 것이고, 자신을 제공했다고 본다. "I Samuel 25 as Literature and as History", 18~19.

39 건은 "어떤 남자가 이런 말의 힘을 저항할 수 있겠느냐?"고까지 말한다. Gunn, *The Fate of King Saul*, 100,

40 BDB는 이 구절을 "청혼하다"(propose for)라고 제안한다. 그러나 "디베르 베……"는 "……를 반대해서 말하다"는 용법으로도 쓰인다. 민 12:1, 8; 욥 19:18; 시 50:20; 78:19 참조. BDB, 181.

41 Bach, *The Pleasure of Her Text*, 55; Bellis, *Helpmates, Harlots, Heroes*, 148.

42 레벤슨은 아비가일과 나발은 "구제불능으로 어울리지 않는 짝"이라고 한다. "I Samuel 25 as Literature and as History", 16; 장일선은 다윗과의 결혼은 아비가일이 현명해서 받는 보상이요, 둘은 함께 미래를 내다보게 되었다고 한다. "다윗의 아내 미갈과 아비가일에 대한 여성신학적 조명", 60, 62. 브루거만은 두 사람이 "아름답

다"(야파, 25:3; 16:12)고 공통으로 묘사되었고 한 유형의 어울리는 사람들이라고 본다. *1 and 2 Samuel*, 268.

43 사무엘하 11장 8절에서 다윗은 우리아에게 집에 가서 밧세바와 성관계를 가지라고 독려하면서 "발을 닦으라"고 권한다. 성서 몇 군데에서 발이 성기를 가리키는 완곡어법으로 사용되었다. 룻 3:4; 왕하 18:27(케레); 사 7:20.

제 7 장

글로벌 시민 룻의 달콤살벌한 성공기

룻, 글로벌 이주노동자

룻은 어떤 여자였을까? 동네에 갑자기 나타난 예쁘고 착한 싱글? 효심이 가득한 며느리? 우리가 새롭게 만나려는 룻은 그간 대부분의 독자들이 갖고 있던 이미지를 뒤엎는 룻이다. 우리는 룻을 국가의 경계를 넘어 편견을 극복한 이주노동자요, 시쳇말로 성공한 글로벌 시민으로 볼 것이다.[2] 우리의 룻은 감정이 좋지 않은 이웃나라 모압 출신의 가난한 미망인으로서 이스라엘에 와서 지역민들의 곱지 않은 시선 속에서 자신의 삶을 개척한 이주노동자이다.

룻기에 대한 대부분의 해석에 의하면, 룻기는 서정적이고 목가적인 문학단편으로서 룻과 나오미는 이방며느리와 시어머니라는 관계를 넘어 서로 연대했고, 보아스와 주민들은 이방인을 차별하지 않고 어려운 사정의 여성들을 도왔고, 배후에서 은혜를 베푸시는 하나님의 신실하심을 보여준다. 우리는 룻기를 이와 같이 '착하게' 읽은 기존의 해석들을 간단히 개괄하고 나서, 며느리의 살길을 염려했다고 이해되어 온 나오미나 남녀 지역민 일반이 실은 룻에게 그다지 우호적이지 않았다는 것을 차례로 보여줄 것이다. 그런 다음 룻이 적대적인 환경을 어떻게 극복했는지, 어떤 면에서 룻을 성공적인 이주노동자요, 글로벌 시민이라고 말할 수 있는지 살펴볼 것이다.

본 글의 시각에서 보면 룻기는 하나도 아름답거나 서정적이지 않은 단편소설이요, 한 이국 여자의 생존투쟁이 서정과 로맨스의 이름으로 포장되어 우리 앞에 거칠게 던져진 이야기이다. 우리는 글로벌시대에 한국 땅에 와서 우리 가운데 살고 있는 '이방인'들이 하려는 말을 룻기를 통해 듣게 될 것이다. 동시에 오늘날 한국인 역시 어디서든 생존해야 하는 글로벌유목민으로서 룻의 입장이 그다지 낯설지 않음을 보게 될 것이다.

1. 룻기: '착하게' 읽기

1) 착한 사람들에 의한 착한 이야기로 읽기

룻기에 대한 착한 해석에는 우선 모든 등장인물이 착하다.[3] 이 해석에 의하면 등장인물은 다음과 같은 사람들이다. 우선 룻은 이방 며느리로서 남편이 죽은 후에도 늙은 시어머니를 따라 타국까지 가기로 결단하고 외국 신을 자신의 신으로 받아들이고 시어머니를 모신 착한 이방 며느리로 본다.[4] 나오미는 이방 며느리들의 앞날을 생각해서 친정에 돌아가 새 삶을 설계하라고 진심으로 조언하고, 고국에 돌아와서는 며느리의 재혼을 챙기고, 룻이 모압 며느리이지만 여성으로서 함께 연대하여 삶을 헤쳐 나가는 시어머니이다. 보아스는 고엘의 의무를 다한 남자요, 한 번 결혼했던 이방인 룻을 거둔 착한 이스라엘 남자로 읽는 것이다. 이 세 주인공은 서로에게 배려하는 사람들이다. 그런데 이들만이 그런 것이 아니라 베들레헴의 여자들과 남자들 모두 룻에 대한 관심을 표현한다.[5]

룻기의 주석서들만큼 하나님의 은혜와 신실하심을 전폭적으로 칭송한 책들도 없을 것이다. 학자들은 하나님을 보이지 않는 등장인물로 여기고서 '틀림없이 함께 하시는 임재'를 보여주시고[6] '지속적으로 인과관계를 주관하시는'[7] 하나님이라고 입을 모은다. 룻기는 하나님이 민족이나 피부의 색깔에 관계없이 하나님 나라의 문을 열어주고 축복해주신다고 제시한다.[8]

이런 해석에서는 룻기의 목적 역시 착하다. 룻기의 기록 목적과 연대에 관련하여 1950년대까지 가장 우세했던 이론은 룻기가 에스라, 느헤미야서가 보이는 철저한 배타주의와 국수주의에 대한 대응으로 나왔다는 견해였다.[9] 캐서린 자켄필드(Katharine D. Sakenfeld)는 룻기의 목적이 공동체가 외부인들에 대해 가져야 할 바른 태도에 관해 교훈을 주려는 것이라고 본다.[10] 한국염도 같은 맥락에서 룻기를 본다. 곧, 한국 사회가 착한 베들레헴 사람들에게서 배워서 이주노동자의 권리를 보호해야 한다고 말한다.[11] 앙드레 라콕(Andre LaCocque)에게 룻기는 모든 시대, 모든 장소에서 소수자들을 위한 문서가 된다. 룻기에 의하면 토라의 핵심은 헤세드, 사랑이다. 이 사랑은 외국인, 과부, 불임여성 등 모든 사람을 구원한다. 이런 면에서 룻기의 메시지는 반체

제적이고 혁명적이다.[12]

타드 리나펠트(Tod Linafelt)가 지적한 바와 같이 이러한 착한 해석은 룻기를 너무 평이하게 다루고 있다. 이런 해석은 각 등장인물들의 꿍꿍이 속, 하나님의 임재, 책의 목적 등 여러 면의 모호성과 복잡성을 다루지 못한다.[13]

2) 룻과 보아스의 로맨스로 읽기

독자들은 룻기를 익숙한 로맨스 문학의 틀에 넣어 읽음으로써 룻과 보아스 사이에서 로맨스로 본다. 이 로맨스 틀의 전형은 신데렐라 이야기로서, 잘생기고 돈이 많고 지위가 높은 남자와 착하고 아름다운 여자가 주인공이다. 우리의 남자 주인공 보아스는 이름 뜻대로 '유력'하여 마을 유지인 것은 맞지만 젊지는 않은 듯하다.[14] 그리고 룻기에는 그가 독신이라거나 잘생겼다는 소개가 없다. 비록 일부 주석이 그를 노총각이라거나 독신이라고 옹호하지만 말이다.[15] 우리의 여자 주인공 룻은 이국에서 남편을 잃고 갓 이사 와서 어려운 지경에 처해 있다. 룻이 젊은 것 같기는 하나 '아름답다'는 말은 결코 등장하지 않는다. 어쨌든 독자는 이 두 주인공이 어려움을 극복하고 맺어지고 "오래오래 행복하게 잘 살았다"라는 말로 끝나기를 기원한다. 룻기는 독자의 기대를 저버리지 않고, 둘 사이에 결혼하여 아들을 낳았다고 전하며 해피엔딩으로 끝난다.

셰럴 엑섬(Cheryl Exum)은 룻기가 할리우드 영화, The Story of

Ruth(1960년)에서 완전히 러브스토리로 변신했음을 관찰한다.[16] 영화에 나오미는 할머니 같은 외모이고, 룻은 아름답고 섹시하고, 보아스는 근육질의 잘생긴 젊은 남자이다. 영화는 타작마당 장면을 로맨틱하면서도 도덕적으로 해결한다. 새벽에 룻은 타작마당을 떠나기 전에 보아스에게 키스하며 "사랑해요"라고 말한다.

그러나 이와 같이 로맨스로 읽는 것은 본문에서 두 사람을 둘러싸고 있는 여러 뉘앙스를 제대로 전달하지 못한다. 예를 들어 화자는 두 사람 사이에 연정이 있었는지를 밝히지 않는다. 그리고 로맨스 독법은 왜 보아스가 먼저 도움을 제안하지 않은 것인지, 보아스와 룻의 관계가 정확히 어떤 관계인지 등과 같은 모호성에 답하지 못한다.

3) 다윗의 족보 이야기로 읽기

룻기의 목적을 맨 끝에 있는 족보에서 찾는 해석도 많다. 로버트 허버드(Robert L. Hubbard)는 룻과 보아스 사이에서 태어난 오벳은 엘리멜렉(나오미의 남편)과 보아스 둘 다의 자손이라고 볼 때 룻기의 주제는 엘리멜렉의 가문을 멸종에서부터 하나님이 구해주신 것이다. 곧 엘리멜렉 가문이 다윗 왕을 낳았다는 점을 강조한다.[17] 그렇다면 룻기의 목적은 며느리 룻을 통한 엘리멜렉 가문의 대 잇기 프로젝트이고, 족보가 그 성공을 말해준다. 나아가서 키어스텐 닐슨(Kirsten Nielsen)은 룻기가 다윗 가문의 왕위 계승권을 옹호하려는 목적으로 씌어졌다고 주장한다.[18]

그러나 우리는 룻기가 다윗의 족보와 관련시키는 것은 맞지만 엘리멜렉이 족보에 등장하지 않는다는 점을 다른 관점에서 아래에서 지적할 것이다. 우리는 족보를 다윗의 족보로 읽지 않고, 성공한 이주노동자 가문의 족보로 볼 것이다.

4) 여성 사이의 연대로 읽기

1970년대 이래 시대의 요구인 페미니스트 해석은 룻기를 여러 제약을 뛰어넘는 여성들의 아름다운 연대 이야기로 읽었다.[19] 또한 이 시각에서는 룻기 첫 장과 끝 장에 등장하는 익명의 마을 여성들에 이르기까지 여성의 두드러진 활동, 일반적인 '아버지의 집' 대신 '어머니의 집'을 쓰는 것 등을 들어 룻기의 저자가 여성일 가능성을 제시한다.[20]

룻을 여성의 연대라는 시각에서 읽은 최초의 학자 중 하나인 필리스 트리블(Phyllis Trible)은 시어머니를 설득하여 외국에 정착하고 새 문화를 받아들인 룻의 믿음이 앞날을 약속받고 본토친척 아비 집을 떠난 아브라함의 믿음보다 훨씬 크다고 본다.[21] 나오미는 이방 며느리 룻을 보아스에게 재혼시키기 위해 위험스럽고 미묘한 계획을 제안하고 룻이 동의한다. 결론은 여성들 뜻대로 되었지만, 트리블은 이 계획과 성공은 여전히 문제점을 안고 있다고 인정한다. 룻은 재혼에 성공하고 아이를 낳고 삶에 대한 희망과 여성의 생존을 제시한다. 나오미는 전통과 혁신 사이의 다리이고, 룻과 베들레헴의 여자들은 진보의 패러다임이다. 이 모든 여성들은 문화 안에서 문화에 대항하고 문화를 변혁시킨다.

분명히 룻기가 성서의 다른 책들에 비해 여성들의 능동적인 역할이 부각되기는 하지만 여성주의 시각에서 나온 해석들이 낭만적으로 생각한 것처럼 여성 등장인물들이 그렇게 서로 연대한 것 같지 않다. 이 부분에 대해서는 아래에서 상술하고자 한다.

2. 룻기: 성공한 글로벌 시민 이야기로 읽기

룻을 이주노동자, 결혼이주자, 글로벌 시민이라고 보게 되면 등장인물에 대한 이해, 그들 간의 상호작용, 책과 화자의 목적 등이 새롭게 보인다. 앞의 '룻기: 착하게 읽기'에서는 룻기가 주요 등장인물들이 모두 각자 성공한 이야기요, 누구나 이기는 윈윈 게임의 이야기였다. 아래에서는 룻이 현지 사람들의 편견과 제도의 장벽을 모두 극복하고 해피엔딩으로 가는 과정을 다루고자 한다.

1) 장벽 넘기

(1) 장벽 1 : 사람들

룻의 시각에서 볼 때 사람들은 가족과 친척으로부터 현지 사람들에 이르기까지 룻의 정착에 어떤 도움을 주었거나 또는 방해를 했을까? 베들레헴 사람들은 어려운 이웃을 정말 잘 대해준 것일까, 특히 현지 여성들이 룻을 잘 대해주었을까, 현지 남자들은 룻을 어떻게 대했을까?

오르바, 룻, 나오미

모압과 유다의 경계에서 갈림길의 세 여자(1:8~14)는 그나지 친밀해 보이지 않는다. 세 사람은 골고루 대화하지 않고, 나오미는 두 며느리에게 말하고(1:8~9, 11~13), 두 며느리는 시어머니에게 함께 대답한다(1:10). 그리고 오르바와 룻은 서로 대사를 주고받지 않는다. 오르바는 시어머니에게 키스하고 작별인사를 하지만(1:14), 룻에게는 아무 인사가 없다. 룻 역시 오르바에게 인사하지 않는다. 서먹한 사이 같다.

나오미는 며느리들에게 모압에 돌아가라고 한다. '돌아가라(슈브)' 라는 단어를 다섯 번이나 사용하여 호소한다(1:8, 11, 12, 15, 15). 나오미는 며느리들을 '아들을 잡아먹은' '이방' 며느리로 여기고 달갑지 않기에 모압에 남겨 두려는 것인지도 모른다. 나오미는 룻을 동서 오르바와 비교하면서까지 그녀를 본받아 모압에 남으라고 한다. 사람을 비교하는 것이 그렇게 효과적이지 않아서일까, 룻은 그 충고를 거부한다(1:16~17). 두 번이나 거절한다. 나오미에게 있어서 룻은 말을 안 듣는 며느리이다.

룻과 나오미

고집쟁이 룻. 룻이 무슨 동기에서 나오미를 따라 유다로 가겠다는 것인지 모르지만 그것이 그녀의 목표이다. 그래서 나오미가 더 반대할 수 없을 만큼 강력한 말을 한 것이다.[22] 나오미가 룻의 결정을 환영했다는 말이 없다. 나오미는 "그녀에게 말하기를 멈추었다."(1:18). 룻이 "어머님의 하나님이 내 하나님"이라고 말하는 바람에 유대 전통에서는 룻이 개종하는 거라고 믿었지만[23] 베들레헴에 도착한 후에 룻이 딱히 종교 활동을 했다는 묘사가 없다. 룻은 두 번이나 시어머니에 반대할 만큼 고집도 있지만 말솜씨도 좋다. 이런 웅변가가 베들레헴에 가서는 말수가 적다. 새 언어를 익히느라 주눅이 든 것일 수 있는데 룻기에는 그런 설정이 없다. 대신 적은 말로 자신이 원하는 바를 표현하고 관철한다.

차가운 나오미. 베들레헴으로 귀향하는 동안 두 사람은 한마디도 대화가 없다. 두 사람이 같은 방향을 향해 걸었지만 생각은 달랐는지도 모른다.[24] 다나 퓨얼(Dana Nolan Fewell)과 데이비드 건(David Gunn)에 의하면, 나오미로서는 모압이 가족의 남자들을 다 잃은 곳이고, 재난을 상징한 곳이라서 털어버리고 싶었기 때문에 나오미의 침묵 뒤에는 분노, 짜증, 좌절, 거북함이 있었을 것이라고 한다.[25] 입을 닫은 나오미는 베들레헴에 도착해 모여든 여자들에게 대답할 때에야 다시 입을 연다(1:20). 그러나 룻에게는 여전히 말이 없다. 룻을 현지 여자들에게 소개해주지도 않는다. 책 말미에서도 나오미는 아기를 안고 좋아하지만 룻을 인정한다거나 룻에게 감사한다거나 하는 모습이 없다. 또한 이웃 여자들이 룻을 칭송하지만 나오미는 이 칭송에 침묵으로 반응한다.[26] 나오미는 끝까지 룻에게 마음을 열지 않은 것인지도 모른다.

이삭줍기. 2장 2절에서야 룻이 이삭줍기에 나서며 나오미에게 처음으로 말을 거니 그때에야 나오미는 짧게 대답한다("가라, 내 딸아" 2:2). 퓨얼과 건은, 이국땅에서 처음으로 들에 나가는 젊은 며느리에게 조언이나 경고를 해주었더라면 좋았을 텐데 나오미가 룻에게 나중에야 말해준다는 점을 관찰한다.[27] 나오미는 홀몸인 외국 여자에게 들판이 매우 위험스런 곳이라는 것을 이미 알고 있었던 것이다. "젊은 여자들과 함께 다니는 것이 좋겠구나. 젊은 남자 일꾼들에게 시달림을 받다가 다른 밭으로 가지 않아도 되니 말이다."(2:22)

나오미는 주변머리가 없는 것일까, 룻이 생계를 책임져야 한다고 여기는 걸까. 연륜과 경험에도 불구하고, 가족이 소유한 땅(4:3)이 있는데도 꿈쩍도 하지 않는다. 룻의 재혼을 생각한 것도 룻이 보아스의 존재를 언급하고 난 이후이다, 아니 룻이 옆구리를 찌르고 난 이후이다(3:1; 아래 논의 참조). 룻은 무슨 생각으로 들에 나선 것일까? 단지 이삭이나 주워서 하루하루 입에 풀칠을 하자는 것일까? 아니면 이민자로 성공하기 위한 전략의 첫걸음인가?

룻과 나오미 사이에는 솔직한 소통이 없다. 특히 룻 편에서 더욱 그러한 듯하다. 아래에서 상술하겠지만 룻은 나오미의 지시를 그대로 따르지 않고, 자신의 경험을 보고할 때도 왜곡한다. 들에서 보아스는 룻에게 다른 밭에 가지 말고 자신의 밭에서, 여자들의 뒤를 따라다니며 이삭을 주우라고 당부하는데(2:9), 룻은 말을 바꾸어 "그가 데리고 있는 젊은 남자 일꾼들이 곡식 거두기를 다 끝낼 때까지 그들을 바싹 따라 다니라고 하였습니다"라고 나오미에게 보고한다(2:21). 그러자 나오미는 룻에게 젊은 여자들과 함께 다니라고 이른다. 룻은 왜 그렇게 왜곡하여 전했을까? 나오미로 하여금 자신의 미래를 고려하게끔 자극한 것이 아닐까?

수상한 밤. 과연 불과 한 절 후에 나오미는 "얘야, 네가 행복하게 살 만한 안락한 가정을 내가 찾아보아야 하겠다"(3:1)라면서 룻의 미래에 대해 장기적인 계획을 짠다.[28] 그 한 절은 "보리 및 밀 수확기 내내 룻이 계속 이삭줍기를 했다"는 보고이므로 꽤 시간이 흘렀음을 나타낸다. 그러나 화자가 룻의 왜곡된 보고(2:21)와 나오미의 반응을 빨리 연결시키고 있다. 나오미의 제안에는 재혼에 관한 암시는 있지만, 자손이나 엘리멜렉 또는 말론의 가문을 잇는 것에 관한 얘기는 없다. 나오미는 룻이 꽃단장을 하고 밤에 타작마당에 나가게 한다. 그리고 "그의 발치를 들치고 누워라. 그러면 그가 너의 할 일을 일러줄 것이다"라고 지시한다(3:4).

타작마당으로 간 룻이 보아스의 발치를 들치고 누운 것까지는 시어머니가 시킨 대로이지만 한밤중 보아스가 놀라 깬 후로 벌어지는 일은 시어머니의 각본에 없는 일이다. "누구냐?"라고 묻는 보아스에게 룻은 모호하게 대답한다. 먼저 자신을 '어른의 종 룻'이라고 신분을 밝히고, "당신의 날개(카나프)를 당신의 종에게 펴세요. 당신은 재산을 무르는 사람(고엘)이니까요"라고 말한다(3:9).[29] 보아스는 전에 룻에게 "그분의 날개 아래 피난처를 찾아 왔으니"(2:12) 야훼께서 충분히 보상해주시리라고 말한 바 있는데, 이제 룻은 그 말을 그대로 도용하여 그를 다그친다. 불분명한 룻의 말은 불분명한데 보아스의 답변을 통해 독자가 잘 알아듣게 된다. 보아스의 이해에 의하면, 룻은 결혼과 고엘의 의무, 두 가지를 섞어 요구하고 있다. 보아스는 “이제부터는 걱정하지 마시오, 룻. 그대가 바라는 것이라면 무엇이든지 다 들어주겠소”라고 말하며 룻의 지시를 따르고 있다. 그가 이제부터 밟으려는 구체적인 절차까지 룻에게 설명해준다(3:12~13). 나오미는 보아스가 룻에게 지시할 것이라고 했지, 룻이 보아스에게 지시할 줄은 몰랐다. 룻은 남자의 영역이었을 행동, 곧 결혼을 신청하고 법의 실행을 요구함으로써 제도만이 아니라 문화마저 도전한다.

나오미가 룻에게 고엘(재산을 되찾아 주는 이) 문제에 대해 보아스에게 요청하라고 지시하지 않은 이유는 그보다 더 가까운 친족이 있었다는 것(3:12)을 나오미도 알고 있었기 때문인지도 모른다. 또는 룻이 이방인이고 젊은 며느리라서 고엘 문제에 관여하는 것이 온당치 않거나 한계가 있다고 생각하는지도 모른다. 이방인은 내국인이 따지는 촌수에 무지하거나 무시하는 것이 때로 유리할 것이다. 그냥 요구하면 된다. 두 여자는 분명 연대하고, 거친 세상을 함께 살지만 기존 주석서들이 찬양하는 것과 같은 그런 연대는 아니다. 각자의 생각이 다르고 행동 방식이 다르다. 두 사람이 원하는 바가 각기 다른 듯하다. 룻은 자기 방식으로 이민생활을 펼친다.

보리 여섯 되의 진실. 룻은 타작마당에서 돌아와 사건을 엉뚱하게 보고한다. 화자는 “그(보아스)가 그녀(룻)에게 한 모든 것을 그녀(나오미)에게 말했다”(3:16)라고 말하지만 사실은 그렇지가 않다. 그런 다음 룻은 직접화법으로 “여섯 번이나 되어서 준 이 보리는 어머님께 빈손으로 가서는 안 된다고 하면서 바로 그가 손수 담아준 것입니다”라면서 보리 얘기만 한다(3:17). 우선 보리의 진실을 밝히자면, 보아스는 그저 "걸치고 있는 겉옷을 이리 가지고 와서 펴서 꼭 잡으시오"(3:15) 하고 보리를 담아주었을 뿐이다. 룻은 무슨 의도로 보리를 내보이며 보아스가 나오미를 배려하는 것처럼 지어내어 말했을까? 나오미의 응답은 "얘야, 일이 어떻게 될지 확실해질 때까지 너는 가만히 기다리고 있거라. 아마 그 사람은 지금쯤 가만히 있지 않을 거다. 이 일을 마무리 짓는데 오늘을 넘기지 않을 것이다"(3:18)로서 보아스의 계획에 대해 모르고 있으므로 룻이 나오미에게 전부 다 보고하지 않았다는 것을 알 수 있다. 퓨얼과 건은 룻의 행동에 대해서, 룻은 나오미의 생존이 자신의 손에 있다는 것을 은근히 암시하면서, 나오미가 계획한 방식대로 전개되는 것으로 나오미가 믿게 내버려두는 것이라고 본다.[30] 우리가 룻에게서 볼 수 있는 것은 룻은 시어머니보다 보아스에게서, 어쩌면 자신의 유다 생활에서 원하는 것이 많고 크다는 사실이다.

룻이 보리에 붙인 거짓말 때문에 화자가 "룻은 보아스가 그녀에게 한 모든 것을 나오미에게 말했다"라고 말한 것을 신뢰하기 어렵다. 화자는 왠지 룻의 편에서 말하고 있는 듯하다. 그러고 보니 화자는 전에도 독자에게 이런 식의 보고를 해주었다. 룻이 이삭을 주우러 가겠다고 나오미에게 처음 말했을 때 화자는 "그리하여 룻은 밭으로 나가서 곡식 거두는 일꾼들을 따라다니며 이삭을 주웠다"라고 전했다(2:3). 그러나 나중에 보니 룻의 '이삭줍기'는 사실 그 말과는 다소 차이가 있었다(아래에서 더 다룬다). 그뿐이 아니다. 베들레헴에 처음 도착했을 때 마을 여자들과 나오미만 대화를 해서 독자는 룻이 거기까지 따라오지 않았나 보다고 느껴질 정도였다. 그때 화자는 "나오미는 모압 여인인 며느리 룻과 함께 모압 지방에서 돌아왔다"라며 잊지 않고 룻을 포함시켰다(1:22). 이런 몇 예를 볼 때 화자는 분명 룻을 배려한다.

룻은 유다에 오기로 결정했을 때, 이미 이민자로서의 각오가 서 있었던 것 같다. 시어머니는 자신과 룻의 생존을 염려했다면 룻은 그 이상을 원했던 것 같다. 룻은 설사 시어머니와 미래에 대한 계획이 완전히 일치하지 않는다 하더라도 논쟁은 피하되 자신의 계획은 보아스를 통해 관철시킬 생각인 것이다. 그래서 이런 룻은 '철저히 자신을 포기하고 시어머니와 유대하는 며느리의 모습'을 보이고, 룻이 "대를 잇는 일 외에 한 일이 없다"는 평가와 대조적이다.[31] 나오미는 밭에서 돌아온 룻에게 "너는 누구냐, 내 딸아(미 아트 비티)?"(3:16) 하고 물은 바 있다. 실로 룻은 나오미가 아는 그 며느리가 아니고, 이전의 룻이 아니다. 이전의 룻은 빈손으로 생계가 막막한 외국인 이주민이었다. 지금의 룻은 타국에서 새 가능성을 보고, 생존의 전략을 품은 야심만만한 여자이다.

룻과 보아스

룻기의 주제가 타인에 대한 관용이고 볼 때 등장인물 중 주제를 가장 잘 전하는 사람, 곧 화자가 자신과 동일시하는 사람이 보아스라고들 한다.[32] 화자는 보아스를 통해 이상적인 이스라엘 사람의 모습을 그리고자 했고, 그에게는 모압이라는 이방성이나 고엘의 의무가 전혀 문제가 되지 않는다는 것이었다. 정말 그럴까?

무엇보다도 보아스가 룻과 결혼해야 할 이유가 분명치 않다. 사랑이라는 주제도 안 보이고 시형제가 아니므로 시형제 결혼법의 의무도 없다. 보아스가 처음 들판에서 룻을 만났을 때(2장)는 친절한 이웃 정도였지, 룻의 사회적 안전에 대한 근본적인 계획이 없었다. 타작마당 사건 이후에야 보아스가 달라졌다. 그렇다면 일부 학자들의 거친 상상이 맞을지도 모른다. 한 가지 예를 들면,[33] 보아스는 교양 있고 존경받는 상류층을 대표하여 그의 말은 덕과 선함으로 가득 차 있고 사람들의 시선을 매우 의식한다. 그러나 막상 가난한 여성 친척들에 대해서는 행함이 없다. 그가 여성 문제에 있어서 바보스럽다는 점이 약점이자 코믹한 요소로 작용한다. 그래서 그는 쉽게 여성들의 속임수에 넘어갔고, 여성들은 위험을 감수하면서 그에게 행함을 요구했다.

또 다른 해석에 의하면,[34] 보아스는 술에 취해 잠들었다가 모종의 사건이 벌어진 것을 알았다. 성관계가 실제로 있었는지는 알 수 없지만 여자가 임신이라도 했을까 봐 염려하며 보아스는 자신의 평판에 극도로 신경을 썼다. 보아스가 룻과 결혼하기로 했지만 가장 꺼림칙했던 것은 룻이 모압인이라는 점이었다. 그래서 그는 그렇게까지 공적인 일로 만들지 않아도 되는데 사람들을 불러 모아 고엘 문제를 해결했다. 보아스는 고엘 순위가 더 빠른 익명의 그 남자가 룻과의 결혼이라는 단서 때문에 고엘의 의무까지 거절할 것을 알았다. 그래서 보아스는 룻과의 결혼을 공적으로 인정받고 자신의 명예까지 보호한 것이다.

현지의 여자들

현지의 여자들은 기능상 두 그룹이 등장한다. 하나는 책의 서두와 말미에서 떠들썩하게 굴며 화제의 분위기를 만드는 여자들이고, 다른 하나는 들에서 일하는 젊은 여자들이다. 먼저 나오미와 룻이 베들레헴에 당도했을 때 현지 여자들이 떠들썩하게 나오미를 보러 나온다(1:19~22). 그들은 "이게 나오미인가?" 하고 물으며 나오미에게 관심을 갖고, 나오미와 대사를 교환한다. 그런데 그들은 룻에 대해 관심을 표명하지 않는다.[35] 룻이 그 떠들썩한 사건 속 어디에 있었는지 화자는 보고하지 않는다. 사실 이방인 룻이 베들레헴 사람들에게 환대를 받았다는 증거를 찾기 힘들다. 보아스의 친절한 반응은 룻이 요청한(참조. 2:6~7) 이후에나 나왔다. 베들레헴에 도착한 날, 룻은 베들레헴 여자들이 자신을 무시하는 것을 겪은 후에 이제부터는 스스로 행동을 선택하여 자신의 존재를 부각시키고, 자신의 생존권을 확장해가야 한다고 결정했는지도 모른다.

현지의 여자들이 책 말미에서 다시 등장할 때도 비슷한 상황이 반복된다. 그들은 나오미에게 오벳의 탄생을 축하하는 말을 하고 오벳의 이름을 지어준다. 그들은 룻에게는 말을 걸지 않는다. 물론 룻이 그 자리에 있었는지 불확실하긴 하다. 현지 여자들은 룻을 씨받이 취급을 하는 듯하다.[36] 그들이 룻에 대해 '시어머니를 사랑하는 며느리, 일곱 아들보다도 더 나은 며느리'라고 하지만 그것은 룻에게 직접 건넨 칭찬이 아니다. 나오미 귀에 듣기 좋은 소리를 해주었을 뿐이다. 그 표현을 통해 현지 여자들이 룻의 달라진 위상을 인지하고 있다는 것을 엿볼 수 있기는 하다.

들에서 일하던 젊은 여성들 역시 이 외국 여자에게 우호적이지 않다. 룻에게 인사를 하고 말을 붙이거나 함께 이삭을 줍자고 초대하지 않는다. 이는 보아스와 일꾼들이 서로 비슷한 표현을 반복하며 인사하는 모습과 대조적이다(2:4). "주님께서 자네들과 함께 하시기를 비네." "주님께서 주인어른께 복을 베푸시기 바랍니다." 화자가 들판의 젊은 여성들과 룻과의 상호작용에 대해 침묵함으로써 독자는 이 이스라엘 여성들이 룻을 경쟁자로 여겼거나 경계했거나 왕따시켰을지도 모른다고 의심하게 된다. 룻이 보아스에게 "……어른께서 거느리고 계신 여종들 축에도 끼지 못할 이 종을 이처럼 위로하여 주신……" (2:13)이라고 했는데 이 말은 겸손의 표현이자 보아스의 동정을 구하는 말일 수도 있지만, 자신이 들판의 여자들에게서 받은 푸대접을 반영하는 것일 수도 있다.

이렇게 보자니 룻기에서 여자들의 강한 연대를 찾기가 어렵다. 룻은 여자들에게서 도움을 받지 못했고 여자들 사이에서 고립되어 있었다. 룻은 타국에서 스스로의 생존을 개척해야 했다.

현지의 남자들

보아스를 수상하게 보니까 들판의 젊은 남자들은 더 말할 것도 없다. 이미 본문에서 직접적으로 말하고 있기도 하다. 보아스는 룻에게 약속한다. "……젊은 남자 일꾼들에게 건드리지 말라고 단단히 일러두겠고." (2:9) 약속대로 보아스가 젊은 남자 일꾼들에게 이른다. "……자네들은 저 여자를 괴롭히지 말게." (2:15) 앞에서 말한 것처럼 나오미 역시 이 문제에 대해 룻에게 조언해준 적이 있다(2:22). 데이비드 셰퍼드(David Shepherd)는 여기서 쓰인 히브리어 동사 나가(건드리다, 2:9)와 파가(만나다, 2:22)에[37] 대해 영어성서들이 주로 온건하게 '건드리다(touch)', '방해하다(bother)'로 번역했기 때문에 룻기를 전반적으로 평화롭고 서정적인 이야기로 읽게 하였다고 지적한다.[38] 그러나 두 동사는 문맥에서 분명 성적인 함의를 갖는다.[39] 보아스와 나오미의 말을 들은 룻에게 수확기 들판은 "이방인 여성이 쉽게 희롱당하고, 폭행당하고, 납치될 수 있는 곳"[40]으로 보인다.

조나단 그로스만(Jonathan Grossman)은 일꾼의 감독이라는 젊은 남자가 룻에 대해 편견을 갖고 있다고 지적한다. 감독은 룻이 한 말을 보아스에게 왜곡해서 전하는 바람에 룻이 감히 묶어놓은 단 사이에서 이삭을 줍겠다고 요청한 건방진 이방인으로 만들었고, 보아스가 이 모압 여자를 제한해주기를 바랬다는 것이다.[41] 그로스만은 룻의 아람어 역에서 전치사 '베'가 장소가 아니라 방법을 나타내는 데서 착안하여 룻이 "제가 이삭을 주워 일꾼들 뒤에서 이삭을 단으로 모아도 될까요?(May I glean stalks of grain and gather them in bundles behind the reapers?)"라고 말한 것이라면서 룻을 옹호한다(2:7). 그러나 우리는 룻이 '단 사이에서 줍겠다'라고 요청한 것으로 보고자 하므로(아래 참조), 감독이 다른 지역민처럼 모압인 룻에 대해 일반적인 편견이 있었을 거라고 상상한다.

성문의 장로들이나 그 무명의 고엘 1순위 남자는 모두 보아스의 진행에 맞장구치거나 그를 돋보이게 하는 역할을 한다. 그들은 관습과 제도를 다루는 일에 관심을 갖는 관습적인 인물들처럼 보인다.

(2) 장벽 2 : 제도와 관습

타국에서 생존을 일구기 시작하는 룻에게는 현지의 사람들만이 아니라 제도와 관습 역시 이주민에게 우호적이라기보다는 문제가 있고,

극복되어야 할 요소로 보인다. 제도와 관습은 누군가를 배려하여 특정 목적을 가지고 만들어졌겠지만 이방인 룻은 아무도 그것을 실천하지 않는 것을 경험한다.

생존권제도

이삭줍기 규정(레 19:9~10; 23:22; 신 24:19~22)에 의하면 사회적 약자(외국인, 고아, 과부 등)는 추수가 끝난 후의 밭에서 이삭줍기를 할 수 있다. 그러나 감독관은 룻이 단 사이에서 이삭줍기를 하겠다고 요청했다고 보아스에게 보고했다(2:7). 단(sheaves)이란 성서에서 곡식을 베어 묶어놓은 다발로서 운반할 준비가 된 것이다.[42] 룻이 정말로 그렇게 말했다면 관습을 넘어 대담하게 요청한 것이다.

이삭줍기 규정은 이주노동자를 포함한 사회적 약자를 보호하는 것 같지만 자세히 살펴보면 쥐꼬리만큼의 시혜에 불과한 '연명' 차원의 제도로 보인다. 곡식 단을 다 가져가고 난 후에 빈 밭에서 이삭을 줍는 것으로는 곡식의 양으로도 질로도 충분치 않을 수 있다. 룻은 차별적이고 제한적인 '이삭줍기'를 넘어, 수확이 다 끝난 밭에서 과부와 나그네들끼리 떨어진 이삭을 줍지 않고, 방금 단으로 묶어놓은 곳에서 당당히 주인이 먹는 것과 같은 품질의 곡식을 넉넉하게 요구한다. 외국인은 내국인의 풍습을 잘 모른다. 룻은 이 무지를 악용하는 것일까, 아니면 기존 관습에 동의할 수 없어서 자신이 원하는 바를 단도직입으로 요구할 뿐인가? 이러한 건방진 요구는 남의 땅에 와서 눈치를 보며 있는 듯 없는 듯 조용히 살아야 하는 이방인다운 모습이 아니다.

학자들은 룻이 관습과 다르게 요청을 했는지 하지 않았는지, 보아스가 곧 허락했는지 나중에 했는지 등에 대해 의견이 분분하다.[43] 룻은 의도적으로 대담한 요구를 해놓고 주인을 시험하려고 했을 수 있다. 주인이 누구건 룻을 허락해주면 그를 통해 생존의 길을 더 열려고 그랬는지도 모른다. 룻이 보아스가 (싱글 상태이든 일처다부제이든) 결혼할 만한 조건에 있는 사람이요, 시댁의 친척이라는 것을 나중에 알게 되자 한밤중 타작마당 사건이라는 더 대담한 계획을 세운 듯하다.

시형제 결혼제도와 고엘제도

룻기는 외부에서 들어온 여자가 법과 문화에 도전하는 반면, 이스라엘의 제도와 관습이 제대로 작동하지 않고 현지 사람들 역시 혼동하고 있는 것을 보여준다. 먼저 가문이 이어지게 하기 위해 신명기 25장 5~6절이[44] 명시한 시형제 결혼제도는 한계가 있다는 것을 보여준다. 이 제도는 룻의 예처럼 형제들이 다 죽었을 경우와 다말의 경우(창 38장)처럼 가족이 이행하지 않을 경우를 고려하지 않았다. 룻기는 바로 그 점을 꼬집고, 룻을 관습을 깨뜨리는 이로 묘사한다.[45] 그래서 이 제도가 작동하지 않은 경우인 다말과 유다 이야기가 종종 암시된 것은 우연이 아니다.[46]

룻이 타작마당에서 한밤중에 보아스에게 요구한 것은 시형제 결혼법과 고엘(재산을 되찾아주는 이) 제도[47]를 섞은 것이다. 관습과 제도를 잘 모르는 외국인 룻은 그렇다 쳐도 보아스와 열 장로와 온 마을 사람들도 덩달아 두 제도를 뒤섞어 행하는 사람들로 나온다. 4장에서 보아스가 성문에서 다룬 일은 고엘제도를 실행하려는 것이다. 그런데 이 경우, 보아스는 나오미 가족이 전에 남에게 팔았던 땅을 도로 사주는 것이 아니라, 나오미가 갖고 있는 땅을 사주는 것이라서 레위기가 말한 경우와도 다르다. 또한 익명의 고엘이 룻과 결혼하지 않는다고 하면서 신발을 벗어주는 것은 시형제 결혼법의 규정이고(신 25: 9~10), '성문 위 회관'에 가서 성읍 장로들을 불러다 공적으로 일을 다루는 양태도 마찬가지이다(신 25:7). 한마디로, 화자는 룻의 시각을 취해서 현지인들이 자신들의 제도도 제대로 못 행하면서 현지의 관습으로 외국인을 경계하고 통제하려는 모습을 비웃는 듯하다.

2) 대담한 족보-성공한 글로벌 시민사

룻기는 5개 절로 된 짧은 족보로 끝맺는다. 이 족보는 이민자로서 룻의 성공을 선포한다. 족보는 다말과 유다 사이에 낳은 쌍둥이 중 베레스에서부터 시작한다. 형 세라가 아니라, 형을 제치고 먼저 나온 동생 베레스에서부터 족보가 시작하는 이유는 전통과 순서를 뒤엎는 것을 상징하기 위해서라고 본다. 이는 관습에 도전하는 룻의 모습을 다시 상기시킨다.

룻기는 나오미의 회복, 나오미 가문의 혈통을 잇는 문제를 내내 다루어 최종적으로 룻이 보아스와 결혼하여 오벳을 낳음으로써 문제가 잘 해결된 것으로 제시했다. 동네 여자들은 "나오미가 아들을 보았다"고 했고(4:17), 학자들은 오벳이 엘리멜렉과 보아스의 아들이라고 했다. 그러나 놀랍게도 족보에서 베레스는 엘리멜렉으로 연결되지 않고 보아스로만 연결된다. 엘리멜렉은 족보에 등장하지도 않는다. 족보는 오벳이 룻과 보아스의 아이라고 말하고 있는 것이다. "룻이 아들을 낳았다"는 언급 이후에 룻에 대해 언급이 없었는데, 이 족보는 룻을 염두에 두고 있다.

이 족보의 진정한 급진성은 오벳의 손자가 다윗 왕이라는 점이다. 곧 이주노동자가 정착하여 산 지 불과 삼대 만에 그 나라의 대통령을 냈다는 선언이다. 현지인의 시각에서 보자면 급진적인 선포요, 도전이지 않을 수 없다. 이 대담한 족보는 이주노동자의 성공기이다. 여기서 룻기가 성서에서는 유일하게 이방인의 이름을 붙인 책이라는 점을 상기할 필요가 있다. 싫어한 나라에서 온 이주노동자의 승리의 표시가 성서의 한 책으로 포함되어 있다.

마무리

나오미와 그 가족은 이스라엘의 기근을 피해 모압에 이주하여 10년간 살았다. 모압 사람들이 처음에 이 이주민 가족에게 눈치를 주고 타박했을지, 환영하고 생존을 길을 열어주었을지 잘 모르겠다. 어쨌건 거기서 두 아들이 현지인과 결혼하고 10년을 살 수 있었던 것은 고마운 일이다. 역으로 베들레헴이 모압에서 온 이주민 룻을 맞았다. 고마운 땅이 될 것인지는 아닌지는 베들레헴이 선택할 몫이다. 아니, 베들레헴이 어떤 선택을 하든지 새 이주민은 살아갈 길을 찾을 것이다.

우리는 룻이 이주를 결심할 때 고개를 갸우뚱했고, 타작마당에서 밤을 보낼 때 의심했고, 단 사이에서 이삭을 줍겠다고 요구하고 현지의 관습과 제도에 도전하는 것을 보며 놀랐다. 그리고 이주노동자 생활 불과 삼대 만에 왕을 낸 가문이 되었다는 말에 정말 놀랐다.

한편으로 룻기는 여전히 착한 사람들이 등장하는 착한 책으로 읽힐 것이다. 서정적이고 따뜻하게 읽고 싶은 독자들의 욕구 때문이다. 그러나 다른 한편으로 억척스런 글로벌 시민 룻으로 둔갑시킨 우리의 독서 역시 만만치 않은 시대의 요구가 있을 것이다. 이 글로벌시대에 사람들은 더욱 더 국가의 경계를 넘어 낯선 곳에서 새 삶을 일구게 될 것이다. 그러면서 룻을 성공한 이주노동자요, 당당한 글로벌 시민으로 보고 싶어 할 것이다. 때로 속내를 다 표현하지 못하고, 현지의 법과 문화에 거슬러 사는 적도 있지만, 부자유한 경계인이었다가 불과 몇 세대 후 대통령을 내는 당당한 시민으로 정착할 것을 꿈꿀 것이다.

룻이 제시하는 글로벌 빌리지의 밭에는 시민의 등급이 없다. 똑같은 근무조건에서 똑같이 일해도 이주노동자라는 이유로 훨씬 적게 받는 그런 밭이 아니다. 이와 같이 해석하는 룻기는 비슷한 처지의 글로벌 시민에게는 용기를 주고, 외부인의 유입으로 일터를 빼앗기고 자기 몫이 적어질까 봐 경계하는 글로벌 시민에게는 도전을 준다. 룻은 국가의 경계를 허물고 넘어와 우리더러 넓은 세계관을 가질 것을 요구한다.

1 이 글은「한국기독교신학논총」(2009년 봄)에 실렸다.

2 '시민(citizenship)'이라는 개념은 세계화의 가장 최근의 희생자라고 부를 만큼 경제와 문화의 세계화는 단일국가의 시민 개념을 위협한다. 참조. Nicholas James, "The Evolving Concept of Citizenship in a Globalised World", http://nicholasjames.wordpress.com/2008/09/01/the-evolving-concept-of-citizenship-in-a globalised-world. 글로벌 시민이라는 말은 개인을 국가의 경계를 넘어 세계의 시민의 일부로 보는 말이다. 이주노동자, 글로벌유목민, 결혼이주자, 이민자 등의 용어는 시대, 국가, 문화, 법적인 관점에 따라 세분될 수 있지만, 생존해야 하는 사람의 입장에서는 별로 차이가 없다고 본다. 서류 구비, 관용의 정도는 시간과 법률 개정에 따라 곧 달라지기도 하기 때문이다. 여기서는 다문화, 다국적의 룻을 시대를 넘어 글로벌 시민으로 불러보기로 한다.

3 프레데릭 부쉬에 의하면 룻기의 주제는 "(1) 룻의 사랑 어린 충성, 신실, 순종 (2) 보아스의 친절, 너그러움, 현명함 (3) 나오미가 룻의 행복을 위해 가진 사랑의 관심 (4) 밭과 태의 열매를 제공해주시는 야훼의 은혜로운 공급"이다. 프레데릭 부쉬, 『룻기, 에스더』, 정일오 역 (솔로몬, 2007) 원제는 *Ruth, Esther*, Word Biblical Commentary (Waco: Word Books, 1996), 95. 참조. 이경숙, 『구약성서의 여성들』 (대한기독교서회, 1994), 100~01.

4 김정훈의 표현에는 한국 문화가 배어 있다. 룻은 시어머니를 "굳게 섬기기로 작정하고 효성을 다한 교훈을 보여준다"고 표현한다. "룻기에 나타난 구원의 보편성과 효에 관한 소고",「신학논문총서: 구약신학 24」(학술정보자료사, 2004. (관대논문집, 관동대학교, 1998), 3.

5 캐서린 두웁 자켄펠드, 『룻기』, 현대성서주석 (한국장로교출판사, 2001), 원제는 *Ruth*, Interpretation (Westminster John Knox, 1999), 28.

6 Kirsten Nielsen, *Ruth: A Commentary*. The Old Testament Library (Louisville: Westminster John Knox, 1997), 30.

7 Robert L. Hubbard, *Ruth*. New International Commentary on the Old Testament (Eerdmans, 1988), 69.

8 김정훈, "룻기에 나타난 구원의 보편성과 효에 관한 소고", 18.

9 캠벨이 룻기의 연대를 950~700 BCE로 잡으면서 책의 목적을 다윗의 왕위계승을 지지하기 위한 것이라고 주장한 후 책의 연대와 목적에 대해 다양한 견해가 있다. 룻기가 에스라, 느헤미야서의 기조에 반대해서 나왔다는 견해가 현재에도 힘을 잃지 않는다. Edward F. Campbell Jr., *Ruth: A New Translation with Introduction, Notes, and Commentary*, The Anchor Bible (Garden City: Doubleday, 1975), 24.

10 Sakenfeld, *Ruth*, 28.

11 한국염은 특히 보아스가 이방인 룻을 식사에 초대하고 일꾼들에게 성희롱이나 성적 착취를 당하지 않도록 보호하고 나오미의 땅을 살 때 시형제 결혼법과 고엘법을 섞어서 적용한 점을 한국사회가 이주노동자의 종교를 초월하여 연대하고, 임금을 제 때 지불하고, 성적 착취에서 보호하고, 필요하면 법률도 바꾸어 권리를 찾도록 도와야 한다는 점과 연결하였다. "국내 거주 이주여성노동자를 통해본 인종차별주의", 「한국여성신학」 52 (2003): 37~53.

12 André LaCocque, *Ruth*, A Continental Commentary (Augsburg Fortress, 2004), 26ff.

13 Tod A. Linafelt and Timothy K. Beal, *Ruth, Esther* (Collegeville, Minn.: Liturgical Press, 1999), xiv.

14 캠벨은 고대중동에서 보통 13~15세에 결혼한 풍습에 기초하여 주요 등장인물의 나이를 계산했다. 나오미와 보아스는 같은 세대이고 룻은 25~30세 였을 것으로 추정한다. Ruth, 67.

15 매카트니는 "당시 보아스는 노총각이었다"고 한다. C. E. 매카트니/ 박세환 옮김, 『태초에 여자가 있었다』 (Korea Young Publishing Co. 2003), 원제는 *Great Women of the Bible* (Abingdon, Cokesbury, 1942), 18. 자켄펠드는 그가 결혼을 하지 않은 지주였다고 본다. Ruth, 91.

16 J. Cheryl Exum, *Plotted, Shot, and Painted* (Sheffield, 1996), Ch. 5. 영화에서는 룻과 보아스의 애정관계가 이야기의 배경이라서 룻과 나오미의 여성 연대는 희석되었다.

17 허버드는 오벳을 시형제 결혼이 아니라 고엘제도의 소산이라고 여기고 엘리멜렉과 보아스, 두 사람의 자손이라고 본다. Hubbard, *Ruth*, "Introduction".

18 Nielsen, *Ruth*, 29. 닐슨은 그래서 룻기가 다윗시대에 저작되었다고 본다.

19 한국에서의 연구로는, 이경숙, 『구약성서의 여성들』, 제7장; 김지은, "새로운 미래를 연 나오미와 룻의 연대", 「한국여성신학」 41 (2000): 9~26 등이 있다.

20 Adrien J. Bledstein, "Female Companionships: If the Book of Ruth Were Written by a Woman" *A Feminist Companion to Ruth*, ed. A. Brenner (Sheffield, 1993), 11~33. 라콕은 여성이 저자라는 근거로 여성의 능동성, 가족 중 남자들의 죽음, 들판 남자들의 저속한 태도, 고엘의 의무를 하지 않는 친척, 동네 여성들만 아기 오벳을 환영하는 점 등을 든다. LaCocque, Ruth, 5.

21 필리스 트리블/ 유연희 옮김, 『하나님과 성의 수사학』 (유연희 옮김) (태초, 1996). 원제는 *God and the Rhetoric of Sexuality* (Fortress, 1978), 6장. 학계 밖의 레즈비안

서클에서는 룻과 나오미의 연대를 동성애로 종종 해석한다. 엑섬은 학자들이 동성애에 대한 편견 때문에 논의를 회피한다고 본다. Exum, *Plotted, Shot, and Painted*, 5.

22 "나더러 어머님 곁을 떠나라거나 어머님을 뒤따르지 말고 돌아가라고는 강요하지 마십시오. 어머님이 가시는 것에 나도 가고, 어머님이 머무르시는 곳에 나도 머무르겠습니다. 어머님의 겨레가 내 겨레이고, 어머님의 하나님이 내 하나님입니다. 어머님이 숨을 거두시는 곳에서 나도 죽고, 그곳에 나도 묻히겠습니다. 죽음이 어머님과 나를 떼어놓기 전에 내가 어머님을 떠난다면 주님께서 나에게 벌을 내리시고 또 더 내리신다 하여도 달게 받겠습니다."(룻 1:16~17, 새번역)

23 룻 1:16~17에 대한 타르굼은, 룻이 개종하겠다고 나오미에게 말했고, 나오미는 유대교의 관습을 가르쳐주었다고 한다. 참조. Campbell, *Ruth*, 80.

24 라콕은 나오미의 침묵이 안좋은 분위기를 표현하면서 동시에 침묵은 신중한 생각이고, 룻의 희생에 적합한 태도라고 해석한다. *Ruth*, 54.

25 Fewell and Gunn, *Compromising Redemption*, 74.

26 퓨얼과 건도 이 점을 관찰했다. 앞의 책, 81.

27 앞의 책, 73.

28 이와는 달리 퓨얼과 건은 나오미가 실제로는 자신의 안식을 염두에 두고 있으면서도 룻의 협력이 필요해서 그렇게 말한 것이라고 본다. *Compromising Redemption*, 77.

29 새번역은, "……어른의 품에 이 종을 안아 주십시오. 어른이야말로 집안 어른으로서 저를 맡아야 할 분이십니다"라고 의역하여 2:12에서 보아스가 사용한 '날개'를 유용하는 것을 놓친다.

30 Fewell and Gunn, *Compromising Redemption*, 80.

31 홍경원, "누구를 위한 본문인가?-룻기에 대한 소고"「기독교사상」(1998.8): 239, 242.

32 라콕은 화자가 관용이라는 교훈을 주기 위해 선택한 기원전 5세기의 독자요, 청중이 보아스라고 본다. 그리고 화자가 동일시하는 등장인물은 나오미라고 본다. *Ruth*, 32, 6.

33 Nehama Aschkenasy, "Reading Ruth through a Bakhtinian Lens: The Carnivalesque in a Biblical Tale", *Journal of Biblical Literature* 126.3 (2007): 437~53.

34 Fewell and Gunn, *Compromising Redemption*, Pt. II, ch. 2.

35 Zefira Gitay도 이 점을 관찰하였다. Gitay는 현지인이 룻을 무시하고 정죄했을 것이라고 본다. "Ruth and the Women of Bethlehem", *A Feminist Companion to Ruth*, ed. A. Brenner (Sheffield, 1993), 182~83.

36 룻이 씨받이라면 사실 보아스도 씨받이 역할을 하는 셈이다. 퓨얼과 건도 이 점을 지적했다. *Compromising Redemption*, 81.

37 BDB는 "(적대감을 갖고) 만나다"로, KB는 "성희롱하다(molest)"로 제안한다. Francis Brown, S. R. Driver, and Charles A. Briggs, *A Hebrew and English Lexicon of the Old Testament* (Oxford Univ. Press, 1953), 803; Ludwig Koehler and Walter Baumgartner, *The Hebrew and Aramaic Lexicon of the Old Testament*, trans. M. E. J. Richardson (Leiden: E. J. Brill, 2001), 910.

38 David Shepherd, "Violence in the Fields? Translating, Reading and Revising in Ruth 2", *Catholic Biblical Quarterly* 63 (2001): 444~61. KJV는 서정적 동사를 선정했다. RSV(1952)와 NJB(1989)는 9, 22절에서 "molest(성희롱하다)"를 선택했다. NRSV(1990)는 다시 온건한 "bother(방해하다)"를 선택했다.

39 Nielsen도 특히 9절이 성적인 공격을 예상하는 것이라고 본다. *Ruth*, 58 n. 60.

40 E. van Wolde, Ruth and Naomi (London: SCM, 1997), 39. Fewell & Gunn, *Compromising Redemption*, 18 잠재적인 폭력이 있는 분위기로 설정한 것은 저자의 의도이다. 122. n.11

41 Jonathan Grossman, "Gleaning among the Ears"-"Gathering among the Sheaves": Characterizing the Image of the Supervising Boy (Ruth 2) *Journal of Biblical Literature* 126/4 (2007): 703~716.

42 부쉬, 『룻기, 에스더』, 191.

43 그로스만과 부쉬는 룻이 그런 요청을 하지 않았다고 본다. Grossman, "Gleaning among the Ears", 704; 부쉬, 195, 180. 캠벨은 룻의 요청은 감독의 권한 이상이라서 룻이 보아스를 기다리며 서 있었다고 생각하고 Campbell, Ruth, 96. 싸쏜은 룻은 고의적으로 감독의 권한 이상을 요청했고, 보아스는 처음에는 거절했다가 저녁 식사 후에 허락했다고 생각한다. Jack M. Sasson, *Ruth: A New Translation with a Philological Commentary and A Formalist~Folklorist Interpretation* (2nd ed.; Biblical Seminar 10: Sheffield: Almond, 1989). 47, 56을 보라. 허버드에 의하면, 룻이 소년의 권한 이상을 요청한 것은 맞지만 보아스는 처음부터 허락했다. Hubbard, Ruth, 154, 176. 민영진은 룻이 '엉뚱한' 요구를 해놓고 보아스를 기다리고 있었다고 본다. 『이방 여인 룻 이야기』(서울 : 한국신학연구소 , 2000), 60.

44 "형제들이 함께 살다가 그 가운데 하나가 아들 없이 죽었을 때에 그 죽은 사람의 아내는 딴 집안의 남자와 결혼하지 못한다. 남편의 형제 한 사람이 그 여자에게 가서 그 여자를 아내로 맞아 그의 남편의 형제된 의무를 다해야 한다. 그래서 그 여자가 낳은 첫 아들은 죽은 형제의 이름을 이어받게 하여 이스라엘 가운데서 그 이름이 끊어지지 않게 해야 한다."(새번역)

45 트리블, 『하나님과 성의 수사학』 283.

46 유다는 두 아들을 잃었는데 이 사실을 이방(가나안) 며느리 다말과 시형제 결혼법 탓으로 본다. 유다는 막내 셀라도 죽게 될까 봐 어린 나이를 핑계로 셀라가 다 클 때까지 다말더러 친정에 가 있으라고 했다. 참조. 창 38:1~11.

47 레위기 25장 23~25절, 47~49절에 명시되어 있고, 가난으로 임시로 판 땅이나 종으로 보낸 자녀를 친척이 대신 도로 사오라는 규정이다.

제 8 장

시편을 보랏빛 렌즈로 읽다

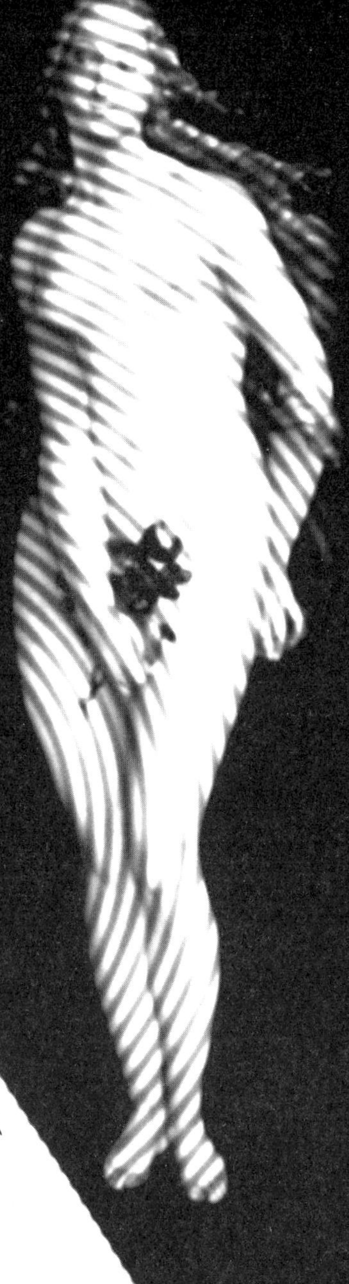

성서 시편에는 여성이 얼마나 등장할까? 시편에서 여성은 얼마만큼 우호적으로 또는 배제되어 묘사될까? 시편에서 여성 관련 용어를 살펴보면 이들 질문에 답할 수 있을 것이다. 동시에 이 부분에 대한 우리말 번역이 얼마나 포괄적인지도 관찰할 수 있다.[2] 그간 학자들은 시편을 비롯한 구약성서를 여성 시각을 가지고 조명하는 노력을 많이 했고, 성서가 가부장제 문화를 반영하는 경전이면서 동시에 여성해방적 본문을 많이 포함하고 있다는 것도 밝혀냈다.

우리는 이러한 큰 배경을 뒤에 두고서 시편에서 어머니, 아내, 딸 등과 같은 여성의 역할을 언급한 구절과 출산과 양육과 같은 전통적인 여성의 역할을 언급한 구절을 읽어보려고 한다. 또한 여성을 언급하지 않은 부분에서도 의도적·비의도적으로 수행되는 가부장적 전략도 지면이 허락하는 한 다루고자 한다.

시편은 여성을 많이 언급하지 않는다. 또한 뜻밖에도 시편에 관한 페미니스트 연구도 거의 없다. 우리는 짧은 글이나마 전체적으로 시편이 여성 우호적인 책인지, 여성과 관련하여 어떤 번역 문제가 있는지를 진단할 수 있을 것이다. 이 과정은 여성주의를 상징하는 색깔 이름을 붙여서 시편을 보라색 렌즈로 읽는 일이라고 부를 수 있겠다.

시편의 여성 이미지

시편에 등장하는 여성들은 어머니, 딸, 아내, 과부, 여종, 젊은 여성, 불임 여성, 공주와 왕후, 익명의 여성들 등이다. 이들 여성은 출산, 양육과 함께 등장하고, 결혼식 장면, 예배의 인도자 등 다양한 역할과 장면에서 등장한다.

1) 어머니

시편에서 어머니는 시인의 어머니, 대적의 어머니, 그리고 일반적인 의미의 어머니가 나온다. 시인은 자신의 어머니를 세 가지 표현으로 지칭한다. '어머니(엠),' '당신[하나님]의 여종(아마트카),' '태(베텐; 레헴)'이다.

(1) 시인의 어머니(27:10; 69:8; 35:14)**와 적의 어머니**(50:20; 109:14)

시인은 27장 10절("나의 아버지와 나의 어머니는 나를 버려도, 당신은 나를 영접하십니다.")에서 이 세상 어떤 사람과도 비교할 수 없이 지켜주시고 보호하시는 하나님에 관해 말하기 위해 자신의 어머니, 아버지를 자식을 버릴 수도 있는 사람들로 표현한다.

원문은 '나의 아버지와 나의 어머니'(아비 베임미)이고, 개역개정이나 공동개정처럼 '부모'라고 번역해도 내용은 같다. 그러나 '부모'라고 번역할 것인가, '아버지와 어머니'라고 할 것인가? '부모'는 간결하여 경제적이고 '나의 아버지와 나의 어머니'는 길어서 운율을 깨기 쉽다. 히브리어에는 '부모'라는 단어가 없고 부모를 '아버지'와 '어머니'를 모두 써서 표현한다. 히브리어의 '아버지'는 '조상,' '선조'를 뜻하기도 한다. 27장 10절에서 히브리어의 '아버지와 어머니'를 '부모'라고 번역한 것은 의미상 정당할 수 있지만 원문의 '어머니'를 생략하는 데 문제가 있다. 원문에 등장하는 '어머니'를 번역하면 '어머니'라는 세 글자와 그에 따르는 어미(suffix)를[3] 포함하면 긴 구가 되므로 운율에 지장이 생길 수 있다.

시편에는 여성 이미지가 매우 적게 나오는데 원문에 들어 있는 어머니를 번역에서 '죽이는' 편이 '시답게' 번역하게 하는 것이냐가 문제이다.[4] 그렇다고 '어머니'를 빼서 줄여야만 한국의 시답다고 볼 수 있느냐가 물을 수 있다. 수용언어에서 '시답게' 하기 어려울 바에야 길어지더라도 '어머니'도 살리는 게 좋겠다.

시편 35편 14절("내가 친구와 자매형제에게 하듯이 그들에게 하였으며 내가 몸을 굽혀 슬퍼하기를 어머니를 애도하듯이 하였다.")에서 시인은 무고하게 자신을 해하려는 자들을 자신이 얼마나 잘 대해주었던가를 말하려고 그들이 아팠을 때 "내가 어머니를 애도하듯이 슬퍼했다"라고 말한다. 시인은 자신의 선함을 강조하려고 멀쩡한 어머니를 '죽였다'. '어머니를 애도하듯이'(카아벨 엠)의 뜻이 불분명하므로 새번역과 공동개정은 '모친상'이라는 단어를 넣어 각각 '모친상이라도 당한 사람처럼,' '모친상이라도 입은 듯이'라고 번역하였다. '모친상'의 '모'가 분명 '어머니'라는 뜻이기는 하나 '모친상'이라는 별개의 단어를 도입했기 때문에 '어머니'는 번역에서 사라졌다. 개역개정은 원문을 따라서 '어머니'를 넣어 '어머니를 곡함같이'라고 번역했다.

'형제'(아흐)가 개역개정은 '형제,' 새번역은 '친척', 공동개정은 '동기'로 번역되었다(35:14; 69:8). '아흐'가 남성 형제와 친척을 가리킬 뿐만 아니라 문맥에 따라 여성 자매들과 여성을 포함하는 회중을 나타내기 때문에 우리말 번역에서도 문맥에 따라 어휘를 선택하는데, 여기서는 뒤의 '어머니의 친자녀'가 대구어이므로 제한적인 단어인 '형제'보다는 '형제자매'가 낫다고 본다.[5] 그리고 현재 세계에서 가장 출산율이 낮은 나라 중 하나인 한국에서 아이는 성별에 상관없이 '금쪽같이' 귀하다. 히브리어의 '아흐'가 문맥에서 분명히 동기간을 나타낼 때는 매번 '자매형제'나 '형제자매'로 섞어 쓰거나 '자매' 또는 '형제'라고 여기저기서 번갈아 쓰는 것이 좋을 듯하다.

시편 50편 20절("앉아서 네 자매형제를 공박하며 네 어머니의 친자녀를 비방한다.")에서 '어머니'가 다시 나온다.[6] 이 구절은 하나님이 악인에게 꾸짖으시는 말씀이다. 악인은 동기간을 비방한다. '베아히카//베벤 임카'에서 아흐나 벤은 위에서 지적한 것처럼 '형제'나 '아들'보다는 포괄적으로 '자매형제'나 '동기간'이라고 번역하는 것이 좋겠다. '어머니의 아들'은 '친동기'를 뜻하는데, 이 단어는 '어머니'를 굳이 넣어 번역하는 것보다 매끄럽다. 그럴 경우, 원문의 '어머니'를 빼는 것이 문제이다. 우리말을 살리자니 '어머니'와 여성 어휘가 죽는다는 점이 포괄의식을 가진 번역자의 딜레마이다. 어쨌든 이 시구에서 어머니가 하는 역할은 딱히 없고, 악인이 친동기간을 비방하는 자라고 말하기 위해 언급되었을 뿐이다.

시편 69편 8절("동기간에게 따돌림을 당하고, 어머니의 자녀들에게도 낯선 사람이 되었다.")에서 시인은 친동기들(레에하이//리브네 임미)에게 따돌림을 당한다고 말한다. 세 번역 성서 모두 '어머니'를 넣어 번역하였다. 여기서 '어머니'의 역할은 위 35장 14절과 50장 20절과 같다. 곧 한 형제자매를 낳은 사람이라는 의미로 언급된다.[7] '어머니'는 다시금 부정적인 문맥에 등장한다.

시인은 109장 14절에서 야훼께 "악인의 아버지의 죄를 기억하시고, 그의 어머니의 죄를 지우지마소서"라고 기도할 때 '어머니'를 언급한다. 세 번역 모두 '어머니'를 살려 넣었다. 개역개정이 '조상들의 죄악'과 '그의 어머니의 죄'라고 번역한 것은 낱말의 짝이 어울리지 않아 대구법이 매끄럽지 않다. 새번역과 공동개정이 '아비/아버지의 죄'와 '어머니의 죄'로 대구를 잘 살렸다. 문제는 어머니가 '죄'라고 하는 부정적인 문맥에 등장한다는 점이다.

위 다섯 편의 시편(27:10; 35:14; 50:20; 69:8; 109:14)에 등장하는 어머니 이미지는 전부 부정적인 맥락에 들어 있다. 물론 종종 아버지와 나란히 언급되기는 하나 우리는 어머니에 더 초점을 둔다. 27장 10절의 어머니는 시인인 '나'를 저버렸고, 69장 8절에서는 '나'가 한 어머니를 둔 동기간에게서 따돌림을 당하고, 35장 14절에서 '나'는 상대가 아팠을 때 내 '어머니를 애도하듯이' 마음을 썼지만 그가 '나'를 배신했다. 악인들이란 '어머니'의 친자녀를 비방하는 부류이고(50:20),

그들의 '어머니의 죄'까지 하나님이 기억하셔야 한다(109:14). 결국 '어머니'는 시편에 등장하지만 그다지 자랑스러운 조명을 받지 못한다. 그렇다면 구약성서는 보통 어머니의 출산의 능력과 양육과 돌봄을 칭송하는데, 그러한 역할과 관련되어 어머니는 시편에서 어떻게 묘사되고 있을까?

(2) 어머니의 태(22:9~10; 51:5; 58:3; 71:6; 110:3; 139:13)

시편에서 '어머니'는 모태라는 이미지 속에서 출산, 태의 역할, 양육과 관련해서도 등장한다. 어머니의 모태에 관한 언급은 긍정과 부정적인 두 가지 맥락에 들어 있다. 시인은 태에서부터 하나님을 의지하고 하나님만이 시인의 주님이 되셨다고 고백하고, 동시에 태에서부터 죄인이었다고 고백한다. 먼저 긍정적인 맥락에서 언급된 경우를 함께 다룬다.

시편 22편 9~10절에서 시인은 두 절에 걸쳐 같은 생각을 반복하여 강조한다. "실로 당신은 나를 모태(베텐)에서 나오게 하시고 어머니 가슴에 안겨 있을 때부터(알-슈데 임미) 의지하게 하셨습니다. 나는 태(레헴)에서부터 당신께 맡겼고, 어머니의 모태(베텐 임미)에서부터 제게는 당신이 있습니다." '날 때부터'라는 개념이 네 번 나온다. 시인은 태에서 나올 때부터 하나님이 자신의 하나님이시라고 주장한다. '태에서부터'라는 개념이 '어머니 가슴에 있을 때부터'와 대구를 이룬다. 9절과 10절에 각각 '어머니'가 들어 있지만 세 번역 모두 9절에서만 '어머니'를 넣어 번역하고 10절에서는 '어머니'를 뺐다. '젖을 빨다'와 같은 우리말 표현(새번역)은 공중 예배용 성경치고는 적나라하다고 본다. '빨다'를 뜻하는 동사(야나크)가 원문에 없기도 하다. 그래서 '알-슈데 임미'를 '어머니 가슴에 있을 때부터'로 번역하는 것이 더 무난한 듯하다.

시인은 사람이 태속에 있을 때부터 죄인이라고 말하며 '어머니'를 언급한다. 시편 51편 5절("참으로 나는 죄 중에서 태어났고, 어머니의 태속에 있을 때부터 죄인이었습니다.")은 '베아본'과 '베헤트'를 대구로 써서 시인이 '죄 속에서' 태어났다는 것을 반복한다. 개역개정의 "어머니가 죄 중에서 나를 잉태하였나이다"가 원문에는 더 가깝지만 새번역과 공동개정의 번역이 더 무난하다고 본다. 시인의 원문 표현은 어머니를 죄인으로 만드는 것처럼 들린다.

시편 58편 3절("악인은 모태에서부터 멀어졌고 거짓을 말하는 자는 날 때부터 빗나갔다.") 역시 '메라헴'과 '미베텐'을 대구로 써서 '날 때부터'를 나타낸다. 그런데 새번역은 하반절에 원문에 없는 '어머니'를 넣어 "거짓말을 하는 자는 제 어머니 뱃속에서부터 빗나갔구나"라고 번역하는 바람에 우리말의 욕처럼 들리게 한다.

시편 71편 6절("내가 모태에서부터 당신을 의지하였으며 나의 어머니의 배에서부터 당신이 저를 택하셨으니 저는 항상 당신을 찬송합니다.")은 위 22장 9~10절과 동일한 맥락에서 '어머니'를 언급한다. 곧 시인은 어머니 뱃속에 있을 때부터 하나님께 의지했고, 하나님의 택함을 받았고, 하나님을 항상 찬양한다는 것이다. '어머니'가 개별 역할을 하는 것이 아니라 시인과 하나님의 굳은 관계를 강조하는 데 언급된다.[8]

'모태'와 '어머니의 태'는 다를까? 두 단어는 몸의 동일한 부분을 가리킨다는 면에서 같고, 글자 수, 표현, 단어 면에서 다르다. '모태'를 가리키는 히브리어 단어는 여러 개다. '레헴'이나 '베텐'도 같은 뜻인데 시인이 구태여 '어머니의 태'라고 풀어쓴 이유가 문학적 기법인지, 반복을 피하려는 것인지 등을 살펴보아야 할 것이다.

'모태'가 가장 난해한 맥락에서 쓰인 경우는 시 110:3b(베하드레 코데쉬 메레헴 미슈하르)이다. 세 번역이 매우 상이하다는 것은 원문이 난해하다는 것을 반영한다.[9] 새번역("임금님께서 거룩한 산에서 군대를 이끌고 전쟁터로 나가시는 날에, 임금님의 백성이 즐거이 헌신하고, 아침 동이 틀 때에 젊은이들이 임금님께로 모여들 것입니다.")과 개역개정("주의 권능의 날에 주의 백성이 거룩한 옷을 입고 즐거이 헌신하니 새벽 이슬 같은 주의 청년들이 주께 나오는도다.")은 원문의 '메레헴'(모태에서부터)을 전혀 살리지 못했고, 공동개정("네가 나던 날, 모태에서부터 네 젊음의 새벽녘에 너는 이미 거룩한 산에서 왕권을 받았다.")은 그 어구를 살리다가 내용이 벗어난 느낌이다. 원래 의미가 어떻든 '모태'는 긍정적인 맥락에 들어 있다.

'어머니'는 또한 시편 139편 13절("당신은 내 내장〔킬요타이〕을 지으시고 어머니의 태 안에서〔베베텐 임미〕 나를 만드셨다.")에 등장하지만 공동개정만이 원문의 '어머니'를 담고 있다. 시인은 생명의 창조력을 하나님께 부여한다. 창세기의 하나님이 최초의 인간들을 만드실 때처럼 구체적으로 무언가를 만드시는 듯한 이미지를 묘사한다. 시인은 하나님이 생명의 근원이심을 너무 열심히 고백하다 보니 자신의 생명을 담보로 태 안에서 차근차근 아기를 사람의 꼴로 키워가는 어머니의 적극적인 역할을 감소시켰다. 어머니는 태만 빌려주고 하나님이 내장이랑 짜맞추신다는 이미지이다.

결국 시인은 자신의 신앙단계, 신앙고백과 관련해서 어머니의 태를 언급할 뿐이다. 여성의 정체성은 남자의 기준으로, 남성을 통해서 표현된다.[10] 자궁은 시인이 기원한 곳이며 시인이 적신으로 태어난 곳이고, 하나님이 장기를 만드시는 곳일 뿐이다. 원죄는 '태어날 때부터,' '태 속에 있을 때부터' 있었다. 이런 용법을 통해서는 이스라엘 제의에서 어머니들이 어떤 역할을 했는지 알 길이 없다. 시의 무게는 시인인 '나'에게 있지 어머니에게 있지 않다.

(3) 자녀와 함께 있는 어머니(113:9 ; 131:2)

시편 113편은 하나님을 찬양하면서 선하신 활동 두 가지를 열거한다. "〔야훼는〕 …… 가난한 자를 먼지더미에서 일으키시며 …… 지도자들과 함께 세우시고"(7절), "불임 여성을 한 집에 살게 하시고, 아이들의 어머니로서 즐거워하게 하신다."(113:9, 모쉬비 아케레트 하바이트 엠-하바님 세메하) 이 메시지는 한나의 노래(삼상 2:1~10, 특히 8절)와 많이 닮았다. 불임 여성(아케레트)이 여러 자녀를 갖게 된다는 표현 또한 한나의 기도에 등장하고(삼상 2:5), 한나 개인의 상황을 상기시킨다. 불임 여성은 가난한 자처럼 야훼께서 낮추어 돌아보셔야 하는(시 113:6) 부류에 속했던 것이다. 이 시편은 여성이면 누구나 아이를 낳아야 한다고 믿는 문화를 반영한다. 새번역이 "아이를 낳지 못하는 여인조차도 한 집에서 떳떳하게 살게 하시며"로 번역하여 원문에 없는 '떳떳하게'를 첨가한 것은 불임여성이라면 떳떳할 수 없다는 번역자의 생각이 엿보인다. 요즘 많은 한국 여성들은 출산을 '선택'의 범주에 둘 뿐만 아니라 여러 현대적 요인으로 인해 불임이 되는 상황에서, 번역자가 모든 여성이 아이 낳기를 원하고 낳아야만 한다고 전제하고 있지는 않은지 살펴보아야 한다. 공동개정의 "돌계집도 집안에 살게 하시어 아들 두고 기뻐하는 어미 되게 하신다"는 독자를 고대세계로 순간이동을 하게 한다. '돌계집,' 부담스러운 어휘 선택이다.[11] 사전에 의하면 돌계집이란 '석녀'를 낮잡아 이르는 말이다.[12] 그러나 '석녀' 역시 요즘 잘 쓰지 않는 표현이지 않은가! 하필 '바님'을 여기서는 문자적으로 '아들'이라고 번역해서 더욱 그러하다.

시편 131편 2절은 아기를 양육하는 어머니의 모습을 보여준다. "실로 내 영혼은 고요하고 평온하여 배불리 먹은 아이가 어머니 품에 있는 듯하다. 내 영혼이 배불리 먹은 아이 같다." 번역자들은 원문의 '어머니 위에'(알레 임모, on his mother)가 '어머니 품에 안긴 아이'인지 '어머니 등에 업힌 아이'[13]인지 고민한다. 한국어 번역본들은 어머니의 '품'을 선택했다. 시인은 자신을 어린 아기로 묘사하고 하나님을 어머니에게 비유한다. 한국어 번역본들은 대부분의 영어 성경을 따라 '가물'을 젖뗀 아기(weaned child)라고 번역하였다.[14] 고요와 평안(쉬비티 베도맘티)과 더 어울릴 만한 표현은 '젖 뗀 아기'보다는 '배불리 먹은 아기'일 듯하다. '가물'이 "충분히 행하다, 적절히 다루다"를 뜻하는 동사 '가말'에서 왔다는 것을 고려하면[15] '배불리 먹은 아기'로 번역할 수는 없을까? 시인이나 번역자가 아기를 양육해보았다면 어떤 모습의 아기를 고요와 평안 상태에 비유했을까?

(4) 어머니, '당신(하나님)의 여종' (시 86:16; 116:16)

시인은 하나님 앞에서 자신의 어머니를 '당신의 여종'이라고 두 번

부른다. 아니, 자신의 어머니를 부른다기보다는 자신을 '당신의 여종의 아들'(벤 아마테카)이라고 부르기 위해 그렇게 표현한다. 사전에 의하면, '당신의 여종'은 화자 자신을 낮추어 부르는 표현(submissive self~designation)이다.[16] 한나가 하나님께 기도할 때(2회; 삼상 1:11)와 엘리에게 말할 때(삼상 1:16, 18), 아비가일이 다윗에게 말할 때(6회, 삼상 25:24~31), 아벨성의 지혜로운 여자가 요압에게 말할 때(삼하 20:17), 나단이 밧세바에게 다윗더러 할 말을 알려주고, 밧세바가 다윗에게 말할 때(왕상 1:12, 17), 밤에 룻이 보아스에게 말할 때(2회, 룻 3:9) 자신을 '여종'이라고 불렀다. 흥미로운 것은 모두 여자가 자신보다 지위가 높은 상대(남자)에게 직접 말하는 상황이라는 점이다. 본인이 아닌 제3자를 낮추어 부를 때는 단 한 번 나온다. 솔로몬의 재판에서 한 성매매 여성이 다른 성매매 여성을 지칭할 때, '이 여종이 내가 잠든 사이에'(왕상 3:20)가 그 경우이다.

시편에서 시인은 하나님 앞에서 스스로를 '당신의 여종의 아들'이라고 낮추어 불렀다(86:16; 116:16).[17] 그렇다면 남성으로서는 유일하게 이 용법을 사용한 경우이다. 그러나 자신을 겸비하게 일컫기 위해 결국 어머니를 '여종'이라고 낮추어 부른 셈이다. 물론 하나님께 드리는 기도에서 그렇게 했다고는 해도 말이다.

2) 과부(시 68:5; 78:64; 94:6; 109:9; 146:9)

구약에서 '과부(알마나)'는 자녀가 있든 없든 결혼한 후 남편이 죽은 여자를 가리킨다. 과부는 성인 여자이지만 자신의 생존을 위해 할 수 있는 것이 적었기 때문에 절대적인 사회적 약자에 속했다.[18] 구약에서 고아의 정의는 '아버지'가 없는 아이이다(애 5:3). 시편에서 과부는 다섯 번 등장하는데, 사회적 약자로서(시 68:5; 146:9), 징벌의 상징으로서(시 78:64; 109:96), 악행의 대상으로서(94:6) 나온다.

시편 68편 5절은 하나님이 과부의 재판관(다얀)이시고 고아의 아버지이시라고 칭송한다. 바로 뒤의 6절은 하나님이 외로운 자들(예히딤)을 집에서 살게 하시고 갇힌 자들을 풀어주신다고 열거한다. 곧 과부는 가족이 없는 사람들이나 죄수들과 같은 사회적 약자였다.

시인은 악인들의 행위를 고발하면서 특히 사회적 약자에게 행한 행동을 열거한다.[19] 악인들은 "과부와 나그네를 죽이고, 고아들을 살해했다."(94:6) 문학 구조상 어머니와 아이는 중간에 위치한 단어들, '나그네', '죽이다'에 의해 떨어져 있어서 악행을 보다 심하게 겪는 양상이다. 위 시구들은 과부가 사회적 약자로서 범죄의 대상이 되기 쉬웠다는 것을 보여준다.[20]

시편 78편 64절의 경우는 시인의 원수가 아니라 시인의 조상, 곧 이스라엘이 하나님을 배역하여 "제사장들은 칼에 맞아 쓰러지고 그들의 과부들(알메노타브)은 애곡도 하지 못한" 상황이다. 제사장들이 죽었다는 말에서 그치지 않고, 아내들이 과부가 되었다는 표현이 징벌임을 분명히 한다. 여성과 어린이의 불행을 통해 저주나 징벌을 나타내는 방식은 오늘날의 독자들에게 부담을 준다. 사실 '과부'라는 단어조차 한국 사회에서 더 이상 사용하지 않는 단어이다. '싱글'이라는 외국어가 쓰이고 있는데 대체 어휘를 고안하지 않으면 다음 번역성서에

'싱글'이 들어가야 할지도 모른다.[21]

시편 109편 9절에서 시인이 적에게 퍼붓는 저주는 어린이와 여자에게 닥치는 나쁜 상황을 통해 표현된다. 곧 원수의 자녀가 고아가 되고 아내는 과부가 되기를 바란다고 저주한다.[22] 이어서 시인은 그 고아들이 구걸하게 되고, 그들에게 은혜를 베풀 자가 아무도 없게 해달라고 기도한다(10, 12절). 이는 집안의 가장 하나가 죽을 경우 가족의 생존이 불가능한 남성 중심의 사회현실을 반영한다.

시편 146편 9절의 "야훼께서는 나그네들을 지켜주시고(쇼메르) 고아와 과부를 붙드시고(예오데드) 악인들의 길은 굽게 하신다"라는 표현 역시 과부를 나그네와 고아와 함께 열거했고, 야훼께서 이들을 보호하시는 대신 악인들을 멸하신다고 대조한다.

요약하자면, 시편에서 '과부'는 약자의 대명사로서 시인이 약자를 돌아보시는 하나님을 강조할 때, 약자를 괴롭히는 악인을 묘사할 때, 악인을 저주할 때 사용했다. 시인이 특히 적의 아내가 과부가 되게 해달라고, 곧 적이 죽게 해달라고 저주하는 것은 과부를 돌보는 하나님을 칭송하는 것과 모순을 보인다.

3) 아내 또는 여자(이샤: 시 128:3; 58:8)

'이샤'는 시편에서 '아내'와 '여자'로 각 한 번 나온다. '아내'는 남성사회를 위해 가문의 대를 든든히 이어주었다는 대목에서 등장한다.[23] "네 집 안방에 있는 네 아내는 결실한 포도나무 같으며(에슈테카

케게펜 포리아) 네 식탁에 둘러앉은 자식들은 어린 감람나무 같으리로다."(128:3, 개역개정) 사실 이 시구는 아내에 대한 묘사라기보다는 다산하는 아내와 자식들을 통해 남성의 안정성을 묘사하는 것이다. 아내와 아이는 여기서 기껏 '나무'이다. 아내는 열매를 많이 맺는 포도나무이고, 아이들은 올리브나무 '묘목'(새번역)이다. 이 시구는 '네 아내'라고 했으므로 청중이 남성임이 분명하다. 반대로 여성이 시인의 청중임을 명백히 보여주는 시구는 찾아볼 수 없다.

시편 58편 8절에서 독자는 생명에 대한 민감성이 부족한 고대의 시인을 만난다. "(악인은) 소멸하여가는 달팽이 같게 하시며 미숙아가 햇빛을 보지 못함 같게 하소서." 이 시구는 상당히 인간 중심적이고 특히 남성 중심적이다. 악인은 달팽이처럼 미미한 존재요, 미숙아이다. 미숙아가 말라가는 달팽이와 대구어라는 것이 섬뜩하다. '미숙아'의 문자적인 표현은 '여자에게서 떨어진 것'(네펠 에쉐트), 곧 유산된 아이이다. 현대의 독자들은 미숙아를 출산하여 아기의 죽음을 경험하는 산모와 가족을 상상한다. 시인은 아기를 잃은 산모에 대한 무감각을 독려하고, 물이 없어 말라가는 달팽이의 죽음을 당연시하도록 초대한다.

독자들은 이런 구절이 생명과 환경 경시를 조장한다고 비난하고 싶어진다. 시인의 적에 대해 현대의 독자도 함께 악담을 퍼부어주어야 할까? 원문에 명백한 생명 경시, 폭력 조장, 각종 차별 등을 오늘날의 청중에게 어떻게 전달할 것인지는 번역자의 커다란 부담이다. 공동개정만이 원문의 '여자'를 넣었지만 "유산하는 여인의 몸에서 핏덩이가 쏟아지듯이"라는 생생한 표현은 원문의 잔인함을 강화시킬 뿐이다.

4) 해산하는 자(시 48:6)

시편 48편 6절("거기에서 그들이 큰 두려움에 사로잡히니, 고통당하는 그들의 모습이 해산하는 여인과 같았다.")에서 '아이-낳는-여자와-같다'(카욜레다)는 것은 극도의 위기나 위험을 나타낸다. 열왕들이 높고 아름다운 시온산을 보고(2절 참조) 떠는 것은 해산하는 여자와 같이 생사의 기로가 달린 고통과 공포를 느낀다는 뜻이지, 열왕들을 여성화하는 것, 곧 문학적으로 거세하는 것은 아니다.[24] 남성인 시인이 해산하는 여자의 고통을 남성인 열왕들의 고통을 묘사하는 데 썼다는 것이 아이러니이다.

5) 딸(9:14; 45:9, 10, 12, 13; 97:8; 106:37~38; 137:8; 144:12)[25]

딸이라는 뜻의 '바트'는 '벤'(아들)처럼 여러 의미를 지닌다.[26] '자녀들'은 보통 '바님 우바노트'(아들들과 딸들)로 표현된다(창 5:4 등). 이 두 단어는 시 본문에서 서로 대구어이다. '바님'(아들들)만으로도 형제자매들을 가리킬 수 있지만 '바님 우바노트'는 아들, 딸 각각의 개체성을 더 가리키는 듯하다. 시편에서 '바트'는 네 가지 용법으로 쓰였다. 먼저, 도시나 나라 이름과 함께 딸 시온(9:15), 딸 유다(97:8), 딸 바벨론(137:8)의 경우처럼 쓰였다. 둘째로, 누군가의 '딸'이라는 의미로 2회 쓰였다(시 45:12; 106:37~38; 144:12). 셋째로, 2인칭 화법에서 상대 여성을 부를 때(45:10) 쓰였다. 넷째로, '아내'나 '여자'의 뜻으로 쓰였다(시 45:13).

시편 9편 14절의 시인은 야훼께 자신의 고통을 보아달라고 간구하고(13절), “그리하시면 ……딸 시온의 문에서 당신의 구원을 기뻐하겠다.”라고 말한다. 13절의 ‘사망의 문’이 14절의 ‘시온의 문’과 대조되어 있다. 이 시온은 ‘딸 시온’(바트 찌온)이다. 이 기쁜 분위기는 시 97편 8절에서 다시 시온과 ‘유다의 딸들’에게 이어진다. “시온이 주의 심판을 듣고 기뻐하고, 유다의 딸들(베노트 예후다)이 즐거워합니다.” ‘유다의 딸들’은 예루살렘 주변의 마을들, 성읍들을 가리킨다.[27] ‘딸’이 긍정적인 맥락에서 의인화될 때는 별 문제가 없다.

그러나 ‘딸’이 저주당하는 맥락에 등장할 때 독자는 괴롭다. 대상이 시인의 원망 상대인 바벨론이라 해도 말이다.[28] “멸망할 딸 바벨론아(바트 바벨 하슈두다), 네가 우리에게 행한 대로 네게 갚는 자가 복이 있으리로다.”(137:8) “멸망할 딸”로 시작하는 대목이 독자의 귀에 거슬리기 때문에 새번역은 독자를 배려하여 “멸망할 바벨론 도성아”로 택한 듯하다.[29]

시편 106편의 시인은 이스라엘 역사를 회고, 정리하면서 ‘그들’ 곧 조상들이 가나안에서 우상을 섬기면서 자녀들을 희생제물로 바친 것을 37절과 38절에서 반복하여 지적한다. “그들은 그들의 아들들과 딸들을 귀신들에게 희생제물로 바쳤다. 무죄한 피, 그들의 아들들과 딸들의 피를 흘려 가나안의 우상들에게 제사하므로 그 땅이 피로 더러워졌다.” ‘아들들과 딸들’은 매 절에 나온다. 새번역과 공동개정은 이 표현을 살려 번역했고, 개역개정은 ‘자녀’로 줄여서 번역했다. 그러나 ‘바님’으로 ‘자녀’를 표현할 수 있었지만 ‘아들들과 딸들’을 두 번이나 쓴 것은 세 번이나 쓴 '피'와 어울린다. 곧 그만큼 많이 자식들을 희생 제물로 바쳤고 많은 피를 흘렸다는 것을 수사학적으로 표현한다고 볼 수 있으므로 이들을 일일이 '살리는' 게 나을 듯하다.

시편에는 '돌기둥처럼' 튼실한 딸도 나온다. 여성을 긍정적으로 묘사한 드문 경우이다. 시 144편의 시인은 잘 나가는 '우리'의 모습을 든든한 자식들의 이미지로 시작한다. "우리의 아들들은 어릴 때부터 나무처럼 튼튼하게 잘 자라고, 우리의 딸들은 궁전 모퉁이를 장식한 우아한 돌기둥처럼 잘 다듬어지고."(144:12, 새번역). '우리 아들들'과 '우리 딸들'이 대구어로 쓰였다. 아들은 나무 같고(공동개정은 '햇순'같다고 했다.), 딸들은 궁전의 돌기둥 같다고 한다. 시인은 나무와 돌기둥으로 대구를 만들려고 했지만 아무래도 딸 돌기둥이 아들 나무보다 더 강하고 우람한 이미지 같다.

6) 여주인과 하녀(123:2)

시편에서 또 다른 여성 이미지는 123장 2절("주인의 손을 바라보는 머슴의 눈같이, 여주인의 손을 바라보는 하녀의 눈 같이 우리의 눈이 야훼 우리 하나님을 바라보며 우리에게 은혜 베풀어 주시기를 기다립니다.")에 나오는 여주인과 하녀의 이미지이다(케에네 쉬프하 엘 야드 게비르타, 여주인의 손을 보는 여종의 눈처럼). 주인/여주인, 머슴(남종)/하녀(여종)가 각기 짝을 이루고, 손과 눈 또한 반복하며 대구한다. 이 비유에서 '우리'는 여종이나 남종인 것처럼, 하나님 또한 여주인 또는 주인이다.

하나님을 섬기는 남녀가 하나님 앞에서 똑같이 머슴, 하녀라면 괜찮다. 하나님 또한 여주인, 남주인이시라면 괜찮다. 하나님을 양성적으로 묘사했다는 면에서 현대의 독자에게 호소력이 있다. 그러나 주인과 종이라는 옛 위계제도와 개념은 현대의 독자들에게 여전히 걸림돌이다.

7) 주님의 소식을 전하는 여자들

시편 68편 11절에서 주님께서 말씀을 주셔서 여성들이 전하는 일을 한다는 대목은 시편에서 가장 여성 우호적인 말일 것이다. 하지만 68편은 이해하기 힘든 본문이다. 68편이 전체적으로 하나님의 승리를 다룬다고 볼 때 여자들을 언급하는 11~12절이 핵심주제를 잘 보여준다. 소식을 공포하는 사람들, '함바스로트'는 여성형이고, 영어성경이 종종 이를 살리지 못한 것에 비하면[30] 우리말 새번역이 이를 잘 살렸다. 이 여자들은 수가 많았고 집에 있던 여자(들)은 전리품을 나눈다(우느바트 바이트 테할레크 샬랄, 12절). 전리품 분배는 보통 전사들의 특권이고 일상사였지만[31] 12절은 그것을 여성에게 돌린다. 그러나 다음 절, "너희가 양 우리에 누워 있었지만 날개를 은으로 입히고 깃을 황금으로 입힌 비둘기 같다"는 주어도 의미도 불분명하다. '티슈케분'은 문법적으로 2인칭 남성이나 새번역은 앞 문맥을 따라 '그 여인들'을 주어로 보았다. 내용은 모호하지만 여성에게 긍정적인 맥락이라는 것은 분명하다.

8) 젊은 여자(45:14[32]; 46편의 제목; 68:25; 78:63; 148:12~13)

시편에서 '젊은 여자'는 '알라모트'와 '베툴라'로 표현된다. 시 46편의 제목에 나오는 '알라모트'는 그대로 두면 가락이나 곡조명을 가리킬 수도 있고, 번역하면 '젊은 여자'라는 뜻이다.[33] 세 성경 모두 '알라모트'를 번역하지 않고 그대로 두었다. 이것이 여성의 목소리로 노래하라고 지시하는 것이라고 주장하는 학자도 있다.[34] 그렇다면 이 시편을 보존한 신앙공동체의 여성들이 "하나님은 우리의 피난처, 우리의 힘, 어려울 때마다 구해주시는 분"(46:1, 7, 11)이시라고 주장하고, 인생 역전을 노래하며 '야곱의 하나님'이라는 조상의 하나님은 여성의 피난처와 힘이 된다고 주장하는 것이다.

시편 68편 25절("젊은 여성들은 소고 치며 노래하는 이들은 앞서고 악기 연주자들은 뒤를 따랐다.")는 하나님이 왕으로서 성소로 행차하실 때(24절) 음악대가 뒤따르는 것을 연상한다. 음악대에는 찬양과 악기를 담당하는 사람들이 있고, 특히 젊은 여성들(알라모트)이 소고를 치는 것으로 나온다. 개역개정은 '알라모트'를 '처녀들'이라고 했는데 이 단어와 '아가씨'라는 말은 요즘 잘 쓰지 않는다. 젊은 여성을 그렇게 부르면 싫어한다. 새번역이 '소녀'라고 번역했는데 '소녀'는 왠지 청소녀의 연령 같다. 청소녀가 예배에서 음악대의 역할을 맡는 것은 고무적이나 시편 시대에 그러했는지는 의문이다.

시편 78편 63절("그들의 젊은 남자들은 불이 삼켜버리고 젊은 여자들은 혼인 노래를 들을 수 없었다.")에서 개역개정과 공동개정은 '바후라브'//'베툴로타브'를 각기 '그들의 청년//그들의 처녀들,' '젊은이들//처녀들'로 번역했다. '청년-처녀'나 '젊은이들//처녀들'은 상응하는 대구어가 아니다. 새번역이 택한 '총각-처녀'가 알맞은 대구이지만 '총각' 앞에만 '젊은'을 붙였다. 또한 '총각,' '처녀'라는 단어가 우리 문화에서 고어가 되었다는 것이 문제이다. 위에 있는 시편 68편 25절에 대한 논의와도 연관해서 새삼 여성을 일컫는 옛 단어들이 더 이상 문화와 정서에 걸맞지 않게 되었는데 대신 적합한 신조어가 없다는 것을 알게 된다. '젊은 여자'와 같은 표현은 무난하다고 본다.

시편 148편 12~13절에서 여성은 모든 피조물과 더불어 야훼를 찬양하라는 명령을 받는다. '모든' 사람들의 총칭으로서 '총각과 처녀와 노인과 아이들'(바후림 베감-베툴로트 즈케님 임-네아림, 라 10:25)은 하나님을 찬양하라는 명령을 받는다. 처녀들을 언급하지만 청년, 노인, 소년과 함께 언급한다.[35] 여기서 의식적 또는 무의식적인 성차별은 교묘하다. 여자와 남자를 포함하되 남성의 수를 훨씬 많게 하는 것이다.[36]

9) 왕실의 여자들(시 45:9~15)

시 45편은 시편에서 여성이 가장 집중적으로 등장하는 곳이다. 왕의 딸들(공주), 왕후, 두로의 딸, 왕후의 친구 젊은 여성들 등이 등장한다. 9~15절은 결혼식 순서를 묘사하는 듯하다.

> 왕의 딸들은 왕이 귀히 여기는 이들이고, 왕후는 오빌의 금으로 꾸미고 왕의 오른쪽에 서있다(9절). "왕후님, 듣고 보고 그대 귀를 기

> 울이십시오. 왕후님의 백성과 아버지의 집을 잊으십시오(10절). 그러면 임금님이 왕후님의 아름다움을 원할 것입니다. 그는 왕후님의 주인이니 왕후님은 그를 경배할 것입니다(11절). 두로의 딸은 예물을 드리고 백성 중 부자들도 왕후님의 얼굴을 보고 싶어 합니다(12절)." 왕의 딸은 모든 영화를 누리니 그녀의 옷은 금으로 수놓았네(13절). 수놓은 옷을 입은 그녀는 왕께로 인도함을 받고 여자 친구들이 뒤따른다네.(14절) 그들은 기뻐하고 즐거워하며 안내를 받아 왕궁에 들어가네(15절).

45편은 왕과 왕비의 결혼 노래로 알려져 있고 신랑인 왕을 묘사하는 것(2~8절)에서 신부인 왕후를 묘사하는 것(9~15절)으로 이어진다. 시인은 먼저 공주들, 왕후, 왕이 서 있는 모습을 그린다. 그런 뒤 왕후에게 당부의 말씀을 2인칭으로 말하고(10~12절), 13절부터는 왕후가 예복을 입고 왕에게 가고, 들러리 친구들이 왕궁에 입장하는 모습이 3인칭 시점에서 묘사된다. 오늘날 서양의 결혼식과 매우 비슷하다.

'딸'(바트)은 4회 나오는데, 왕들의 딸들(베노트 멜라킴, 공주들, 9절), 왕후(바트, 딸/왕후, 10절), 두로의 딸(바트-쪼르; 새번역: 두로의 사신들; 공동번역: 띠로의 사람들, 13절), 왕의 딸(바트 멜레크, 왕후, 13절)등 의미가 문맥마다 다르다. 왕후의 들러리인 여자 친구들(베툴로트 레오테하)도 한몫을 한다. 시녀가 아닌 친구들이 등장하는 것이 특이하다.

개역개정과 공동개정은 왕후에게 반말로 '딸이여'라고 부르거나 명령조로 번역했다. 왕후에게 존대어를 쓴 새번역이 타당하다. 개역개정의 '(왕)이 가까이 하는 여인들'(9절)은 공주들을 묘사하는 표현치고는 성적으로(sexually) '가까이' 하는 듯한 어감이다. 원래의 '귀하게 여기는, 소중한'(예카로트)을 따르는 게 나을 듯하다.

시인이 45편에서 여성을 많이 등장시켰다고 해서 그리 고마운 일은 아니다. "왕후님의 백성과 아버지의 집을 잊으십시오"로 시작하는 주례사는 일방적이다. 부부가 서로 노력해야 한다는 말 같은 것은 없다. 왕후만 노력해야 한다. 그러면 왕의 총애를 받을 것이다(11절). 왕이 왕후의 주인이니 왕을 경배해야 한다(11절). 두로에서 온 사신들이나 부자들이 왕후에게 선물을 줄 것이다(12절). 이 권면의 말씀은 한마디로 당근과 채찍, 협박과 회유이다.

이 주례사는 앞부분에서 신랑인 왕을 찬양한 내용과 큰 대조를 이룬다. 왕은 용사로서 칼을 허리에 차고(3절), 진리와 온유와 공의를 위해 위엄을 갖고(4절), 화살이 원수를 무찌르고(5절), 게다가 6절에서는 왕을 '하나님'(엘로힘)이라고 부르기까지 한다! 그러니 왕후는 이 왕을 경배하는 것이 마땅하지 않은가! 상아궁에서 울려나오는 현악(8절)과 금장식과 수놓은 예복의 뒤에는 가부장제가 숨겨 있다.

종합 및 결론

1) 남성적 문헌으로서의 시편

오랜 세월에 걸쳐 수많은 시인들이 노래한 시들이 모여 한 권의 책으로서 시편이 되었다. 학자들은 시편의 주인공 '나'는 유형적인 인물이요, 본래 구체적인 삶의 정황에서 시편이 나왔겠지만 고난 속에서 하나님을 부르짖는 사람들을 일반적으로 대변하는 시편이 되었다고 본다.[37] 그러나 우리가 위에서 살펴본 결과, 시편 저자의 '유형'이나 시편의 '보편성'에 여성은 포함되어 있지 않는 듯하다. 시인의 목소리는 소프라노나 알토라기보다는 바리톤, 베이스 또는 테너이다. 이를 다음과 같이 정리할 수 있겠다.

(1) 시편에서 여성은 적게 등장할 뿐 아니라 배제된다. 150편의 시편 중 여성은 32편의 시편에 등장하여 단편적으로 언급된다. 다윗 한 사람이 69편의 시 머리말에서 언급되는 것과 대조적이다.[38] 여성이 언급된 부분보다 언급되지 않은 부분에서 무슨 일이 벌어지고 있는지 살펴보는 것도 도움이 된다. 일례로, 시편에는 창세기의 족장들을 비롯한 41명의 남자들의 이름이 등장한다.[39] 그러나 여자의 이름은 여족장들의 이름조차 한 명도 나오지 않는다. 다윗, 아삽, 고라와 같은 남자들만이 머리말에서 언급된 것 자체가 남성을 역사를 만드는 사람으로

간주하는 것이다.

여성을 배제한 또 다른 예는 '긍휼'이라는 표현을 사용한 경우이다. '라함'(긍휼히 여기다)과 '레헴'(자궁, 태)은 어근이 같다. 시인은 여성과 긴밀한 관련이 있는 이 단어를 아버지에게 적용한다(시 103편). 시인은, 아버지가 자식을 긍휼히 여기듯이 야훼께서 그를 경외하는 자를 긍휼히 여기신다고 할 때 아버지를 야훼와 동격에 둔다(103:13). "긍휼히 여기다"는 시편에서 총 22회 사용되었는데, 단 2회를 제외하고 모두 하나님의 긍휼하심을 나타낸다.[40] 그 예외적인 2회는 시인 자신이 하나님을 사랑한다고 고백할 때(18:2)와 여기 103편에서 '아버지'가 긍휼하다고 말할 때, 곧 모두 남자에게 쓰였다. '레헴'을 가진 여성이 '라함'을 적용하는 데서도 제외된 것이다.

(2) 시편에 여성 이미지가 등장할 때도 그다지 우호적이지 않다. 시편에서는 여성이 출산과 태에 관련하여 가장 많이 언급되었다. 이스라엘 사회의 생존과 복지에 있어서 다산과 번영이 중요했다는 것을 나타내고, 여성은 이런 기능에서 가장 가치를 가졌다는 것을 보여준다.

'어머니'는 주로 부정적인 맥락에서 등장했다. 어머니의 역할은 간접적으로만 유추될 수 있고, 제3의 대상이지, 주체가 아니다. '어머니'나 '모태'는 시인의 자기변호나 죄의 고백이라는 관점에서 언급될 뿐이었다. '아내' 또한 다산일 경우에만 기억되었고 그조차 나무에 비유되었다(128:3). 시인에게 있어서 친정은 결혼한 여자가 잊어야 할 곳이었고(45:10), 왕후조차도 왕을 경배해야만 총애를 받을 뿐이다(45:11). 불임 여성은 가치가 없어서 하나님의 자비의 대상이다

(113:9). 시인의 대적은 '여자에게서 떨어진 아이'로 유산되어야 하고 (58:8), 아내가 과부가 되어야 한다니(109:9) 여성에게 닥치는 불운은 배려하지 않는다.

시편에는 여성 우호적인 구절도 있었다. 시편 123편 2절이 하나님을 양성적으로 묘사한 것(여주인과 주인)이나 여성을 하나님의 소식을 전하는 사람들로 묘사한 것(68:11 이하)이다. 그러나 시인이 이를 의도했다고 보기는 어렵다.

(3) 시편은 남성을 청중으로 삼아 메시지를 선포하며(시 69:8; 128:3), 남성에 의한 작품('당신의 여종의 아들')이다. 시편에서 자주 등장하는 '지혜로운 자', '원수', '곤고한 자', '악인'과 같은 인물은 성별이 명시되어 있지 않을 때에도 남성을 전제한다. 가부장제 색깔이 짙은 시편에서 하나님을 남성적 용어로 묘사한 것은 놀라운 일이 아니다. 하나님은 아브라함 같은 남성 인물들의 하나님이요(시 47:9, 20:1, 41:13), 왕이요(시 5:2), 아버지요(68:5), 목자요(80:1), 과부들의 보호자(시 68:5)였다.

어느 시편도 특별히 여성을 위해 또는 여성에 의해 지어졌다고 보기 어렵다. 물론 특별히 반여성적인 목적으로 시편을 지었다고 볼 수 없다. 시편이 다른 성서 책보다 훨씬 더 가부장적인지에 대해서는 별도의 연구가 필요하다. 그러나 이 글에서 살펴본 것만 가지고도 시편이 그다지 여성 친화적인 책이 아니라는 것을 알 수 있다.

2) 번역의 문제

앞에서 대두된 번역의 문제는 다음 몇 가지로 정리할 수 있다.

(1) 원문에서 가족 구성원을 나열한 것을 한국어 번역 성서에서 축약한 경우에 종종 여성 구성원이 잘 드러나지 않는다. 번역자들에게는 원문의 자구를 살려 모두 번역에 포함할 것인지 아니면 우리말로 뜻이 잘 통하면서도 간단한 형태의 우리말로 번역할 것인지가 항상 문제일 것이다. '아버지와 어머니'를 '부모'로, '아들들과 딸들'을 '자녀'로, '어머니의 태'를 '모태'로 줄이는 경우 한국어로는 부드럽고 시어로도 간결하다. 그러나 어머니나 딸의 개체성이 사라지고, 그러지 않아도 적게 등장하는 여성 이미지가 없어진다. 민감한 독자는 어머니, 딸, 여자와 같은 어휘를 번역에 살려 넣고 싶다. 그렇게 하면 시편을 구원할 수 있을까? 아무리 자구를 살려 넣어도 시편이 처음부터 여성 우호적이 아니기 때문에 별 도움이 되지 않는 것은 사실이다. 그러나 원문에 나오는 여자를 빼는 것은 아깝다.

(2) 사람을 가리키는 어떤 단어들은 현대 한국 사회에서 이미 고어가 되었다. 여전히 성경에서 사용되는 '총각', '처녀', '아가씨', '과부', '돌계집', '늙은이'와 같은 말은 잘 쓰지 않는 말이 되었다. 남자들은 '총각'이라는 말을 들으면 어떨지 모르지만 여자들은 여기 제시한 단어로 불리는 것을 싫어한다. 오죽하면 '아줌마'도 싫어서 여자들은 다 '언니'가 되어버렸다. 여성에 대한 호칭이 가장 민감한 시대가 되었고,

대안이 절실히 필요하다.

이런 맥락에서 시편에 등장하는 수많은 '~하는 자들'을 '~하는 사람들'로 바꾸면 좋겠다. '놈' 자(者) 때문이 아니라 하더라도 '~하는 자들'은 여성을 배제하는 표현으로 들린다.

(3) 원문에 없는 여성을 번역에 첨가하면서 비하적으로 묘사하는 경우가 있다. 시편 58편 3절에서 원문에 없는 '어머니'를 넣어 "거짓말을 하는 자는 제 어머니 뱃속에서부터 빗나갔구나"(새번역)라고 번역하여 '어머니'를 사용한 욕처럼 들리게 되었다. 또한 개역개정은 시편 73편 27절의 번역에서 '음녀'를 넣었다. "당신을 멀리하는 자는 망하리니 음녀(같이) 주를 떠난 자를 주께서 다 멸하셨나이다." 원문에는 '조나'(음녀)가 아니라 '조네'(다른 신을 따라 가다)로 나오는데 '음녀'라고 번역했다.[41] 원문에 없는 여자가 번역에서 들어갔고 게다가 '음녀'같은 부정적인 말이라서 폐해가 크다.

(4) 여성의 경험과 느낌을 배려하는 표현이 필요하다. 예를 들어 '젖을 빨다'와 같은 우리말 표현(시 22:9, 새번역)은 원문에 있지도 않았지만, 공중 예배용 성경치고는 적나라하다고 본다. 지금은 아무도 아기를 대중 교통수단 안에서 또는 공공장소에서 수유하지 않는다. 일반적으로 더 이상 문화가 뒷받침되지 않는 표현은 성경 번역에도 넣지 않는 것이 좋겠다.

시편에서 더 많은 보랏빛을 보고 싶은 번역자는 '원전'보다 낫게 번역해야 하는 것일까, 아니면 본문의 성차별을 드러내고 정죄한 후 다른 본문으로 이동해야 하는 것일까?[42] 번역이 여성 독자에게 우호적이기 위해 무엇을 고려해야 할까? 여성의 경험과 느낌을 고려해야 한다. 그래서 번역에 넣기 전에 식견 있는 여성 독자, 여러 계층의 여성, 다양한 경험을 가진 여성에게 고루 의견을 물어보아야 한다.

시편을 보랏빛 렌즈로 본 우리의 시도는 안타깝게도 시편이 여성 친화적이 아닐 뿐만 아니라 꽤 가부장적인 문헌이라는 것을 더욱 확신하게 해주었다. 어떤 독자는 시편이라는 책을 덮어놓고 여성의 경험과 감성이 충분히 반영된 새로운 시편, 협소하고 관용할 줄 모르고 생명과 자연, 타자에 대한 민감성이 부족한 시편을 보완하는 새로운 시편을 만들어 성서에 넣자고 주장할지도 모르겠다. 성서 번역에서 독자의 민감성을 살려 포괄적으로 번역하는 노력은 지금까지 꽤 진행되었다고 본다. 앞으로의 과제는 과감하게 수정하고 삭제하고 다시 쓰는 일이 진정한 번역이 되지 않을까 싶다.

1 이 글은 "시편을 보랏빛 렌즈로 읽기: 시편의 여성관련 용어의 쓰임과 번역에 관한 연구"라는 제목으로 「성경원문연구」 (2009): 30~52쪽에 실렸다.

2 대한성서공회에서 출간한 성경전서 개역개정판(1998)은 개역개정으로, 성경전서 새번역(2001)은 새번역으로, 공동번역성서 개정판(1999)은 공동개정으로 줄여 부르기로 한다. 개역개정이 작은 글씨로 표시한 부분은 여기서는 괄호에 넣는다. 장절은 우리말 성경을 따른다.

3 여기서 말놀이를 의도하지는 않았다.

4 김정우 교수는 개역과 개역개정의 문자적 번역이나 표준역의 긴 풀어쓰기는 더욱 '압축되고, 고양된 시어'를 사용한 '쉽고도 좋은 우리말' 번역을 요청한다고 지적한다. 여기에 히브리 시를 우리말로 '시답게' 번역하는 과제, 형식일치(formal correspondence) 번역보다 의미의 동등성(dynamic equivalence) 번역이 더 바람직하고, 한국의 정서에 가까운 시 번역이 필요하다고 본다. 김정우, "히브리 시를 어떻게 번역할 것인가? 그 이론과 실제-시편 49편을 중심으로," 「성경원문연구」 12 (2003): 7~40.

5 '바님'(아들들)이나 '아흐'(형제)가 문맥상 명백하게 모두 포함할 경우, '형제자매', '자녀', '아이들' 등으로 번역한 것은 새번역의 번역 원칙 중 하나였다(시 22:23; 73:17; 133:1 등). 개역개정이 도로 '아들들'과 '형제'로 후퇴한 것은 유감이다. 새번역의 번역 방향에 대해서는, 민영진, "우리말 성서 번역에 있어서 성차별 표현의 처리 성경전서 표준새번역을 중심으로", 「성경원문연구」 15 (2004): 281~329를 참조.

6 베벤 임카는 '어머니의 아들', 곧 단수라서 개역개정은 '어머니의 아들'이라고 번역했지만 문맥은 복수도 무방하다.

7 상반절의 '아흐'는 어머니의 자녀들/친자매형제와 대구가 되는 어휘이다. 그렇다면 새번역이 아흐를 '친척'이라고 번역한 것은 좀 멀어 보인다.

8 세 번역은 내용이 상이하다. 새번역은 "어머니 뱃속에서 나올 때에 나를 받아주신 분도 바로 주님이셨기에"라고 하나님이 산파의 역할까지 하시는 것처럼 풀었다.

9 영어 성경도 상이하다. NRSV: "From the womb of the morning, like dew, your youth will come to you." (아침의 자궁으로부터 이슬처럼 당신의 젊음이 당신에게로 옵니다.) NKJV: "In the beauties of holiness, from the womb of the morning, You have the dew of Your youth." (거룩함으로 아름다움 속에서, 아침의 자궁으로부터 당신은 젊음의 이슬을 갖고 있습니다.)

10 알리스 L. 라페이, 『여성신학을 위한 구약개론』, 장춘식 옮김 (서울: 대한기독교서회, 1998), 296.

11 이영미 교수 또한 이 점을 지적했다. "한글 성서 번역의 양성평등적 언어 활용에 관

한 연구”, 「성경원문연구」 16 (2005): 47~68. 새번역이나 개역개정은 더 이상 ‘돌계집’을 쓰지 않는다. 우리말의 ‘불임’은 ‘가임’의 상대어로서 임신을 할 수 있으냐, 없느냐만을 다룬다. 임신을 ‘선택’하는 차원의 어휘가 우리말에 없다는 게 새삼 느껴진다.

12 http://krdic.daum.net/dickr/contents.do?offset=A010363200&query1=A010363200#A010363200

13 C. J. Labuschagne는 ‘등에 업힌’ 아이라고 주장한다. “The Metaphor of the So~Called ‘Weaned Child’ in Psalm 131”, *Vetus Testamentum* 57 (2007): 114~123.

14 *NRSV, Tanak/JPS Hebrew~English TANAK* (Philadelphia: Jewish Publication Society, 1999).

15 Francis Brown, S. R. Driver, and Charles A. Briggs, *A Hebrew and English Lexicon of the Old Testament* (BDB, Oxford: Clarendon Press, 1952), 168.

16 William L. Holladay, *A Concise Hebrew and Aramaic Lexicon of the Old Testament* (Leiden: E. J. Brill, 1971), 19쪽; BDB, 51.

17 집회서(9:5)에도 “나는 당신의 종이며 당신 여종의 자식입니다”가 나온다.

18 과부는 젊거나 지참금이 많으면 재혼할 수 있었고, 친정으로 돌아갈 수 있었다. 아이가 없을 경우 시형제결혼을 할 수 있었다. 재혼하지 않고 일하며 살기도 했다. 장성한 아들이 없을 경우 남편의 재산을 받을 수 있었다. 약자보호법이 이들을 보호할 것을 규정하고 있고(신 16:11~14; 24:17, 19~21; 27:19), 특히 레위인과 더불어 삼년마다 십일조를 받을 것을 규정한다(14:29; 26:12). Harry A. Hoffner, “אלמנה, ’almanah”, *Theological Dictionary of the Old Testament*, Vol. 1, ed. G. Johannes Botterweck and Helmer Ringren (Grand Rapids: William B. Eerdmans, 1974): 291 참조.

19 욥기에서 과부와 고아를 억압하는 것은 악인의 특성으로 나온다. 악인은 과부를 빈손으로 보내고 고아를 짓밟으며(22:9), 고아의 나귀와 과부의 소를 빼앗고(24:3), 아이를 과부 어머니에게서 빼앗기기도 한다(24:9).

20 ‘과부’는 약탈한 적의 땅을 상징하기도 했다. 하나님이 이스라엘 백성과 땅을 버리셨을 때 이스라엘은 ‘과부’(사 47:8)라고 불리웠고, 그것은 ‘과부됨’(알마누트)의 상황이었다(사 54:4).

21 ‘비혼 여성’이라는 말이 있지만 결혼을 중심에 두는 표현이라서 한계가 있다고 본다. 비정부단체, 비영리단체와 같은 말이 각각 정부, 기업을 중심에 두는 표현이므로 한계가 있다고 지적하듯이 말이다.

22 새번역과 공동개정은 “그 자식들은 아버지 없는 자식이 되게 하고”라고 번역했는데,

'고아' 대신 '아버지 없는 자식'이라는 표현은 한국어 독자에게 부정적인 어감을 준다고 본다. 그냥 '고아'가 나을 것이다.

23 에스더 푹스(Esther Fuchs)는 성서에 등장하는 여성의 여러 역할(어머니, 딸, 누이, 아내 등) 중에서 아내의 위상이 가장 낮게 묘사되었다고 관찰한 바 있다. Esther Fuchs, *Sexual Politics in the Biblical Narrative: Reading the Hebrew Bible as a Woman* (Sheffield, Eng.: Sheffield Academic Press, 2000). 시편에서 아내가 한 번만 등장하는 것은 시편의 강한 가부장제적 문화와 일맥상통하는지도 모른다.

24 Claudia Bergmann, "We Have Seen the Enemy, and He Is Only a 'She': The Portrayal of Warriors as Women" *Catholic Biblical Quarterly* 69.4 (2007): 651~72. 베르그만은 남자 군사들을 '해산하는 자와 같다'고 하는 것은 여성화하는 표현이 아니라 단순히 극도의 위기와 공포를 나타낸다고 주장한다.

25 시 45편은 뒤에서 별도로 다룬다.

26 바트는 누군가의 딸, 손녀(왕하 8:26), 부족 일원(tribal brothers)의 딸(삿 14:3), 젊은 여성, 도시나 부족의 여성 일원(창 27:46) 등을 가리키고, 또한 도시나 나라를 의인화할 때, 도덕적, 신체적 특징을 나타낼 때(삼상 1:16, 벨리알의 딸), 나이를 나타낼 때(창 17:17, '90년의 딸', 곧 90세의 사라)에도 쓰인다. H. Haag, "בַּת bath," *Theological Dictionary of the Old Testament*, vol. 2, ed. G. Johannes Botterweck and Helmer Ringren (Grand Rapids: William B. Eerdmans, 1975): 334~5.

27 주요 도시의 성벽 외부에 있으면서 성의 보호 반경 안에 있는 주변마을들을 가리킨다. 알리스 라페이, 『여성신학을 위한 구약개론』, 301.

28 한 여성 교인이 말했다. 설교시간에 목사님이 예화를 통해 한 여성을 비난하셨는데, 본인은 그런 사례와 무관했지만 여성으로서 동일시되었고 자신에게 말하는 것 같아 듣기 거북했다고 한다. 이와 관련하여 137:9에서 시인이 "네 어린 것들을 바위에 메어치는 자는 복이 있다"와 같은 표현 또한 위 시 58:8처럼 민감한 독자의 평화를 깬다.

29 일찍이 스타인스프링은 '바트 찌온'을 문법적 동격으로 보고 "시온의 딸"이 아니라 "딸 시온"으로 번역해야 한다고 주장한 바 있다. W. F. Stinespring, "No Daughter of Zion: A Study of the Appositional Genitive in Hebrew Grammar", *Encounter* 26 (1965): 133~41. 그 후 "딸 시온"이라는 이해가 널리 받아들여졌고, 최근 한글 성경 번역본들도 이를 반영한다. 그런데 마이클 플로이드(Michael H. Floyd)는 최근의 글에서 '바트 찌온'이 문법적으로 동격이 될 수 없고, 여성들이 집합적으로 기쁨과 슬픔을 표현한 관습에서 볼 때 "시온의 딸"의 역할을 여성 거주민을 의인화한 것으로 볼 수 있고, 예루살렘이 어머니이고 거민이 딸이라면 이 도시의 회복은 딸의 세대에서 일어난다는 은유로 보아(습 3:14~15, 20) 다시 "시온의 딸"로 번역해야 한다

고 주장한다. "Welcome Back, Daughter of Zion", *Catholic Biblical Quarterly* 70.3 (2008): 484~504.

30 NRSV는 "great is the company of those who bore the tidings"(소식을 전하는 무리가 위대하다)라고 했고, NKJV 또한 비슷하다. NRSV는 각주에 "Or company of the women"(또는 여성의 무리)이라고 밝혔다.

31 마빈 E. 테이트, 『시편 51~100』, Word Biblical Commentary 20, 손석태 옮김 (서울: 솔로몬, 2002), 312.

32 아래 45편을 다룰 때 포함할 것이다.

33 RSV와 NRSV는 번역하지 않은 채 "According to Alamoth"(알라모트에 따라서)라고 두었다.

34 미리암, 드보라, 유딧, 한나, 마리아는 삶의 개인과 국가의 인생역전(reversal)을 시에 담아 노래하고 하나님께 감사드렸다. Kathleen A. Farmer, "Psalms", in *Women's Bible Commentary* ed. Carol A. Newsom and Sharon H. Ringe (Louisville, KY: Westminster John Knox Press, 1992). 138~9.

35 공동개정은 '노인'을 '늙은이'라고 했는데 새번역과 개역개정은 이 낮추는 표현을 쓰지 않고 '노인'으로 바꾸었다. 이 구절의 '처녀'나 '총각'은 위 시 시편 78편 63절처럼 고대적인 표현이므로 새 단어로 대체될 필요가 있다.

36 알리스 라페이, 『여성신학을 위한 구약개론』, 289,

37 제임스 메이스, 『시편』, Interpretation (한국장로교출판사, 2002), 54~55.

38 라페이, 『여성신학을 위한 구약개론』, 290.

39 라페이가 일일이 열거하였다. 『여성신학을 위한 구약개론』, 290~91.

40 빈도수에 관해서는 Solomon Mandelkern, *Veteris Testamenti Concordantiae Hebraicae Atque Chaldaicae* (Tel Aviv, Israel: Schocken Publishing House, 1986)을 참조했다.

41 새번역("주님을 멀리하는 사람은 망할 것입니다. 주님 앞에서 정절을 버리는 사람은, 주님께서 멸하실 것입니다.")과 공동개정("당신을 떠난 자 망하리니, 당신을 버리고 다른 신을 섬기는 자, 멸하시리이다.")에는 '음녀'가 없다.

42 티나 피핀(Tina Pippin)이 제기한 질문이다, "Translation Happens: A Feminist Perspective on Translation Theories", in *Escaping Eden: New Feminist Perspectives on the Bible*, edited by H. C. Washington, Susan L. Graham, Pamela Thimmes, and Pamela Lee (New York: New York University Press, 1998), 171.

제 9 장

와스디, 에스더, 세레스

: 에스더서의 여성 리더십과 복잡한 유산

옛날 옛적에 어떤 왕이 세자비 후보를 찾았다. 관례에 따르자면 고관대작의 딸 중에서 세자비 후보들을 찾아야 했다. 그러나 이번에는 가문 배경을 따지지 않고 모든 백성에게 기회를 열어주었다. 수많은 소녀들이 지원을 했다. 예선과 준결승을 거쳐 수십 명이 최종 결선에 올라왔다. 최종 결선에서는 왕이 직접 문제를 냈다. 궁궐의 넓은 마당에서 결선이 벌어졌다.

왕은 바로 옆에 있던 건물을 가리키며 기와지붕 위의 골이 몇 개나 되느냐고 물었다. 후보자들은 지붕 끝을 향해 고개를 들고 올려보며 걸으면서 기와 골이 몇 개나 되는지 세기에 바빴다. 그때 후보 중 한 사람은 다른 사람들의 뒤를 따르며 고개를 들고 위를 쳐다보지 않고 아래를 보고 걸었다. 기와 골 아래로 빗물이 땅에 떨어져 선명하게 파인 작은 구멍들을 걸으면서 세고 있었던 것이다. 평범한 가문 출신인 이 소녀가 왕세자비로 간택이 되었다.

들어가는 말

앞서 인용한 이야기는 내가 어렸을 때 들은 우리 옛날이야기이다. 후보자들이 지붕의 기와 골을 세려고 올려다볼 때는 밝은 하늘을 배경으로 정확하게 세는 것이 어려웠을 뿐만 아니라 우아한 자세를 유지하기도 어려웠을 것이다. 이 간택은 미인대회라기보다는 지혜대회에 가깝다. 이 이야기는 평범한 소녀들에게 희망을 준다. 평민에게 기회를 주는 왕이 등장하고, 아버지의 명을 존중하는 세자를 전제로 한다. 평민 소녀들은 서로 자신의 딸을 세자비로 세우려는 중신들의 정치 음모에 휘말리거나 하지 않는다. 또한 이 이야기 속에는 에스더서에서 와스디가 겪었던 것처럼 자격 시비로 폐위되어야 하는 이전 세자비 따위는 없다. 그러나 세자비 후보는 출신 가문과 상관없이 개인의 능력, 곧 지혜와 기품은 갖추어야 한다. 이러한 개인의 역량은 에스더서의 등장인물 묘사에서도 두드러지는 부분이다.

이 글은 에스더서에서 화자가 제시하는 여성의 리더십에 대해 평가하려는 시도이다. 우리는 화자가 여성 등장인물인 와스디와 에스더와 세레스를 통해 여성의 리더십을 다룬 방식을 분석하고자 한다. 평범한 독자가 에스더서를 읽을 때 이 책은 에스더라는 여자를 통해 여성의 리더십을 멋있게 그리고 있다고 생각할지도 모른다. 그러나 에스더서는 우리에게 여성 리더십에 대해 복잡한 유산을 남겨준다.

이 글은 그 복잡한 유산이 무엇인지 한국 교회 여성의 리더십과 연관해서 보여주려고 한다. 우리는 에스더서의 화자가 제한되고 왜곡된 여성의 리더십을 제시하고 독자를 호도한다고 주장할 것이다. 우리는 학자들이 이 주제에 대해 다룬 것을 소개하면서 독자가 에스더서 속의 여성 등장인물을 비교하고 대조하는 것이나 한 명의 인물에 집중하여 칭송하는 것이나 탓하는 것은 부지불식간에 여성의 리더십에 관한 화자의 관점을 지지할 수도 있다는 점을 지적하고자 한다. 더불어 살펴볼 것은 한국의 많은 설교자들이 화자의 관점을 그대로 설교한다는 것이다.

여성의 리더십에 관한 화자의 관점과 한국의 주석과 설교들을 비평적으로 평가하는 것은 여성의 리더십에 관한 한국 설교자들의 이해와 교회 여성의 실제 지위와 밀접한 관계가 있다는 점을 드러낸다. 민감한 독자들은 에스더서의 여성 등장인물들이나 한국 교회의 에스더 같은 여성들과 와스디 같은 여성들이 둘로 나눠지 않고 하나로 통합될 필요가 있다는 것을 보게 될 것이다. 또한 세레스 같은 교회 여성이 자신의 이익에 반하여 말하는 것을 극복하고 온전한 자기표현을 꿈꾸기를 바랄 것이다.

1. 에스더서의 여성 리더십

에스더서에는 세 명의 주요 여성 인물이 등장한다. 와스디와 에스더와 세레스이다. 와스디는 페르시아의 왕비이고, 잔치에서 아하수에로 왕과 신하들 앞에 나와 미모를 보여주라는 요청을 받는다. 와스디는 왕명을 어기고 잔치에 나오지 않는다. 그 결과 폐위를 겪는다. 유대인인 에스더는 삼촌 모르드개의 계획에 따라 간택과 미용 과정을 거쳐서 새 왕비가 된다. 에스더는 모르드개를 비롯한 동족 유대인이 위험에 빠지자 용기와 지혜로 그들을 구한다. 세레스는 궁정의 고위 관리인 하만의 아내이다. 하만은 모르드개와 유대인을 말살시키려는 음모를 꾸민 당사자이다. 세레스는 남편에게 조언하는 역할을 한다. 학자들은 이 세 여성 중에서 에스더와 와스디를 가장 많이 연구했고 세레스에게는 별로 관심을 기울이지 않았다. 학자들은 이들 인물의 리더십에 대해 서로 다른 평가를 내린다. 특히 와스디와 에스더가 훌륭한 리더십을 가졌다고 긍정적으로 평가하는가 하면 그렇지 않다고 냉소적으로 평가하기도 한다. 다음은 다양한 평가를 요약한 것이다.

1) 와스디의 리더십

일찍부터 여성 독자들은 와스디가 인상적인 리더십을 발휘한다고 주목하였다. 1800년대 말의 *The Woman's Bible*(여성의 성서)은 와스디가 두드러진 여성 인물이고 자존감과 용기로 남편의 의지와 반대로 행동할 수 있었다고 쓴다.[2] 그래서 와스디는 '자기중심적인 여성성을 가장 잘 대표하는' 최초의 여성이다.[3] 이 책의 저자가 '리더십'이라는 용어를 사용하지는 않았지만 위와 같은 묘사는 리더십과 연관이 있다.

와스디는 왜 왕명을 거부했는지 이유를 말하거나 자신의 행동을 옹호할 만한 대사가 있을 법도 한데 한 번도 말할 기회가 주어지지 않는다. 대신 와스디는 행동으로 크게 말한다. 와스디가 왕명을 거부한 이유에 대해 화자가 침묵시킨 것은 독자로 하여금 거칠게 상상하게 만들었다. 특히 와스디가 아름다워서 너무 교만했다는 상상이 많다.[4] 와스디가 왕명에 거부한 이유는 와스디의 리더십 때문일 수 있다. 와스디는 여자들과 따로 자신의 잔치를 벌이고 있다. 와스디는 자신이 대표해야 할 대상이 있는 국가 지도자라는 자의식을 갖고 있었을 수도 있다. 와스디는 자신을 지도자로 바라보는 여성들에게 나쁜 예가 되고 싶지 않아서 왕명을 거절했을지도 모른다.

남성 관리들은 이 사실을 알고 있고 그래서 '모든 여자들'(1:17)과 '모든 귀부인들'(1:18)이 와스디의 선례를 따라서 남편을 업신여길까봐 전전긍긍한다. 이 말을 거꾸로 유추해보면 왕비인 와스디가 왕국의 여자들에게 영향력 있는 리더였을 것이라고 생각하게 된다. 그렇다면 와스디가 왕명을 거절한 것은 남편의 자랑거리나 술에 취한 남자들의 눈요깃거리가 되고 싶지 않은 개인의 바람 이상일 수 있다.

현대의 많은 페미니스트 독자들은 에스더보다 와스디에게 더 점수를 준다. 이경숙 교수는 "와스디와 에스델 사이에서 고민하는 여성신학"이라는 글을 통해 페미니스트 독자들의 딜레마를 잘 표현하였는데, 이 독자들은 와스디가 더 모범적으로 행동한다고 본다.[5] 자신의 일을 스스로 알고 결정하고 성숙하고 당당한 여성의 모범을 보여주기 때문이다. 페미니스트 독자들의 눈에 에스더는 가부장제 안에서 전형적으로 행동한 여성으로 나온다. 이와는 대조적으로 와스디는 왕명에 거역하면 어떤 결과가 올 것인지 알고 있었다. 그럼에도 불구하고 와스디는 단호한 선택을 하고 왕명에 거부했고 이는 에스더보다 더 큰 용기를 드러냈다는 것이다.

그렇다면 화자는 와스디의 경우를 통해 여성 리더십에 대해 무슨 말을 하려는 것일까? 메리 젠들러(Mary Gendler)는 전체 에스더서의 메시지가 에스더의 경우보다 와스디의 경우에서 더 잘 드러난다고 본다. 그 메시지란 "대담하고 직선적이고 공격적이고 순종하지 않는 여자들은 용납되지 않는다"라는 것이다.[6] 젠들러는 에스더서가 여자들은 권력, 야망, 미움, 독립, 직면(confrontation), 거절, 공격성 등을 추구해서는 안 된다고 가르친다고 덧붙인다. 여자들이 권세 있는 사람들의 견해와는 다른 견해를 공공연히 표현하면 그에 대해 큰 대가를 치르고 고통을 겪어야 할 것이라는 말이다.

와스디의 리더십을 긍정적으로 조명하는 일은 마땅한 일이다. 그러나 와스디의 리더십에 주목하는 것은 와스디와 에스더를 더욱 대립시킬 위험이 있다. 성서 화자는 이 두 여자를 서로 대립시키고 독자가 둘 중 한 편을 들게 만든다. 이럴 경우 여성 독자들조차 서로 분리되기 십상이다. 와스디를 에스더보다 더 나은 리더라고 보는 것 또한 같은 위험을 떠안는다.

2) 에스더의 리더십

성서 해석의 역사를 돌아보면 에스더만큼 칭송을 많이 받은 성서 여성도 드물 것이다. 에스더에게 붙는 일반적인 형용사는 '순종적인,' '안팎으로 아름다운', '애국적인', '신실한', '용기 있는' 등이다. 에스더는 의심할 여지없이 파워풀한 리더라고 오랫동안 간주되어왔다. 그러나 현대에 접어들면서 에스더는 여전히 팬도 있지만 안티들도 생겼다. 먼저 에스더를 비판하는 목소리는 이러하다. 에스더는 그다지 지성적이지 않은 미인이고 두뇌는 모르드개가 공급해준다.[7] 에스더는 수동적으로 복종하고 다른 사람들이 자신의 인생을 결정하게 한다. 에스더는 덕이 부족하거나 비도덕적이고 신실하지 않다. 에스더는 또한 '기술이나 인품으로 승리를 얻는 것이 아니라 아름다움으로' 얻고, '여성적인 매력을 써서' 승리한다.[8] 에스더는 남자들을 통해서 권력에 이르고 와스디가 왕명을 거부한 것을 자신의 이익을 위해 사용하기 때문에 에스더는 닮아서는 안 되는 인물이다.[9] 이런 관점에 의하면 에스더는 전혀 리더가 아니며, 기껏해야 불의한 수단을 사용하는 욕심쟁이일 뿐이다.

둘째 그룹의 학자들은 에스더가 처음에는 리더십이 별로 없고 수동적이었는데 나중에 위기에 직면하자 성숙하게 되었다고 관찰한다.[10] 하만이 유대인을 전멸하려고 음모를 꾸미자 에스더는 처음에는 나서서 도우려고 하지 않았다. 모르드개가 위협하고 강요하다시피 설득해야 했다. 그러나 에스더는 일단 선택하고 나서는 왕궁 내에서 자신의 위치를 최대한 활용해서 계획과 전략을 짠다. 이 견해에 의하면 에스더가 성을 사용했다는 것은 문제가 있지만 가부장제 하에서 그리고 어려운 포로의 삶 속에서 여성이 쓸 수 있는 유일한 수단이기 때문에 이해할 만하다고 한다. 심지어 에스더를 '이상적인 유대 여자'가 취할 행동의 범례를 보여준다고 본다.[11] 그러나 이 생각은 문제가 있다. 여성의 현실이 어렵기 때문에 성공하기 위해서는 여성적인 매력을 사용할 수 있다든가 무대 뒤에서 정치 공작을 펴는 것이 좋다는 비도덕적인 방식을 진작시킬 수가 있기 때문이다.

어쨌든 이 관점에 의하면 에스더는 많은 긍정적인 리더십 자질을 보인다. 에스더서에는 잔치라는 말이 전체 구약성서 중 가장 많이 등장한다(총 24번 중 20번). 이런 책에서 에스더의 금식은 명백하게 신앙과 책임의식을 보여주는 행동이다. 또한 와스디가 겪은 일을 알고 있을 에스더가 왕이 부르지 않았는데도 왕 앞에 나타난 것은 결코 작은 일이 아니다. 그 어느 좋은 리더도 희생, 용기, 지혜라는 덕목을 가져야 한다.[12] 에스더에게 승리를 가져다 준 것은 음식이나 성찬이 아니라 왕에 대해 지적이고 정치적으로 정확히 평가한 것이었다.[13]

세 번째 그룹의 학자들은 에스더의 리더십 속에서 긍정적인 특성과 한계를 동시에 본다. 왕이 에스더에게 '하만의 재산'(8:1)을 상으로 주자 에스더는 곧바로 그것을 아무 설명이나 망설임 없이 모르드개에게 준다. 모르드개는 페르시아 정부에서 가장 높은 자리에 오를 뿐만 아니라 왕의 좋은 옷을 입고서 수사성을 돌며 행차한다(6:11; 8:15). 이와는 대조적으로 에스더는 그러한 대접을 받지 못한다. 에스더는 책의 맨 뒤에서 부림절을 제정하는 맥락에서만 잠깐 언급될 뿐 목소리도 없고 다시 등장하지도 않는다. 에스더서는 모르드개를 칭찬하는 것으로 마친다. 버를 러너(Berel Dov Lerner)가 풍자적으로 한탄하듯이 에스더에게는 해피엔딩이 아니다. "모르드개는 정치적인 성공이라는 영광을 입는다. 에스더는 백성의 위험스런 생존을 위해 강간을 당해야 했던 희생자이다."[14]

결국 페미니스트 독자들은 에스더가 성공한 방식을 마뜩찮게 생각한다. 에스더는 재주가 있는 지도자이지만 그 재주가 남자들에게 이용되었고 남성 권력 투쟁의 한가운데에 갇혔다는 것이다. 에스더는 남자들의 변덕과 욕망에 협조했다. 에스더는 원하는 것을 얻기 위해 남성의 규칙에 따라 게임을 했다. 여성이 진정 힘을 사용하는 것은 여성의 규칙에 따라서 남성을 움직이게 해야 하지 않느냐는 것이다.[15] 그래서 페미니스트 독자들에게는 와스디의 행동양식이 더 매력적이다. 에스더의 결정과 행동을 오늘날의 시각에서 판단하기보다는 성평등한 환경이 아니었던 페르시아 사회를 고려해서 판단해야 한다고 지적하기도 한다.[16] 에스더는 실용적이고 현명한 선택을 했고, 제도를 바꾸기보다는 제도 안에서 자신이 원하는 바를 얻었다.

에스더의 리더십을 긍정적으로 평가하든지 부정적으로 평가하든지 에스더에게 너무 집중하는 것은 와스디와 세레스가 덜 중요하다고 말하는 방식이 될 수 있다. 그리고 와스디와 에스더를 따로 다루고 둘을 비교하고 대조하는 것은 화자가 여성 리더십을 다룬 방식을 그저 반복하고 강화하는 것이 될 수 있다.

3) 세레스의 리더십

세레스는 에스더서에 등장하는 여성 중 이름이 주어진 마지막 인물이다. 주요 남성 등장인물이 아하수에로 왕, 모르드개, 하만이라면, 주요 여성등장인물은 와스디, 에스더, 세레스이다. 학자들은 지금까지 세레스를 별로 조명하지 않았다. 대체로 학자들은 악역을 맡은 하만의 시각에서 에스더서를 연구하지 않았고, 하만의 아내인 세레스의 시각에서는 더욱이 연구하지 않았다.

하만과 세레스의 부부 관계는 다정한 듯하다. 왕과 와스디 부부는 기싸움으로 갈라섰고, 왕과 에스더 부부는 겉으로는 다정한 듯하나 에스더가 잔치를 기획하고 조심스레 왕을 만나는 모습에서 두려움이 깔려 있다. 세레스는 불과 두 번에 걸쳐 짧게 등장하지만(5:14; 6:13) 인상적인 모습으로 묘사된다. 세레스는 매번 남편 하만에게 조언을 주고, 하만은 따른다. 세레스는 하만이 정치와 인간관계 때문에 심란할 때 상의하는 대상이요, 하만의 정치적인 두뇌이다. 와스디는 대사가 한마디도 주어지지 않았고, 에스더는 모르드개의 강압을 받고부터 행동하기 시작했다. 또 왕은 한 번도 이들 여성에게 먼저 말을 걸거나 조언을 구하지 않았다. 이와는 달리 세레스는 매번 하만이 지혜를 구하는 대상이다. 하만은 밖의 정치판에서 행동하지만 세레스가 하만을 집에서 가르쳐 내보낸다.

세레스는 하만에게 다른 사람들과 더불어 집단적인 조언을 준다. 첫 번째는 하만이 에스더의 잔치에 초대를 받고 기분이 좋아 돌아오던 날이었다. 그런데 하만은 대궐 문에서 만난 모르드개 때문에 기분이 나빠진다. 모르드개가 저번처럼(3:2) 또 제대로 인사를 하지 않아 심기를 건드린 것이다. 하만은 상급자로서 하급자인 모르드개에게 그 자리에서 야단치거나 벌을 주지 못하는 자신감 없는 리더의 모습을 보인다. 게다가 자신의 행동에 대해 아내와 벗들의 지혜를 구한다. 세레스와 '친구들'은 이 문제에 대해 "높이가 오십 규빗 되는 나무를 세우고 내일 왕에게 모르드개를 그 나무에 매달기를 구하고 왕과 함께 즐거이 잔치에 가소서"(5:14)라고 조언한다.[17] 하만은 이 조언이 마음에 들어 당장 나무를 준비해둔다.

세레스가 두 번째로 하만에게 조언을 줄 때는 '현자들'과 함께 목소리를 낸다(6:13). 하만은 '자신이 겪은 모든 일을 그의 아내 세레스와 모든 친구들에게' 말하지만, 친구들 중 '현자들'과 세레스만이 함께 말을 해준다. 세레스와 현자들은 하만의 불운을 예고하고 같은 생각을 세 번이나 반복한다. "당신이 유다 사람 모르드개 앞에서 무릎을 꿇었어요. 이제 그에게 맞설 수 없어요. 당신은 틀림없이 망할 것입니다." 이 말은 객관적으로 상황을 판단하고 이미 대세가 기울었다고 말하는 듯하다.

이와 같이 화자가 세레스를 묘사할 때 현자인양 묘사하고 자신의 견해를 확실히 표현하는 여성 리더십을 제시하는 것처럼 보인다. 그리고 세레스는 이름이 밝혀져 있고 친구들이나 현자들은 익명이므로 세레스가 더 두드러지고 독자들은 마치 세레스가 혼잣말을 하는 듯한 인상을 받을 수 있다. 그럼에도 불구하고 세레스의 리더십은 조각나 있다. 화자는 세레스의 입에 자신의 의도를 표현하는 말을 담아두었을 뿐이다.

첫 번째로 세레스가 남편을 지지하여 조언한 것은 아이러니하게도 남편과 자신의 몰락을 준비한 것이다. 준비한 장대에는 모르드개가 아닌 하만이 달리게 되었을 뿐만 아니라 열 아들도 나무에 달렸기 때문이다(9:13, 14, 25). 세레스의 두뇌는 이 문학적 아이러니에 가장 잔인한 방식으로 화자에 의해 이용되었다. 세레스는 하만의 패배를 예고하며 히브리어 동사 나팔(넘어지다, 떨어지다, 몰락하다)을 세 번이나 반복하여 철저한 몰락을 묘사했다. 문자적인 번역은, "당신의 몰락이 시작되었으므로 당신은 몰락할 것이요. 당신은 실로 몰락할 것이요" (6:13)이다. 이 말을 객관적인 상황 묘사로 보기에는 5장 14절에 나온 세레스와 일관성이 없다. 그 세레스라면 주어진 상황에서 대처할 복안을 내놓았을 법하다. 남편의 몰락을 예고하는 세레스는 적인 유대인의 편을 지나치게 들며 불운을 예언하는 재수 없는 마누라에, 자조적인 독백을 하는 것 같다. 실제로 하만은 대꾸할 틈도 없이 '말이 끝나기도 전에' 왕의 내시들이 데리러 와서 자신의 몰락이 준비된 잔치로 가야 했다(6:14). 또한 세레스는 남편이 조언을 구할 때만 말을 하니까 수동적으로 묘사된다.

간단히 말해서 화자는 세레스의 리더십을 자신의 목적에 이용하느라 세레스에게 부당한 역할을 맡게 한다. 곧 세레스 부부는 사이가 좋은데 아내는 남편과 자신의 유익에 반하는 말을 해야 한다. 그런 면에서 세레스에 대한 인물묘사는 가장 일관성 없고, 세레스는 남편을 지지하면서 동시에 배신하는 분열증을 보인다. 그런데 세레스는 에스더처럼 남성의 이익을 위해 봉사한다는 공통점을 갖는다. 그래서 세레스는 에스더의 또 다른 얼굴이다. 그러나 세레스는 이야기 전개에 있어서는 에스더를 위해 제거되고 이용되어야 하는 여자이다. 아니, 유대인의 승리를 위해서는 에스더의 여성 리더십이나 다른 여성들의 리더십도 일관성이 없고 조각나도 되는 것이다.

2. 한국 설교자들과 에스더서의 여성 리더십

20세기 초에 한국의 초기 교회에서 여러 여성 리더들은 크리스천 이름으로 지을 때 '에스더'라는 이름을 택했다. 이것은 한국의 기독교인이 독립운동과 에스더가 자신의 민족인 유대인을 구하려고 한 일을 연관을 시켰기 때문일 것이다.[18] 오늘날까지도 보수적인 기독 여성들의 기도 모임이나 부흥회에는 에스더라는 이름이 들어가 있다. 이 모두는 민족주의와 관련이 있다. 에스더는 룻과 더불어 유일하게 여성으로서 성서의 책 제목에 들어갔다. 성서의 많은 두드러진 여성 인물 중에 에스더는 흠이 없고 이상적인 여성 지도자로 여겨진다. 그래서 에스더라는 이름이 한국 기독교에서 잘 받아들여진다. 그래서 한국 기독교인(특히 목회자)이 에스더에 대해 갖는 이해와 한국 교회에서의 여성 리더십과 밀접한 관계가 있다고 말하는 것은 지나치지 않을 것이다. 개체교회, 특히 전형적이고 전통적인 해석을 대표하는 대형교회의 목사들이 에스더서의 여성 리더십에 대해 어떻게 설교하는지를 비판적으로 살펴볼 필요가 있다. 현재 교회 여성의 리더십과 지위에 영향을 미치기 때문이다.

1) 악녀 와스디

대형교회의 목회자, 전국 교회연합회 회장, 설교자를 위한 주석서의 저자들이 와스디를 보는 견해를 몇 가지 싣자면 다음과 같다.[19] 일반적으로 이들은 와스디에게 가차 없는 평가를 내린다. 와스디는 남자들에게 도움이 되지 않고, 남자들의 성공을 막는 악녀의 구현이다.

대구동부교회의 김서택 목사는 저서 『민족을 구한 여성 에스더』에서 와스디를 교만하다고 평가한다.[20] 와스디는 왕의 명령을 무시했고 그를 사람들 눈에 우습게 만들었다. "그녀의 교만 때문에 왕의 모든 수고가 헛되게 되었다. 여기서의 교훈은 교만한 사람은 하나님의 연극에 조연밖에 안 된다는 것이다." 여기서 와스디가 왕을 '사람들 눈에 우습게 만들었다'는 말은 아래에서 인용하는 다른 설교자들도 종종 쓰는 말이다.

한국기독교총연합회의 회장을 역임한 박종순 목사는 욥기 42장 10~17절을 본문으로 "회복된 사람들"이라는 제목의 설교에서 와스디를 욥의 아내와 다윗의 아내 미갈과 다음과 같이 비교한다.[21] 욥의 아내는 "함께 있는 타인이었습니다. 그날 이후 욥이 고통으로 밤을 지샐 때도, 재를 무릅쓰고 옷을 찢을 때도, 친구들로부터 무차별 공격을 받을 때도 그의 아내는 곁에 없었습니다. 그의 아내는 곁에 있는 먼 당신이었던 것입니다." 이 설교는 흥미롭게도 욥의 아내가 남편이 어려울 때 함께 있지 않았고 도움이 되지 않았다고 지적하는데 성서 본문은 이 점을 명시하지 않았다. 그리고 미갈은 남편 다윗을 무시하고 비웃었기 때문에 저주를 받았고, 와스디도 자신의 미모를 믿고 교만하여서 버림을 받았다고 한다. 이 설교는 미갈도 남편에게 도움이 되지 않은 죄, 곧 남편을 '무시'한 죄를 씌운다. 와스디는 미갈과 욥의 아내와 나란히 대표 악녀로 등극한다.

어떤 주석가들은 왕이 이기적으로 권위를 부리고 술 취하고 분노를 통제하지 못한 것을 비난하기도 한다.[22] 또 이런 식으로 해설하기도 한다. "아내가 남편에게 순종할 때 가정의 평화와 신앙을 보존할 수 있다. 아내가 남편에게 불순종하고 자녀가 부모에게 불순종할 때 가정이 파괴된다. ……와스디의 가정은 왕이 이기적인 권위를 부렸기 때문에 파괴되었다."[23] 이 주석은 와스디를 탓하지 않고 대신에 왕의 부족한 면을 지적하기 때문에 언뜻 중립적인 것처럼 보인다. 그러나 '돕는 자'라는 제목의 설교 예문은 역시 여성을 남편에게 도움을 주어야 하는 사람으로 제시한다. 설교 안에 이런 예화가 나온다.

> "어느 유명한 첼리스트의 아내는 남편의 연주가 있을 때마다 함께 동행하였다. 그녀는 남편의 연주에서 피아노를 반주하였던 것이다. 연주가 있던 어느 날, 그녀는 연주가 시작하기 전에 분주히 준비하다가 그만 계단에서 넘어져 팔을 삐게 되었다. 그러나 예정대로 연주회가 시작되었다. 삔 팔의 통증이 고통스러웠지만 그녀는 남편의 연주가 계속되도록 아픔을 참고 반주하였다. 연주는 성공적으로 끝났다. 관중의 환호 속에 무대 위로 오자마자 그녀는 통증으로 졸도하였다. 깨어난 아내는 왜 미리 말하지 않았느냐는 남편의 걱정 섞인 질문에 이렇게 대답했다. '당신이 연주를 무사히 마치도록 하려고 말하지 않았어요.'
>
> 남편은 자신의 연주를 훌륭히 끝낼 수 있었던 것이 모두 아내의 도움이었음을 깨닫고 새롭게 감격하였다. 남편을 돕기 위해 헌신적으로 자신의 고통을 참아낸 아내가 있는 반면에, 왕후 와스디는 규례

에 어긋났다 하여 남편의 명을 거역하므로 왕을 무시하였을 뿐 아니라, 공개석상에서 남편 아하수에로 왕을 곤경에 빠뜨렸다. 당신은 둘 중 어떠한 자인가?"[24]

또 다른 주석은 생략의 죄를 범한다. 이 주석은 에스더서의 화자가 와스디에 대해서는 '이상할 정도로 특별히 서술하지 않는다'고 관찰한다. 그래서 와스디를 잠시 언급하는 이유는 와스디의 주변 인물들, 곧 왕과 신하들의 움직임을 전달하기 위해서일 뿐이다. 화자의 의도가 와스디의 거절을 통해 생기는 상황 전개와 와스디의 폐위 및 하나님의 구원 사건에 더 초점을 두기 위해서이기 때문이라는 것이다.[25] 주석 뒤에 붙은 설교문은 "아하수에로 왕이 유난히 악인이었다는 점은 거의 찾아 볼 수 없고 그저 무난한 왕에서 크게 벗어난 사람은 아니었다"고 옹호한다.[26]

많은 설교자들이 종종 남편의 관점을 취하는 것이 흥미롭다. 와스디를 주로 아내로 보는 반면, 공식 지위를 가진 왕비나 리더로는 여기지 않는다. 이 이야기를 개인적으로 취하면서 자신의 아내가 자신의 요청을 거절하여 공적으로 체면을 구긴 것처럼 읽는다. 그래서 와스디에게 부정적인 형용사를 많이 갖다 붙인다. 문제는 이 설교자들이 여성의 리더십에 관한 화자의 관점을 그대로 물려받고 반복하는 정도가 아니다. 설교자들은 종종 이 관점을 강화시킨다. 와스디에 대한 이들의 해석은 한국의 일반적인 기독교 대중에게 영향을 미친다.

교회 여성이 참여한 리더십 세미나에서 "와스디라는 이름을 들으면 무엇이 떠오르나요?"라고 물은 적이 있다. 여러 대답 중 몇 명의 대답이 놀라웠다. 와스디를 '악녀'라고 부른 것이다. 이것을 어디서 들었을까? 어떻게 해서 그런 생각을 하게 되었을까? 목회자나 평신도가 와스디에 대해 해석하여 인터넷에 띄운 자료가 많다. 절대 다수가 와스디를 부정적으로 해석한다. 오직 소수의 남성 목회자만이 왕의 요구가 성희롱이거나 부적절하다고 언급하였다.

2) 착한 에스더

한국의 그 어느 주석가나 목회자도 주석과 설교와 인터넷 공간에서 에스더에 대해서 부정적으로 해석하는 사람이 없다. 에스더를 찬양하고 그를 통해 신앙적으로 해석하는 코멘트가 가장 일반적이고, 부지기수로 많다. 여의도순복음교회의 조용기 목사는 와스디가 폐위되고 곧바로 에스더가 왕비가 된 것은 하나님의 섭리 속에 있었다고 믿는다. "에스더의 믿음은 '죽으면 죽으리라'(4:16)라고 하는 말 속에 드러나고, 이는 이삭을 희생하기로 결정한 아브라함의 믿음과도 같다"라고 한다.[27] 또 어떤 목사는 이렇게 설교한다. "에스더는 그 화려한 황후의 생활을 포기하고…… 왕에게 나아갔습니다. 유대 백성들에게 자신을 위해 사흘 동안 기도해 달라고 부탁하고 하나님께 온전히 맡겼습니다. 그래서 유대 백성들을 구하게 됩니다. 에스더는 이렇게 헌신함으로 민족을 건지고 크고 놀라운 영광을 얻었습니다. 그러나 그 승리와 축복을 맛보기 위해서는 에스더의 '죽으면 죽으리라!'라는 결단이 있었습니다. '이 시간을 위하여 나는 존재한다. 이 시간을 위해서

나는 가노라' 하는 중요한 결단이었습니다. 바로 하나님께 향한 열정이었습니다."[28] 또 다른 목사는 에스더의 모습을 세 가지로 요약하면서 에스더는 신앙을 가졌고, 기도로 위기를 극복했고, 자기희생을 각오했다고 한다. 이 목사는 에스더가 "용모가 곱고 아리따웠으며 순종적인 여인이었다고 한다. 그녀는 아픔이 깊으면 깊을수록 더욱더 하나님만 의지하게 됨으로써 믿음의 사람이 되었다"고 한다.[29]

이처럼 대부분의 한국 목회자들은 에스더를 해석할 때 '순진한 독자'(gullible reader)이다. 그들은 에스더를 향해 온갖 긍정적인 형용사를 아끼지 않는다. 에스더는 겸손하고, 순종하고, 용기 있고, 결단력이 있고, 신실하고, 희생적이고, 기도한다. 에스더는 하나님의 백성, 곧 남편들, 남자들, 교회를 위해서 이와 같은 특성을 발휘한다. 그런데 에스더에 대한 이러한 해석이 지배적인 교회에서는 에스더와 다르게 행동하는 여성 리더들이 잘 받아들여지지 않을 것이다. 에스더에 대한 단순하고 일방적인 칭송이 강단에서 울려 퍼지는 한 교회 여성은 리더십을 온전히 발휘할 수 없을 것이고, 여성이 결정기구에서 보이지 않을 것이다.

학자들의 논의와 설교자들 위한 주석서들을 똑같이 취급하는 것은 부당하게 들릴 것이다. 물론 학문 훈련과 전문성의 차이는 있지만 이들 두 그룹의 해석은 같은 결과를 가져다 줄 수 있다. 곧 에스더들과 와스디들로 여성이 분열된다는 것이다. 설교와 주석들이 에스더를 극도로 칭송하는 것은 독자로 하여금 와스디를 에스더와 날카롭게 대조하여 보게 한다. 두 여성을 분리해서 다루고 대조와 비교를 평가하고, 나아가 세레스를 침묵시키는 것은 여성 리더십에 관한 화자의 관점을 강조하고 강화하는 결과를 가져온다.

3. 에스더서의 여성 리더십과 복잡한 유산

에스더서의 화자는 여성 리더십을 이야기 구성에 필요한 만큼만 그리고 자신이 원하는 방식으로 묘사하였다. 화자의 묘사는 세 명의 여성 등장인물에게 정의를 행하지 못한다. 화자의 이야기 구성을 위해서 세 여성의 리더십이 희생되고 조각이 났다. 여기서 우리가 보는 것은 여성 리더십에 관한 왜곡된 관점이다. 화자가 주인공 에스더를 통해서 여성의 리더십을 진작시킨다고 보기도 어렵다. 여성 리더십에 대한 화자의 생각과 그것을 강조하기 위한 전략은 다음과 같다.

먼저 여성은 함께 있어서는 안 되고 따로 다루어져야 할 필요가 있다. 화자는 "나누고 정복하라"는 전략을 쓴다. 여성이 나뉘면 함께 일할 수 없고 그러면 여성을 통제하고 이용하기가 쉽다. 여기에는 사실 여성의 협동에 대한 두려움이 들어 있다. "여자가 셋이 모이면 접시가 깨진다"는 한국 속담이 거꾸로 진실을 드러내듯이 말이다. 에스더서의 여성 등장인물은 고립된 섬처럼 분리되어 있고 서로에게 말하지 않는다. 한 번도 서로를 대면하지도 않고 같은 장면에 함께 등장하는 적이 없다. 이야기 구성은 이 여성들이 서로 갈등 관계에 있게 만든다. 그들은 서로에게 동지가 아니라 적이다. 여성이 여성에 대한 미움을 진작시키는 듯하다. 특히 와스디와 세레스는 화자의 편리한 문학적 도구로 기능한다.

학자들이 에스더와 와스디를 비교하고 대조하는 것은 부지불식간에 화자의 방식을 지지하는 것이 될 수 있다. 여성은 착한 여자와 나쁜 여자, 거룩한 어머니와 성매매 여성으로 이분법적으로 분류되어왔다. 이 전략은 한국의 교회 여성을 에스더들과 와스디들로 나누었다. 교회에서 둘 중 누가 잘 생존하는지 추측하는 것은 어렵지 않다. 교회 여성이 리더십을 온전히 발휘하지 못한다면 놀랄 일이 아니다. 여성은 소수만 결정을 내리는 조직 안에 들어가 있다. 두 여자가 성서 해석 속에서 나뉘어 있는 한, 현실 속에서도 교회 여성의 분리가 지속될 것이다. 에스더나 와스디에 대한 가장 긍정적인 해석조차 두 여성을 따로 해석하는 한, 교회 안에서 여성의 지위를 진작시키는 데 별 도움이 되지 않는다.

에스더서의 화자가 조각난 여성 리더십을 강조하기 위해 사용한 둘째 전략은 여성 지도자는 믿을 만하지 못하다는 생각을 심는 것이다. 세 명의 여자는 모두 누군가의 아내인데 어떤 식으로든 자신의 남편을 배신한다. 와스디는 왕의 명령을 거부하고, 에스더는 왕명 없이는 왕 앞에 나와서는 안 된다는 규정을 어겼고 왕을 조종하였다. 세레스는 남편에게 효과적이지 않은 조언을 주었고, 용기를 북돋기는커녕 몰락할 것이라고 예고했다.

셋째로 화자는 여성 리더들이 보조적이어야 한다고 제시한다. 여자들은 남자들의 지시에 따라 행동해야 한다. 남자들의 명을 따르지 않고 스스로 알아서 할 때에는 그 대가를 치러야 한다. 그래서 와스디라는 인물이 등장했고 와스디와 연관된 이야기가 그 점을 보여준다. 사실 와스디를 등장시켜서 폐위시키고 불명예스레 다루지 않고서도 소수민족 고아에다가 아마 별 교육도 받지 못한 미미한 배경의 에스더를 도입하여 제국의 왕비가 되었다고만 묘사해도 충분하였을 것이다. 와스디처럼 스스로 생각하고 행동하는 주체적인 여자들은 치명적인 결과를 겪을 것이다. 물론 세레스는 열외이다. 에스더의 운명을 지지하며 순진하게 본문을 읽는 독자들에게는 악역을 맡은 하만의 아내는 언급의 대상조차 되지 않는다. 순진한 독자들은 에스더서를 이런 식으로 오랫동안 읽었고 한국의 많은 설교자들은 여전히 이런 배경에서 설교한다. 이런 종류의 해석이 교회의 (남성) 지도자들에게 와스디와 같은 교회 여성을 통제하는 기반과 힘을 제공한다.

화자가 여성의 리더십을 보조적으로 다룬 것은 와스디와 에스더와 세레스의 지위 면에서도 고려할 수 있다. 이들은 단지 높은 지위에 있는 남편의 아내였기 때문에 저절로 리더의 위치에 있었다. 그래서 그들의 리더십은 자신의 능력에서 나온 것이라고 보기는 어렵고 전문적이지 않다. 결국 이들은 아내와 여자로서 보조적이고 부차적인 리더십을 발휘하는 것으로 묘사된다.

넷째로, 화자에 의하면 여성의 리더십은 남자의 유익에 봉사하는 것이어야 한다. 여성적인 매력, 지혜, 정치적인 기술, 기꺼이 위험을 감수하는 자세, 희생 등 여성 리더들이 가진 좋은 리더십이 무엇이든지 남성의 이익에 봉사하기 위해 사용되어야 한다. 와스디가 용서받을 수 없었던 이유는 남편을 남들 보기에 좋지 않게 보이게 한 것이고 그래서 남편의 유익에 도움이 되지 않았기 때문이다. 에스더는 보수적인 설교자들의 극찬을 받는데 그 이유는 에스더가 아내로서 순종적이었고 남자의 명예에 유익을 주었고 남자의 이익을 위해 생명의 위험을 감수했고 자신보다 남자를 높이 둘만큼 겸손했기 때문이었다. 세레스는 남편의 유익에 봉사한 듯하면서도 결과적으로 적에게 유리한 말을 했다. 화자에게는 딱 이만큼의 이용 가치가 있었다. 물론 대부분의 독자는 세레스가 에스더서에 존재하는지조차 의식하지 못한다.

에스더서의 여성 리더십에 대한 전통적인 이해는, 딸들이 그러한 메시지를 들으며 자라는 한국에서 더욱 강화된다. 문화적인 편견이 한국의 주석서와 설교에 보태진다. 우리 반 여학생의 이야기이다. 남편도 신학생인데 아내가 더 공부를 잘했다. 여학생은 그 학기에 성적이 좋아서 성적장학금을 받았다. 그 사실을 알고서 시어머니가 그 여학생에게 말했다. 남편보다 공부를 더 잘해서는 안 된다고. 학생 부부에게서 그런 종류의 이야기를 여러 번 들은 바가 있다. 이 시어머니는 에스더와 같은 전통적인 여성의 역할이 한국에서 여성에게 어떻게 부과되는지를 보여준다.

우리는 에스더서의 화자가 여성의 리더십에 대해 왜곡된 관점을 제시했다고 본다. 문제는 보수적인 설교자들이 단순히 화자의 구성에 따라 이 이데올로기를 가르쳐왔다는 것이다. 이것은 한국 교회 여성에게는 문제시되는 복잡한 유산이 아닐 수 없다.

와스디, 에스더, 세레스는 적어도 우리의 해석 속에서 통합될 필요가 있다. 교회의 와스디들은 교회를 아들이나 사위에게 물려주는 목사에게 반대하는 목소리를 내는 여성들이다. 그들은 교회 재정의 투명성을 요구하고 교회에서 주요한 결정을 내리는 모임에서 적어도 30퍼센트의 자리를 요구한다. 그들은 종종 배척당하고 교회에서 자유로운 발언에 어려움을 느끼며 적합한 교회를 찾아다니는 '교회 쇼핑'을 한다. 에스더들은 수많은 기금마련 행사를 하고 교회에서 각종 물건을 팔아 모은 선교비를 남성 지도자들이 달라고 할 때 거절하지 못하고 넘겨주는 교회 여성들이다.

에스더들은 또한 자신의 집을 사기도 전에 교회 건물을 짓는 데 희생적으로 헌금을 하는 교회 여성들이다. 세레스들은 에스더들의 또 다른 얼굴이다. 자신이 원하는 것은 따로 있지만 그대로 자기표현을 하지 못한다. 와스디와 에스더 및 세레스, 이 두 종류의 교회 여성은 서로 잘 어울리지 못한다. 와스디들은 에스더들과 세레스들을 낮추어 보고 그들을 집의 부엌에서 교회의 부엌으로 뛰어다니는 교회의 하녀라고 부른다. 에스더들과 세레스들은 와스디들을 여성의 권리라는 이름으로 문제를 일으키는 사나운 싸움닭이라고 생각하고 그들을 피하려고 한다. 에스더서의 여성 등장인물들이 화자에 의해 만들어진 것처럼 교회 여성은 새로운 화자인 교회의 남성 지도자들에 의해 가르침을 받았고 길들여져왔다. 에스더나 세레스와 같은 교회여성과 와스디와 같은 교회 여성은 하나가 되고 협동할 필요가 있다. 여성의 리더십에 관한 화자의 관점을 비평적으로 다룰 필요가 있는 것처럼 교회의 여성 리더십에 관한 새로운 화자의 관점도 비평적으로 다룰 필요가 있다.

여성 인물의 통합에 대한 한 가지 해답을 에스더서 자체에서 찾을 수 있다. 와스디와 에스더는 다름 아닌 한 사람이다. 둘을 하나라고 보는 것은 논리의 비약일 수 있지만 화자가 그랬듯이 이 둘을 전적으로 다른 사람이라고 보는 것은 오해이다. 학자들은 에스더가 규정을 따르지 않고 왕 앞에 나타나는 장면에서 와스디의 모습이 되살아나는 것이라고 관찰한 바 있다.[30] 왕은 말을 듣지 않는 아내에게 화가 나서 그녀를 제거했는데 결국 자신을 완전히 통제하는 또 다른 아내를 만난 것이다.[31] 왕은 (그리고 화자는) 스스로 인식하지 못하지만 자기주장이 강한 유형의 여자를 좋아하는 경향이 있었던 것이다.[32] 세레스가 지혜롭고 강하게 남편을 뒤에서 조종하고 지시를 내린 것처럼 말이다. 그렇다면 에스더서는 그 자체의 근간을 해체한다. 에스더서가 스스로를 해체하는 책이라고 보는 것은 고무적이다. 화자가 여성 리더들을 얼마나 열심히 통제하고 억누르려고 하든지 그들은 계속 되살아나고 다시 부상한다. 해체는 또한 와스디와 에스더, 두 여자의 이름을 한국어로 읽을 때도 벌어진다. 와스디와 에스더는 한국어로 세 음절이고 같은 세 개의 자음이 들어 있다. 간혹 사람들은 이 두 사람의 이름을 섞어서 와스더와 에스디라고 발음한다.

와스디와 세레스의 종국에 대해 아무 말이 없는 것에 대해서도 생각할 필요가 있다. 와스디는 폐위가 되기는 하지만 사형이라든가 죽었다는 말은 없다. 하만의 죽음은 분명히 밝혀진 반면, 세레스의 종말에 대해서는 전혀 언급이 없다. 이 여자들은 사라지기는 하나 결코 죽지는 않는다. 와스디는 에스더를 통해 다시 부상한다. 에스더의 지혜는 현자와 같은 세레스를 상기시킨다. 에스더의 리더십은 두뇌를 제공하는 세레스의 지혜와 선택하고 행동하는 와스디의 용기를 결합한 것일지도 모른다.

이 성서 여성들의 통합만이 아니라 교회의 와스디들과 에스더들의 통합도 벌어진다. 와스디이면서 동시에 에스더일 수 있는 것이 어떠한 것인지를 보여주는 일화가 여기 있다. 감리교 여선교회의 10개 연회 중 다른 임원들과 대조되는 강한 리더십을 보이는 한 임원의 이야기이다. 어느 날 나는 다가오는 연회 리더십 세미나를 준비하기 위해 그 연회 임원들과 만나 한 교회에서 회의를 했다. 연회의 다른 행사가 그 교회에서 열려서 거기로 오는 김에 같은 장소에서 덧붙여서 준비회의를 한 것이었다. 회의를 마치고 나오면서 우리 일행은 로비에서 연회의 감독을 만났고 지나가면서 짧은 인사성 대화를 나누었다. 그 짧은 만남에서 몇 가지 놀라운 관찰을 했다. 먼저 감독님이 임원들에게 말했다. "내가 알기로는 여러분이 그간 A국가와 선교를 했는데 이제 선교비를 다 보냈다면서요? 그러면 이제부터 B국가를 여러분의 다음 선교국으로 하면 어떨지요?" (나는 생각했다. '어째서 감독이 여성들이 선교비를 가지고 무엇을 어떻게 하라고 간섭하고 지시하는 걸까?') 둘째로, 여자들은 미소를 지으며 적극 대답했다. "물론이지요, 감독님. 그렇게 할게요." (나는 생각했다. '어째서 이 임원들은 공식적인 임원회에서 토론하지도 않고서 그 자리에서 답변을 주는 걸까?') 셋째로, 그 감독이 떠나자마자 임원들은 큰 목소리로 흥분해서 불평하기 시작했다. "자기가 뭔데 감히 우리더러 선교비를 어디에 쓰라고 지시하는 거야?" "제 정신이 아닌 거야!" "하여튼 마초라니까!" (나는 생각했다. '이분들은 이렇게 생각이 다른데 어째서 조금 전에는 감독에게 다른 대답을 한 것일까?') 넷째로, 몇 달 후에 나는 이 임원들이 그 감독이 요청한 대로 B국가에 천만 원을 보냈다고 들었다. (나는 할 말을 잃었다.)

이것이 바로 교회 여성 리더들의 생존 전략이다. 나는 이와 비슷한 경우를 많이 보았다. 이 교회 여성들은 와스디처럼 말하지만(성차별에 대해 불평하고 비판적이고 특히 뒤에서 그렇게 하지만), 행동하지는 않는다. 동시에 그들은 에스더처럼 보이지만(미소를 짓고, '예'라고 대답하고 교회에서 모든 '여성적인' 일을 하고 헌신적이지만), 속에는 와스디가 들어 있다. 그리고 세레스처럼 자신의 이익과 상반되는 말을 한다. 현재로서는 에스더들, 세레스들이 지배적이다. 에스더와 세레스 속의 와스디는 자신이 오래 갈아온 손톱을 드러낼 기회를 엿보고 있다. 와스디들은 자신 안의 다른 자매들과 화해하고 통합될 필요가 있다.

나가는 말

우리는 에스더서의 화자가 여성 리더십을 제한되고 왜곡된 방식으로 다룬 것을 보았다. 곧 여성 지도자들은 신뢰할 수 없고 보조적이고 남성의 통제 하에 있어야 하며 남성의 유익을 위해 일해야 한다는 것이다. 우리는 또한 설교들과 설교자를 위한 주석들을 통해 한국 교회에서 와스디와 에스더에 관한 가장 흔한 해석을 살펴보았다. 한국 설교자들이 가르친 여성 리더십은 문화적 편견과 보수적인 논조로 더욱 제한되고 왜곡되어 있다. 세레스의 리더십은 이들에게 아예 고려 대상도 되지 못했다.

이러한 해석의 결과란 교회 여성 사이의 분열이다. 교회의 딸들은 교회 여성들을 보면서 자신의 어머니들, 곧 에스더들처럼 되지 않겠다고 말하거나 와스디들처럼 교회를 그만두겠다고 선택하기 일쑤이다. 교회 여성은 때로 세레스처럼 마음속은 그렇지 않은데 말은 자신의 이익에 반해서 말한다. 그러나 와스디들과 에스더들은 하나이고 교회 여성은 그들 안에 이 둘을 갖고 있다. 와스디들과 에스더들을 건강한 방식으로 통합하는 것이 다음 세대 딸들이 어머니 세대의 갈등을 겪지 않아도 되게 해줄 것이다. 세레스들은 자신의 이익에 상응하는 말과 행동을 할 것이다. 교회는 21세기에 건강하고 번성하는 교회가 되기 위해서 온전한 여성 리더십을 필요로 한다.

1 이 글은 「구약논단」 19.3 (2013.9): 123~51에 실렸다.

2 Elizabeth Cady Stanton and Lucinda B. Chandler, "Comments on the Book of Esther", in E. C. Stanton(ed), *The Woman's Bible* (New York: European Publishing Company, 1898; repr. Seattle: Coalition Task Force on Women and Religion, 1974), 86~87.

3 Stanton, *The Woman's Bible*, 88.

4 https://sisa~news.com/read.php3?no=18778&read_temp=20070419&section=24; http://www.brethrenhouse.or.kr/jamee/ja_01.htm.

5 이경숙, 「구약성서의 여성들」 (대한기독교서회, 1998), 203~16. 알리스 라페이 저, 「여성신학을 위한 구약개론」 (장춘식 역), (대한기독교서회, 1998), 322~29. 원제는 Alice Laffey, *An Introduction to the Old Testament: A Feminist Perspective* (Philadelphia: Fortress Press, 1988); Mary Gendler, "The Restoration of Vashti", E. Koltun(ed), *The Jewish Woman: New Perspectives* (New York: Schocken Books, 1976), 246.

6 Gendler, "The Restoration of Vashti", 245.

7 Carey A. Moore, *Esther* (Anchor Bible; New York: Doubleday, 1971), lii; Gendler, "The Restoration of Vashti", 246; C. A. Moore, *Daniel, Esther and Jeremiah: The Additions* (Garden City, NY: Doubleday, 1977), 220; S. Zeitlin, "The Books of Esther and Judith: A Parallel", M. S. Enslin(ed), The Book of Judith (Leiden: Brill, 1972), 13.

8 Lewis Bayles Paton, *A Critical and Exegetical Commentary on the Book of Esther* (New York: Charles Scribners & Son, 1908), 96; Bernhard W. Anderson, "Introduction and Exegesis to Esther", G. A. Buttrick, et al.(ed), *The Interpreter's Bible III* (Nashville: Abingdon Press, 1954), 831, 862; Gendler, "The Restoration of Vashti", 243.

9 Gendler, "The Restoration of Vashti", 242.

10 브루스 존스(Bruce W. Jones)는 "그녀(에스더)가 위기에 대한 대응으로 갑자기 성숙해진다"고 본다. "Two Misconceptions about the Book of Esther", C. A. Moore(ed), *Studies in the Book of Esther* (KTAV Publishing, 1982), 442.

11 Naomi Harris Rosenblatt, "Esther and Samson", *Bible Review* 15:1 (1999), 22; Sidnie Ann White, "Esther: A Feminine Model for Jewish Diaspora" P. L. Day(ed), Gennder and Difference in Ancient Israel (Minneapolis: Fortress Press, 1989), 161~77. Cf. http://blog.joins.com/yiyoyong/

12 Stanton and Chandler, "Comments on the Book of Esther", 84~92; A. C. Lichtenberger, "Exposition to Esther", G. A. Buttrick et al.(ed), *The Interpreter's Bible III* (Nashville: Abingdon Pres, 1974), 841~47; 탈몬은 에스더가 궁중 관리처럼 지혜의 특질을 구현하고 있으며 모르드개보다 뛰어나다고 본다. S. Talmon, "'Wisdom' in the Book of Esther", Vetus Testamentum 13 (1963), 437~53.

13 Leila Leah Bronner, "Reclaiming Esther: From Sex Object to Sage", *Jewish Bible Quarterly* 26:1 (1998), 9.

14 Berel Dov Lerner, "No Happy Ending for Esther", *Jewish Bible Quarterly* 29:1 (2001), 11.

15 Linda Day, *Esther* (Abingdon Old Testament Commentaries; Nashville: Abingdon Press, 2005), 101.

16 Day, Esther, 102.

17 50규빗은 20미터에 해당하고, 6, 7층의 건물 높이이다. 교수대를 높이 만드는 것이 대중이 잘 볼 수 있도록 시체를 높이 매달아 수치와 공포를 유발하려는 의도일 것이다. 그러나 20미터는 과장이다. 솔로몬의 성전도 불과 30규빗이었다. 참조. Berlin, *Esther* (The JPS Bible Commentary; Philadelphia: The Jewish Publication Society, 2001), 55.

18 이경숙 교수는 1994년에 열린 한일여성신학 포럼에서 일본 대표가 일본에서는 에스더서에 관해 설교도 강독도 별로 하지 않는다고 말했다고 전하며, 피해국과 가해국이 에스더서를 대하는 시각이 크게 다르다는 것을 지적한다. 「구약성서의 여성들」(대한기독교서회, 1998), 203

19 한국에는 구약성서 분야에 박사학위를 가진 남성 학자들이 많고 진보적인 남성 목회자들도 많은데 성 인지 관점에서 목소리를 내는 사람들은 적다.

20 김서택, 「민족을 구한 에스더」 (Seoul: Christian Literature Press, 2006). 「그 말씀」 (두란노 서원, 2007:2)에서 인용.

21 www.gnbtv/bard/boarddetail.html

22 제자원 편, 「그랜드 종합주석 7」 (성서아카데미, 1999), 1034; 강병도 편, 「호크마 종합주석 3」 (기독지혜사, 1997), 475.

23 제자원 편, 「그랜드 종합주석 7」 (성서아카데미, 1999), 1034.

24 제자원 편, 「그랜드 종합주석 7」, 1035.

25 강병도 편, 「호크마 종합주석 3」 (기독지혜사, 1997), 475.

26 강병도 편, 「호크마 종합주석 3」, 480.

27 2006년 1월 8일 설교. http://blog.naver.com/goldnature

28 http://sdskc.co.kr/zbxe/board_9/2516/page/15

29 http://mission.bz/976

30 데이(Day)는 와스디의 선택과 분리해서는 에스더의 선택을 적합하게 평가할 수 없다고 지적한다. *Esther*, 30.

31 C. A. Moore, *Esther*, 9.

32 Renita Weems, *Just a Sister Away* (San Diego: Lura Media, 1988), 99.

제 10 장

섹시한 성서, 베일을 벗다

성은 시대의 화두이다.[2] 몸과 외모에 대한 관심은 성에 대한 관심과 동전의 양면처럼 맞물려 있다. 이는 대중문화에서 가장 빈번히 나오는 주제이다. 사실 성서, 특히 구약성서에서 가장 빈번히 나오는 주제 중 하나도 성이다. 우리는 하나님이 인간을 성적인 존재로 지으셨다고 말한다. 그래서 교회는 사람들에게 성에 대해 가르치고 규정하고 싶어 한다. 그러나 그게 여의치가 않다. 현대 성 문화는 느슨하고 교인들은 그 영향을 받는다. 교회는 한편으로는 섹슈얼리티에 대한 전통적인 입장을 고수하려는 욕구와 다른 한편으로 현대의 섹슈얼리티에 적응해야 한다는 딜레마에 빠져 있다. 교회의 문제는 섹슈얼리티에 대해 대화를 회피한다는 점이다. 개교회 목사의 가르침에 달린 걸까, 아니면 상대주의에 따라 개인이 알아서 결정하라는 것일까. 가장 큰 문제는 청소년과 젊은이들이 성숙한 결정을 내릴 수 있는 도덕적 기반을 교회가 제공하지 못한다는 점이다.

교회는 성에 대해 공공연히 많이 말할 필요가 있다. 하나님이 우리를 섹슈얼한 존재로 지으셨기 때문이고, 성서가 성에 대해 많이 말하기 때문이고, 그리고 초등학교 고학년생의 절반이 야동 중독이고, 포르노 유료 시청자가 세계 최고이고, 성폭력 범죄가 세계 최고라고 하는 한국 사회의 현실 때문이다. 교회에서 자라는 어린이, 청소년, 젊은이는 물론 성인도 교회가 성에 관해 무슨 말을 할지 기다리고 있다. 성서의 독자들은 매 시대마다 중요한 문제에 대해 성서에 물었다. 오늘날 섹슈얼리티와 연관된 질문도 그러하다. 성서는 성에 대해 의외로 솔직하고 공공연하게 말한다. 뿐만 아니라 모순과 불일치가 많다. 이 글은 성서가 성을 대하는 이 두 가지 측면, 곧 솔직함과 불일치라는 측면을 다루고자 한다.

섹슈얼리티에 대해 성서와 대화하고자 할 때 우리는 어떤 자세로 임해야 할까? 우리는 성서가 섹슈얼리티에 대해 뭐라고 말하는지를 단순히 물으려는가? 아니면 섹슈얼한 독자로서 몸과 성의 담론에 참여하려는가?[3] 성에 관해 우리 각자가 가진 입장을 뒷받침하기 위해 성서와 만나려는 것인가? 아니면 성서에서 성의 규범을 찾아서 그것을 중심으로 우리 삶을 재정립하기 위한 것인가? 아니면 우리의 성 관념과 성서의 성 관념이 다르다는 것을 확인하고 성서가 현대의 우리에게 섹슈얼리티에 대해 가르쳐줄 만한 것이 없다고 결론을 내리기 위한 것인가? 우리가 어떤 생각으로 임하든지 성서는 우리와의 대화를 환영하며 기다린다.

섹시한[4] 성서

최근의 한 음료광고에 이런 얘기가 나온다. "남자한테 참 좋은데,

정말 좋은데, 어떻게 표현할 방법이 없네. 직접 말하기도 그렇고……." 시청자는 알아서 듣는다. 이 광고는 남자의 성적 스태미너를 강조하는 것처럼 들린다. 이 광고가 기소를 당했다가 이겼는데, 흥미로운 것은 소송의 내용이 약효를 과대 선전했다는 것이다. 예전 같았으면 풍기문란으로 소송을 당했을 법하다. 그만치 이제 한국 사회는 성적인 담론에 열려 있다는 것을 보여주는 예이다.

성서는 노골적인 표현과 완곡어법을 섞어 쓰는 것을 좋아한다. 성서는 성관계, 몸의 기능과 성기, 월경과 정액 사정에 대해 공공연히 말한다. 성서의 주요 인물이 성적으로 비도덕적인 활동을 하는 이야기도 놀랍도록 솔직하게 전한다. 또한 성에 관한 이야기를 빈번하게 말한다. 성서의 첫 책인 창세기는 50장으로 되어 있는데 약 35개의 장에 성을 주제로 한 이야기가 들어 있다. 신약성서 고린도전서에서 바울이 다룬 37가지 주제 중 성에 관한 주제는 17개이다. 성서의 나머지 책들 속에서도 성과 관련된 것을 찾는 것은 어렵지 않다. 그래서 성서는 우리에게 성에 대해 자문을 줄 자격이 있다. 사람들은 시대마다 질문을 가지고 성서를 찾았지만 지금처럼 성에 대한 질문을 갖고 성서를 찾은 적이 일찍이 없었다. 성에 대한 수많은 견해를 담고 있는 성서는 사람들이 성에 관한 본격적으로 질문할 날을 오랫동안 기다렸다. 드디어 때가 되었다.

그런데 일반 독자들은 때로 완곡어법과 에두른 표현 때문에 성적인 장면을 잘 알아차리지 못하기도 한다. 또한 번역 성서에서 더욱 완곡어법에 감싸여서 한국어 독자는 한층 더 '조신한' 성서와 만나는 셈이다. 아래와 같이 몇 가지 완곡어법 표현을 익히면 안보이던 것이 보이게 된다.

알다. 히브리어 동사 '알다'는 일반적으로 지식을 아는 것을 뜻하지만 완곡어법으로 성관계를 갖는 것을 의미한다. 인류 최초의 두 사람은 에덴동산에서 쫓겨난 후 "그 남자가 그의 여자 이브를 알았고 그녀는 임신하여 가인을 낳았다."(창 4:1) 선악을 '아는' 나무도 성적으로 안다는 의미를 내포한다고 볼 수 있다.[5] 다윗은 아들 압살롬이 반역했을 때 바르실래의 도움을 받았다. 감사하는 뜻으로 궁에 함께 가자고 초대하자 바르실래는 "제 나이가 지금 여든입니다. 제가 이 나이에 좋은 것과 나쁜 것을 어떻게 가릴 줄 알겠습니까? 이 종이 무엇을 먹고 무엇을 마신들, 그 맛을 알기나 하겠습니까?"(삼하 19:35) 이 대답에 들어있는 '알다' 동사 또한 성적인 함의를 내포한다. 우리말이나 영어에도 '알다'가 같은 뜻을 내포하는 것과 마찬가지이다.

'~와 눕다'와 '~와 자다,' '~에게 가다' '~에게 들어가다.' 이들 동사도 성관계를 갖는 것을 의미한다. 창세기 30장에서 라헬은 언니 레아에게서 자귀나무를 받은 대가로 남편 야곱과 오늘밤 지내도 된다고 한다. 레아는 야곱에게 "나한테 들어와야 한다"라고 말한다(창 30:16). 그날 밤에 야곱은 레아와 함께 '누웠다.' (새번역은 "당신은 오늘 밤에는 나의 방으로 드셔야 해요"라고 번역했다. 개역개정은 레아가 "내게로 들어오라. …… 야곱이 그와 동침하였더라"라고 번역했다.) '들어가다'는 명백히 남성 중심적인 동사이다. '벌거벗음을 벗기다'라는 표현도 성관계를 나타낸다. 특히 레위기 18장에서 금지된 근친 관계를 열거할 때 여러 번 쓰인다.

벌거벗음, 허리, 허벅지, 발뒤꿈치, 발, 살, 손이라는 단어는 성기를 가리킨다. 신명기는 예루살렘이 하나님께 불복종하면 '그녀의 발 사이에서 나오는 출산'을 먹게 될 것이라고 경고한다(신 28:57). 룻은 보아스의 발을 들추었다. 보아스가 놀란 것은 발에 한기를 느껴서가 아니다. 룻이 '새벽녘까지 보아스의 발치에 누워 있었다'라는 말은 룻이 밤새 발치에서 쪼그려 잤다는 말이 아니다. 그래서 '발의 물'은 오줌을 가리킨다(메라글레헴, 왕하 18:27=사 36:12). '살'이라는 말도 성기를 가리킨다. 레위기 15장은 남자나 여자의 '살'에서 나오는 유출은 부정하다고 한다(레 15장). '손'은 남성의 성기를 가리킨다(사 57:8, 10). 이사야 57장 8절의 "네가 또 네 기념표를 문과 문설주 뒤에 두었으며 네가 나를 떠나 벗고 올라가서 네 침상을 넓히고."(새번역)에서 '기념표'를 개역은 '우상'으로 번역한다. 전혀 다른 번역이 아닐 수 없다. 원문은 '손'이고, 의미는 모조 남근이다.

이렇듯 성서는 여러 단어로써 성관계나 성기를 표현하고 성에 얽힌 다양한 이야기, 비유, 규정을 포함한다. 성서의 이런 자유로움을 어떻게 받아들여야 할까? 그러나 성서는 수용언어의 문화라는 그릇에 담겨서 번역된다. 종교 경전으로서 회중 예배에 사용되기 때문에 특히 그러하다. 그 과정에서 노골적인 용어는 에두르게 순화된다. 물론 본문의 모호한 표현을 매번 독자의 성적인 상상력으로 채워 해석하는 것 또한 경계해야 한다.

성서가 노골적으로 그리고 자주 성에 대해 말할 때 늘 일관성이 있는 입장을 보일까? 아래에서 살펴보듯이 성서는 성에 관해 규정과 이야기로써 스스럼없이 말할 뿐만 아니라 가끔씩 모순되는 규정을 나란히 놓고 규정에 어긋나는 사건들을 담담히 말한다. 이 불일치와 모순이야말로 성서를 섹시하고 매력 있는 책으로 만드는 듯하다.

맨 처음에 섹스가 있었다(창세기 1~3장)

성서의 맨 앞부분부터 성에 대해 두 가지 상반된 입장이 나온다. 창세기 1장과 2장에는 두 개의 인간창조 이야기가 들어있고, 성에 대해 두 가지 입장이 들어 있다. 1장에서는 하나님이 자신의 모습으로 인간을 남자와 여자로 동시에 지으신다(1:27). 여기서 잠깐 하나님의 섹슈얼리티에 대해 생각해보도록 한다. 26절에서 하나님은 "우리가 우리의 형상을 따라서 우리의 모양대로 사람을 만들자"로 직접화법으로 말씀하셨다. 곧이어 27절에서 간접화법으로 "하나님이 당신의 형상대로 사람을 창조하셨으니, 곧 하나님의 형상대로 사람을 창조하셨다. 하나님이 그들을 남자와 여자로 창조하였다"라고 보고한다. 여기서 인간을 하나님의 모습으로 지었다는 말을 네 번이나 강조한다. 그 하나님의 모습이란 무엇보다도 하나님의 품성이나 능력이 아니라 하나님이 몸이지 않은가?[6] 남자와 여자로 지었다는 말과 바로 다음 절의 "생육하고 번성하라"(1:28)라는 명령 때문에 이 점이 더 분명해진다. 하나님이 남녀 양성적이고 그 양성이 인간에게서 남자와 여자로 분화된 것이라고 주장하는 학자들도 있다.[7] 그런가 하면 하나님이 고대 중동의 신화들 속의 신들처럼 양성을 갖고 있거나 창조를 통해 출산을 하는 신이 절대로 아니라고 주장하는 학자들도 있다.[8] 하나님의 몸을 어떻게 상상하든 하나님은 처음부터 인간을 성을 가진 존재로 지으셨다. "생육하고 번성하여 땅에 충만하라"라는 명령에 반영된 성은 분명 생식과 출산을 위한 남녀의 결합이다. 그러나 성서 어디에도 출산이 인간 섹슈얼리티의 근본 목적이라는 말은 없다.

그런가 하면 창세기 2장에 있는 인간 창조 이야기는 성을 출산과 생식보다는 두 사람의 결합 자체와 일치를 말하는 듯하다. 하나님은 먼저 인간 아담을 지으시고 그를 잠들게 하시고는 갈빗대를 취해 여자를 만드신다. 이 둘째 인간창조 이야기의 맺음말은 "남자가 부모를 떠나 여자와 합하여 둘이 한 몸이 된다"(2:24)이다. 여기서 '합하여'를 뜻하는 동사 다바크는 무언가에 꼭 달라붙는 것을 뜻하는 동사이다. '그(세겜)의 마음이 디나에게 달라붙어서……(창 34:3)'라고 연모를 표현하는 것도 같은 맥락이다. 창세기의 둘째 본문에는 "생육하고 번성하라"와 같은 출산에 관한 얘기가 없다.

창세기 1장과 2장은 둘 다 성적인 결합을 전제로 하지만 1장의 "생육하고 번성하라"는 말보다 2장의 "여자에게 달라붙어 한몸이 된다"라는 말이 훨씬 더 성적 즐거움을 강조하는 듯하다. 두 가지 인간창조 이야기에서 알 수 있는 것은 하나님이 인간을 섹슈얼한 존재로 만들었다고 하는 것과 출산을 위한 성과 파트너와의 일치와 즐거움을 위한 성 둘 다를 포함한다는 점이다.

이렇듯 창세기를 필두로 하여 성에 관한 성서의 입장은 한 가지가 아니다. 여기서 이런 얘기를 했다 싶으면 다른 곳에서 그와 어긋나는 얘기가 나온다. 이 글에서는 성서가 말하는 좋은 섹스와 나쁜 섹스를 통해 성에 관해 현대의 독자들이 흔히 묻는 질문을 생각해보고자 한다. 그 질문이란 결혼과 즐거움으로서의 성, 일부일처제 또는 일부다처제, 통혼, 이혼과 재혼, 근친상간, 자위, 매춘, 피임, 낙태, 독신, 강간, 혼전 성관계, 동성애 등이다.

좋은 섹스와 나쁜 섹스

성서가 말하는 좋은 섹스란 출산을 전제로 한 관계이다. 이 좋은 섹스는 결혼이라는 계약 안에 있는 남녀의 성관계이지만 오늘날의 독자가 생각하는 그런 결혼제도는 아니다. 성서의 결혼제도는 일부다처제이고, 족내혼이었다.[9] 그래서 축첩은 좋은 섹스이다. 남자가 능력만 있으면 여러 아내를 둘 수 있었다. 출애굽기에는 남의 딸을 아내로 삼으려고 살 때와 또 다른 아내를 맞이할 때의 규정이 나온다. 또 다른 아내를 맞이해도 첫 아내에게 의식주와 성관계를 계속 제공해야 한다고 규정한다(출 21:7~11). 창세기에서 이삭을 제외한 족장들은 여러 부인을 두었고, 혈연적으로 사촌 또는 외사촌 누이들과 결혼했다. 근친결혼 금기를 위반한 사례이기도 하다. 사사인 기드온은 '많은' 아내를 통해 아들 70명을 두었다(삿 8:30). 한나는 엘가나의 두 아내 중 하나였다(삼상 1장). 다윗도 아내와 후궁이 많았지만(삼하 5:13), 솔로몬은 이 부분에서 압권이었다. 아내 700명과 후궁 300명을 두었다고 한다(왕상 11:3). 그렇다면 능력만 있으면 얼마든지 많은 상대와 결혼할 수 있고, 자손을 많이 볼 수 있으니 그것은 좋은 섹스라는 말일까? 심지어 하나님도 에스겔의 은유에서 오홀라와 오홀리바(유다와 이스라엘)라는 두 자매를 아내로 두셨다(겔 23장).

성서는 출산과 질서 내에서의 '좋은 섹스'만을 말하지 않고 그것을 넘어선 '아주 좋은 섹스'를 말하기도 한다. 성서에서는 아가가 이 범주에 가장 잘 들어맞는다. 정경이 고정될 무렵(약 1세기)에 아가의 외설스러움 때문에 정경에 넣지 말자는 논쟁이 있었다. 그러나 랍비 아키바(Akiba)는 "모든 성경이 성소라면 아가는 지성소이다"(Mishnah, Yadaim 3:5)라고 하면서 온 세상은 이스라엘이 아가를 받은 하루만도 못하다고 선언했다. 현대의 독자는 아키바의 결단이 고맙다. 아가는 현대인이 몸과 성에 대한 관심을 가지고 성서와 대화할 수 있는 공간이 되어주기 때문이다. 과거와는 달리 요즘은 아가를 야훼와 이스라엘 간의 사랑이나 그리스도와 교회의 사랑을 표현한 알레고리라고 읽는 학자가 없다. 다들 아가가 출산이나 결혼과 무관하게 몸의 아름다움과 성의 즐거움을 노래하는 책이라고 여긴다. 그러나 아가에서 어느 정도의 성 묘사를 찾느냐에 대해서는 읽는 사람마다 다른 듯하다.

최근에 아가에서 가장 자유분방한 성적인 활동을 찾은 학자는 롤랜드 보어(Roland Boer)이다.[10] 그의 눈에 보이는 다양한 성관계는 이러하다. 그룹섹스(1:2~4), 남자와 여자와 목자와 동물이 함께 섞인 환상(1:5~2:7), 동물과 인간(2:8~17), 모조 남근(dildo)을 가진 남자(3:1~5), 남근(phallus) 숭시 및 게이 장면(3:6~11), 두 여자가 물 스포츠 하기, 특히 소변보고 사출하기(4:1~15), 여자와 남자의 가학/피학 연속물(4:16~5:9), 기괴한 남자의 몸을 퀴어하게 음미하기(5:10~16), 성적인 자유분방함(6:1~3), 레즈비언 연속물(6:4~12), 여자들의 절시증(7:1/6:13~7:6/5), 유방 페티시즘과 여성 사출(7:7/6~10/9), 섹스 파티(8:1~14) 등이다. 보어 눈에 보이는 이들 장면을 본문에서 전혀 볼 수 없는 독자들도 있을 것이다. 그러나 보어와 동의할 수 없는 독자들도 아가가 성서의 야동이라는 것은 부인할 수 없을 것이다. 성서 안에 버젓이 존재하는 아가는 독자에게 어떻게 이해되기를 바랄까? 독자에게 무슨 말을 하려는 걸까?

이와 관련하여 성서는 여자들이 좋은 섹스나 나쁜 섹스 안에서 욕구를 발산하는 것에 관해서도 말한다. 몇 가지 예만 들어본다. 사라는 늙어서 성적인 친밀함의 즐거움을 언급한다(창 18:12). 이삭과 리브가 부부가 애무하는 것을 아비멜렉 왕이 보았다고 했는데(창 26장), 이 장면은 리브가의 욕구와 참여를 전제한다. 레아와 라헬은 누가 야곱과 밤을 보낼 것인지를 협상한다(창 30장). 보디발의 아내는 요셉을 적극 유혹한다(창 39장). 들릴라는 섹슈얼리티를 이용하여 삼손을 굴복시키는데 세 번이나 속임수를 쓰지 않고 삼손의 힘의 비밀을 알아낸다. 잠언은 부부간의 사랑에서 성적인 즐거움을 강조한다(5:18~19). 호세아의 아내 고멜이나 에스겔의 은유에 등장하는 의인화된 여자 이스라엘은 매우 음란하다(호 1~3장; 겔 16, 23장). 이 여자들은 결혼 밖에서 애인을 적극 찾아 자신들의 욕구를 추구하는 것으로 나온다. 심지어 남자에게 화대를 지불하기도 한다(겔 16:33~34). 그런가 하면 성서의 유명한 여성 인물인 다말, 룻, 라합, 에스더, 유딧은 원하는 바를 얻기 위해 섹슈얼리티를 십분 활용한다. 성서의 그 어디에서도 이들을 도덕적으로 탓하기는커녕 오히려 긍정적으로 평가한다. 특히 에스더와 유딧의 이야기에는 아름다움이 강조되어 있다. 예쁘면 다 용서가 된다는 것인가?

성서가 좋은 섹스로서 결혼 안에서의 섹스나 결혼과 무관한 성의 추구에 대해 말했다면 나쁜 섹스에 대해서도 말한다. 나쁜 섹스는 금지된 성관계로서 출산이 없는 섹스요, 공동체의 질서를 어지럽히는 섹스이다. 성서는 여러 곳에서 나쁜 섹스를 법의 형식으로 정하거나 이야기를 통해 암시한다. 그런데 아래에서 살펴보듯이 나쁜 섹스와 좋은 섹스는 종종 엄격히 구분하기 어려운 듯하다. 금지 규정을 위반한 경우에 뚜렷한 처벌을 명시하지 않거나, 지도자나 주요한 등장인물이 위반을 할 때 오히려 괜찮은 것처럼 나오기 때문이다.

섹스에 관한 법은 신명기(5:18; 21:10~14; 22:13~23:1; 23:17~18; 24:1~4; 25:5~10; 27:20~23; 28:30)와 레위기(5:18, 24, 33b; 18:1~30; 19:20~22, 29; 20:10~21; 21:9)에 나온다. 신명기는 기원전 7세기 이전의 법 전통을 담고 있고, 레위기는 포로기와 기원전 3세기 사이의 법 전통을 담고 있다. 크게 보아서 신명기의 법은 재산에 관심을 갖고, 레위기의 법은 분류에 관심을 갖는다.[11] 보다 오래된 신명기 법에서 여자는 이스라엘 공동체의 중요한 일부로 나오지만 아버지와 남편의 재산으로 나온다. 여자는 섹슈얼한 질(quality)에 따라 재산 가치가 결정된다. 신명기 법에서 여자는 스스로 자신의 행동에 책임을 지는 사람이나 행위자로 나오지 않는다. 주체적인 행위자로 나올 때는 가족과 공동체의 안녕을 위할 때이다. 이들 법이 현실을 그대로 반영하는 것인지, 현실과 달랐는지, 달랐다면 얼마나 달랐는지를 정확히 알 수는 없다. 새로워진 레위기 법에서는 여자가 공동체의 안녕을 위해 적절한 섹슈얼 행동으로 스스로의 운명을 직접 책임지는 행위자로 나온다. 아버지나 남편이 재산을 보호하는 식의 간접적인 책임이 아니다. 그러나 여성은 신명기와 레위기 두 법전에서 남자들보다는 법과의 관계에서 주변부에 있고 대상화되어 있다.

신명기의 섹스법은 여자를 남자의 재산으로 보므로 이들 법을 위반하는 것은 탐욕의 죄 또는 이기심의 죄이다. 레위기의 초점은 공동체의 평화를 위해 여자가 자신의 섹슈얼리티를 정결하게 유지하는 것이다. 그래서 이들 법을 위반하는 것은 부정결의 죄이다. 그러나 이 두 법전에서 재산 침해와 정결 침해 사이의 구별이 항상 분명하다고 볼 수는 없다. 간단히 주제별로 법을 살펴보고 성서의 다른 부분에서 이를 위반한 경우를 살펴보기로 한다.

이혼과 재혼. 이혼과 재혼은 가능하다. 남편이 이혼증서를 써주고 아내를 내보낼 수 있다. 재혼은 좋은 섹스이다. 몇 번의 이혼과 재혼이 가능한지 명시하지 않으므로 이혼증서만 있으면 몇 번이라도 이혼과 재혼이 가능하다고도 해석할 여지가 있다. 그런데 이혼한 여자가 재혼한 후 사별이나 이혼으로 홀몸이 되면, 전남편에게 다시 올 수 없다(신 24:1~4). 전남편과의 재결합은 나쁜 섹스이다. '역겨운 일'이고 '땅을 죄로 물들게 하는' 일이기 때문이다(신 24:4). 그러나 예언자 호세아는 아내를 내쫓았다가 '다른 남자의 사랑을 받고 음녀가 된 그 여자'를 다시 데려왔다(호 1~3장).

통혼. 다문화가정은 21세기 한국을 특징 짓는 한 현상이다. 새로 결혼하는 일곱 쌍 중 한 쌍이 다문화 가정이다. 얼마 전까지만 해도 한국인이 아닌 사람과의 결혼에 대해 편견을 갖던 문화가 다문화 가정을 축하하기 시작했다. 성서에서 통혼은 나쁜 섹스이기도 하고 좋은 섹스이기도 하다. 최초의 통혼은 '하나님의 아들들'이 '인간의 딸들'을 아내로 삼은 일이다(창 6:1~4). 곧이어 하나님은 사람의 죄악을 보고 홍수로 지면을 쓸어버리겠다고 결심하신다. 그래서 통혼에 대한 부정적인 생각이 드러난다. 아브라함은 아들 이삭이 가나안 여자와 결혼할까 봐 염려하여 종을 보내 고향땅 친척 중에서 며느리를 찾아온다(창 24장). 법으로도 통혼을 금한다(출 34:11~16; 신 7:1~4). 통혼을 염려한 배경에는 경제적인 이유와 종교적인 이유가 들어 있다. 외부인과 결혼하여 재산 이동이 생길까 봐 그리고 외국의 종교를 따라갈까 봐 두려워하여 금한다. 통혼은 좋은 섹스이기도 하다. 모세가 에티오피아 여자와 결혼했을 때 그것을 탓한 미리암과 아론만 곤란을 겪는다(민 12장). 모세 같은 권력자가 하는 통혼은 보호되어야 한다는 걸까? 다윗과 솔로몬은 외교력의 일부로 외국 공주들과 결혼을 하였다. 모압인 룻은 이스라엘 남자 보아스와 결혼하고(룻기), 예수의 조상이 된다. 통혼은 한편으로는 금지하면서도 누가 하느냐에 따라 합리화가 된다.

간음. 남자나 여자 중 한쪽이라도 결혼한 상태인 사람과의 성관계가 간음이고 이는 나쁜 섹스이다(출 20:14; 신 5:18). 간음은 배교(신 7:16; 14:9), 계획된 살인(신 19:11), 남편과 싸우는 상대 남자의 음낭을 잡은 경우(신 25:11~12)와 더불어 당사자 둘 다 사형 대상이다. 오경의 간음 규정은 남성 중심적이고 아내의 성실 여부를 문제 삼는다. 간음에 대한 법 또한 위반 사례가 있다. 호세아의 경우, 하나님이 간음한 아내를 다시 데려와 사랑하라고 하신다(호 3:1~3). 다윗과 밧세바의 경우도 죽지 않는다(삼하 11~12장). 예언자들의 은유 속에서 하나님은 남편이고 이스라엘은 이방 신을 따라간 바람난 아내이다. 그러나 포로로부터의 귀환을 통해 하나님은 이 아내를 용서하신다. 하나님도 법을 위반하신다.

매춘. 매춘은 나쁜 섹스이다. "네 딸을 더럽혀 성매매 여성이 되게 하지 말라"(레 19:29)와 "이스라엘 여자 중에 창기가 있지 못할 것이요, 이스라엘 남자 중에 남창이 있지 못할 것이다"(신 23:17)는 규정이 있다. 사제는 딸을 성매매여성으로 만들지 말고, 성매매여성과 결혼하지도 말아야 한다(레 21:7, 14). 성매매여성(조나)과 남창(켈렙, 개)의 소득은 헌금해서는 안 된다(신 23:18). 그러나 매춘은 상황에 따라서는 좋은 섹스인 듯하다. 다말은 며느리로서 매춘 여성으로 꾸미고 시아버지 유다와 동침하였다(창 38). 앞에서 언급한 바와 같이, 성서는 이 사건에 대해 부정적인 평가를 하지 않는다. 자손을 보기 위해서라면 또는 이유가 좋으면 매춘도 괜찮다.

자위, 피임, 낙태, 독신. 사람들은 성서가 출산이 있는 섹스가 좋은 섹스라고 일반적으로 제시하므로, 자위, 낙태, 피임, 독신은 틀렸다고 가르칠 것이라고 생각한다. 그러나 성서는 이 어느 것에 대해서도 말이 없다. 성서는 자위행위를 법으로 금한 적이 없다. 성서는 피임에 대해 말하지 않지만 오난의 경우 피임을 꾀하였다(창 38:8~10). 그는 다말이 임신을 못하도록 성관계 중 정액을 밖에 쏟아버렸다. 오난이 곧 죽는다. 그래서 정액(제라, 씨)의 낭비에 대해 저자가 부정적으로 여긴다는 것을 암시한다. 성서는 낙태에 대해 법이나 이야기 속에서 아무 언급이 없다. 고대 중동의 법 중에서 중기 아시리아법(Middle Assyrian Laws)에 낙태를 금하는 법이 딱 하나 나온다.[12] 낙태를 한 여자는 생매장이라는 처벌을 받고, 낙태를 하다가 이미 죽었다면 적절한 매장을 해주지 말라고 한다. 학자들은 이스라엘도 이 문화를 따랐을 것이고 낙태법을 만들 필요도 없었다고 가정한다.

구약성서에서 독신은 과부, 환관, 질병이나 경제적인 이유로 배우자와 헤어진 경우(아마도 역대하 26:19~20에서 피부병 전염 후의 웃시야 왕처럼), 하나님의 부르심에 응하기 위해 비혼인 경우(렘 16:1~4), 이혼한 경우와 미혼의 젊은이들 등 여섯 가지로 볼 수 있다. 그러나 독신에 대한 규정이나 관점은 없다. 유명한 인물 중에 독신이 여럿 있었다. 미리암, 예레미야, 느헤미야, 모르드개, 다니엘과 세 친구 등이 그러하다. 신약성서에서 바울은 독신을 추천하였다. 예수와 바울은 유대인 남자로서 결혼하지 않았다는 것이 독특하다.

근친 관계. 성서에서 근친 성관계는 일반적으로 나쁜 섹스이다.[13] 근친 금령을 열거하는 본문인 레위기 18장을 살펴보자. 성결법(레위기 17~26장)의 일부인 이 규정은 사람들이 '전에 살던 이집트 땅의 풍속'이나 앞으로 들어갈 '가나안의 풍속'도 따르지 말라고 가르치기 위해서 나온다. 금지하는 관계는 주로 근친관계이고 이웃의 아내나 동물과의 성관계도 금한다. 어머니(7절) 및 아버지의 다른 아내(8절), 친누이 또는 이복누이(9절), 친손녀나 외손녀(10절), 고모(12절), 이모(13절), 백모나 숙모(14절), 며느리(15절), 형수나 제수(16절), 함께 사는 여자의 딸과 그 여자의 친손녀와 외손녀(17절), 처형이나 처제(18절), 아내의 월경시의 성관계(19절), 이웃의 아내(20절), 유아를 몰렉에게 바치는 일(21절), 남자가 여자와 교합하듯 남자와 교합하는 일(22절), 수간(23절) 등을 금한다.

이 규정은 남성 청중에게 말하고 있고 일부다처제를 전제로 한다. 이 규정은 출산에 대해 관심을 갖고 있고, 생식력을 낭비하는 것을 문제 삼는다. 금지된 관계만이 아니라 월경시의 성관계 같은 금지된 행위도 언급한다. 유아를 몰렉에게 주어 불로 통과하게 하는 것을 금하는 것도 이 금령 안에 들어있다. 특이한 것은 딸과 질녀와의 근친관계를 금지하는 조항이 없다는 점이다.[14] 창세기 19장에 아버지와 딸(롯과 두 딸)의 성관계가 나오는데 딸들이 주도하였다. 그 자손이 모압과 암몬 자손을 이루었다는 말 외에는 도덕적 판단이 없다. 레위기의 금친 금령은 여자 사이의 성관계(레즈비언)를 금지하지도 않는다. 법이 남성 중심적이라서, 곧 여자들 사이의 성관계는 정액을 잃어버리는 일이 없기 때문인 듯하다. 수간과 관련해서만 여자가 금할 성관계라고 언급한다. 정말 특이한 것은 이 레위기 규정을 어길 경우 어떤 처벌이 있을지 구체적인 처벌 조항이 없다. 오늘날의 교회는 이 모든 금령 중에서 남성 동성애를 언급한 18장 22절만을 논쟁으로 삼고 있다. 로마서 1장 26~27절은 남자들과 여자들 둘 다의 '자연스럽지 않은 성관계'를 정죄한다.

성서는 주요 인물이 이들 규정을 위반한 이야기를 여럿 전한다. 레위기 규정은 제일 먼저 어머니를 범하는 것을 금했는데, 성서에는 이를 위반한 이야기가 없다. 그러나 아버지의 '벌거벗음을 본' 이야기는 나온다. 창세기 9장에서 막내아들 함이 아버지 노아의 하체를 본 일이다. 이에 관해서 다음과 같은 여러 해석이 있다.[15] 함은 아버지를 조롱했거나 강간했거나 거세했을 것이다. 또는 레위기 18:7의 "너는 네 아버지의 아내의 벌거벗음을 범하지 말라. 이는 네 아버지의 벌거벗음이니라"라는 규정에서 유추하여 함이 어머니의 벌거벗음을 보았거나 범하려고 했다. 또는 함이 아버지와 동성애 행동을 했다.

아버지의 다른 아내를 범하지 말라는 규정은 위반한 사례가 흔하다. 르우벤은 아버지 생전에 아버지의 다른 아내인 빌하를 범했고(창 35:22), 압살롬은 옥상에 장막을 치고 온 이스라엘 백성이 보는 데서 아버지 다윗왕의 후궁을 범했다(삼하 16:21~22). 아내가 생존해 있는 동안 아내의 자매와 성관계를 가져서 아내가 질투하지 말게 하라는 규정(레 18:18)은 아내가 죽은 후에는 괜찮다는 말인 듯하다. 야곱은 자매인 라헬과 레아와 처음부터 동시에 결혼했고 거기서 일곱 지파가 나왔다(창 29장 이하). 암논이 다말을 강간했을 때(삼하 13장)나 족장들이 아내와 부부 사이(창 12, 20, 26장)라는 것은 이복누이와의 성관계 금지를 어긴 경우이다. 유다는 비록 며느리와 속아서 성관계를 갖기는 했지만 어쨌든 며느리와의 사이에서 두 아이를 가졌다(창 38장). 이들은 모두 예수의 조상이다(마 1:3). 형수나 제수와 성관계를 가져서는 안 된다는 법(16절)은 신명기의 시형제결혼법과 정면으로 상충한다.

시형제결혼법에 의하면 한 남자가 자손을 낳지 못하고 죽으면 아내는 남편의 형제를 통해 자손을 보아야 한다(신 25:5~10; 룻기). 자손을 얻기만 한다면 근친 금령을 어겨도 된다는 말일까? 고모와 성관계를 갖지 말라는 규정은 모세의 아버지가 어긴다. 아므람은 아버지의 누이, 곧 고모인 요게벳을 아내로 맞이하였다(출 6:20). 이렇듯 근친 금령은 곧잘 위반되었다.

순결, 혼전 성관계, 강간. 신명기는 결혼한 후 아내의 처녀성을 의심하는 경우에 대해 해법을 제시한다(22:13~21). 친정 부모가 처녀의 표를 가지고 처녀성을 증명하면, 공동체가 남자를 때리고, 남자는 친정아버지에게 벌금을 준다. 그리고 평생 그 여자와 함께 살아야 한다. 처녀성을 증명할 수 없을 경우에는 공동체가 그 여자를 돌로 쳐 죽이라고 한다. 처녀성 증명 여부가 모호하다는 점은 차치하더라도 이 규정은 여자의 순결만을 따지는 이중잣대를 드러낸다. 물론 성서는 법에서나 사건을 전하는 이야기에서 강간에 대해 부정적인 논조를 띠기는 하다.

성서는 결혼하지 않은 성인 남녀가 약혼이나 결혼할 의도가 없이 쌍방의 동의하에 성관계를 갖는 것, 곧 현대인이 생각하는 혼전 성관계에 대해 아무 구체적인 말이 없다. 대신 오늘날 강간이라고 생각하는 결혼 전의 성관계에 대해서는 규정이 있다. '남자가 약혼하지 아니한 처녀를 붙들고 동침하는 중에 발견되면' 남자는 여자의 아버지에게 돈을 주고 그 여자와 결혼하면 된다(신 22:28~29). 문맥상 이 남자는 결혼한 남자이고, 이 상황은 강간이다. 또한 성관계가 들에서 있었으면 강간이고, 성 안에서 있었으면 간음이라고 한다. 들에서라면 여자가 소리를 질렀어도 사람들이 듣지 못했을 것이기 때문이라고 한다. 어디서든 여자가 저항하다가 실패한 경우는 고려하지 않는다. 현대의 기준으로 보아 더 놀라운 점은 강간을 해도 결혼만 하면 괜찮다는 것이고, 자신을 강간한 남자와 결혼해야 하는 여자의 입장 같은 것은 전혀 고려하지 않는 것이다. 강간은 정말 남성의 사회적 위계와 지위를 강화하는 수단으로 사용된 것일까?[16]

성서는 강간 사건을 많이 전한다. 롯은 동네 무뢰배들이 방문객(천사)들을 성폭행하려고 하자 대신 두 딸을 내놓는다(창 19장). 천사들의 개입으로 강간은 벌어지지 않았다. 아이러니하게도 딸들은 자손을 보존하겠다는 명분이지만 아버지를 취하게 해서 강간한다. 디나는 히위족 추장 세겜에게 강간을 당한다(창 34장). 성서 저자는 세겜이 디나를 강간한 후 디나를 진심으로 사랑해서 결혼하고 싶어 하는 것처럼 전개하여 많은 주석자로 하여금 강간을 대수롭지 않게 여기게 했다. 디나의 남자 형제들이 히위족을 속여 피의 복수를 하지만 아버지 야곱은 이 행동을 언짢아한다. 야곱은 딸이 강간당한 일을 개의치 않은 듯한 느낌을 준다. 한 레위인은 자신을 성폭행하려는 동네 무뢰배들에게 대신 아내를 내어주어 밤새 집단 성폭행을 당하게 한다(삿 19장). 사사기 다윗은 밧세바를 강간한다(삼하 11장). 현대 독자의 심기가 불편한 것은 이 모든 사건에서 강간당한 여자의 목소리는 전혀 나와 있지 않다는 점이다.

동성애. 동성애 활동을 언급하는 본문은 전체 성서에서 네 군데뿐이다(레 18:22; 20:13; 롬 1:27; 고전 6:9). 레위기에서만도 월경 중인 여자와 섹스를 하지 말라는 규정이 10번, 곡식예물을 어떻게 드려야 하는지에 대한 규정이 17번 나오는 것에 비하면 동성애는 중요성을 갖지 못한 주제였다. 동성애가 문제가 있다면 그것은 자손을 낳지 않기 때문이다. 레위기 18장 22절은 "여자와 교합함같이 남자와 교합하지 말라"라고 한다. 그 이유는 밝히지 않는다. 이 구절이 수용적인 체위의 남자(단수)에 관한 규정이라면, 레위기 20장 13절은 두 사람(복수) 모두를 가리킨다. 여기서의 핵심은 한 남성이 다른 남성을 여성화하는 것, 곧 상징적으로 거세하여 원래의 경계를 깨는 행위를 금지하려는 듯하다.

남성이 집단으로 동성을 성폭행하려고 한 이야기가 창세기 19장과 사사기 19장에 나온다. 이 강제 성행위는 외부인을 통제하기 위해 힘을 과시하려는 폭력이다. 남성이 남성을 상대로 하는 강제 성행위는 상대를 굴욕적으로 만들고 약자로 만드는 상징적인 행동이었다. 이 두 이야기 자체는 문제를 동성애로 부각시키지 않는다. 에스겔(16:48~49)과 외경의 지혜서(19:13)도 소돔과 고모라를 동성애와 연결하지 않는다. 소돔과 고모라의 죄는 외부인을 환대하지 않고, 가난한 사람들을 돕지 않은 죄이다.

성서에는 오늘날처럼 성적 성향에 대한 다양한 논의를 고찰한 흔적이 없다. 모든 사람이 동일한 섹슈얼리티의 정도를 갖는 것이 아니라는 논의는 오래 전부터 있었고, 최근에는 비성적인(asexual) 또는 무성적인(nonsexual) 성향도 과학적으로 연구하기 시작하였다. AVEN(The Asexual Visibility and Education Network)에 의하면 보통 인구 중 1퍼센트의 사람들이 비성적이라고 한다.[17] 이들은 성적인 매력이나 성관계에 대한 욕구를 느끼지 못하고, 성적인 성향이 없다고도 한다. 대부분은 평생 비성적이고, 이런 성향은 이성애자나 동성애자와 마찬가지로 바뀌지 않는다. 이것이 만일 성서에 나왔더라면 나쁜 섹스에 해당한다고 규정했을지 모를 일이다. 이들은 사실 나쁘고 좋은 섹스라기보다는 무섹스이지만 출산을 하지 않기 때문에 낭비요, 나쁘다고 했을 것이다.

성서의 저자들이나 그 시대 사람들은 성적 성향이라는 말조차 몰랐고 젠더, 섹스, 섹슈얼리티 개념, 평등한 성, 성문화 등에 대해서도 현대의 독자와 같은 생각을 갖지 않았다. 또 출산은 결혼이나 이성과의 만남에 관심을 갖지 않고 자신의 일을 즐기며 사는 '초식' 생활도 몰랐다.

나가는 말

우리는 앞에서 성서가 성에 관한 생각과 경험을 있는 그대로, 그리고 있지 않은 그대로 솔직하게 보여준 것을 살펴보았다. 성서는 어느 한 쪽을 일관성 있게 말하고 실천하지 않는다. 성서는 감추고 피한 적이 없다. 이것이 성서의 매력이다. 문제는 수천 년 전 고대 중동의 성문화와 규범을 담고 있는 성서를 대하는 우리의 자세이다. 우리는 어느 장단에 춤을 추어야 할까? 성에 관해 서로 다른 관점 중에 더 권위가 있는 관점은 무엇인가? 누가 그걸 정하는가? 성서의 일부 성문화는 오늘날 우리 삶의 모습과 너무 거리가 멀다. 일부다처제, 족내혼, 축첩이 기본적으로 그러하고, 자손을 보기만 한다면 매춘이나 강간도 괜찮고, 책임지면 성폭행을 해도 된다는 태도가 그러하고, 무엇보다도 성평등이 빠진 논조가 그러하다. 거꾸로 오늘날의 성의식 또한 성서와 너무 거리가 멀다. 강간, 간통, 매춘, 성관계, 동성애 등 성과 관련된 거의 모든 개념에 대해 오늘날의 사람들이 생각하는 개념은 성서에 없던 것이다. 현대의 성 관념이 너무 개방적이므로 우리는 오경의 법이 제시하는 성규범으로 철저히 돌아가야 할까? 아니면 이 오래된 문서가 오늘 우리의 삶과는 무관하다면서 아주 무시해야 할까? 그래서 독자가 성서에서 한 두 본문을 꼭 집어내어 자신의 의견을 뒷받침하기 위해 쓰는 것은 성서에 정의를 행하는 일이 아닐 것이다.

한국의 교회는 성에 관한 대화를 많이 할 필요가 있다. 미국의 한 대형교회는 성에 대해 긍정적인 관점을 가지고 청소년에게 성교육을 제공한다.[18] 전체적으로는 보수적이어서 결혼 전까지 순결을 지키는 것을 강조하지만 우리의 몸이 섹스를 위해 만들어졌고, 성은 남편과 아내 사이에 '종종' 즐겨야 하는 것이라고도 말한다. 이 교회의 성교육이 참신한 것은 부모, 교사, 지도자들이 청소년이, 그리고 청소년이 친구들 사이에서 성에 관해 얘기할 수 있어야 한다고 강조하는 것이다. 건강하고 아름다운 성을 위해 교회는 성에 대한 다양한 입장을 가진 성서와 어떻게 만나야 할까? 교회는 성에 관한 솔직하고 건강한 대화를 어떻게 풀 수 있을까?

1 이 글은 대화문화아카데미 편, 『성서의 역설적 쟁점』(동연, 2011), 284~309쪽에 실렸다.

2 영어의 gender, sex, sexuality는 한국어로는 모두 '성'이다. 각 단어는 젠더, 섹스, 섹슈얼리티라는 외래어로 쓰이기도 한다. 젠더는 사회적으로 구성된 개념, 성차, 성역할을 가리킨다. 섹스는 생물학적인 개념 및 성관계를 가리킨다. 섹슈얼리티는 성적 욕망, 정체성, 여성 혹은 남성으로서 가지고 있는 의식을 포함한다. 하지만 이 개념에 대해서도 논쟁이 많다. 이 글은 이 셋 다에 관심을 갖고 '성'과 외래어를 섞어 쓸 것이다.

3 섹슈얼리티 신학은 성서나 교회가 섹슈얼리티에 대해 뭐라고 하는가를 묻는다면, 섹슈얼 신학은 섹슈얼한 존재인 우리가 성서와 전통을 어떻게 삶속에서 살 것인가를 묻는다. 김애영, "몸과 섹슈얼리티, 그리고 여성신학 담론", 한국여성신학회 편, 『性과 여성신학』(대한기독교서회, 2001), 54쪽 이하를 보라.

4 '섹시한'은 '성적 매력이 있는', '도발적인'이라는 뜻 외에도 '아주 매력적인, 흥미 있는'을 뜻하기도 한다. 참조. http://www.thefreedictionary.com/sexy

5 Michael Coogan, God and Sex: What the Bible Really Says (New York: Twelve, 2010), 8~9.

6 참조. David M. Carr, The Erotic Word: Sexuality, Spirituality, and the Bible (Oxford University Press, 2003), 17~26.

7 Johannes C. de Moor, "The Duality in God and Man: Genesis 1:26~27", in Intertextuality in Ugarit and Israel: Papers Read at the Tenth Joint Meeting of the Society for Old Testament Study and Het Oudtestamentisch Werkgezelschap in Nederland en België, Held at Oxford, 1997, ed. J. C. de Moor (Leiden: E. J. Brill, 1998). Richard M. Davidson, Flame of Yahweh: Sexuality in the Old Testament (Hendrickson Publishers, 2007), 18에서 중인.

8 Richard M. Davidson, Flame of Yahweh, 17쪽 이하.

9 이 일반적인 견해와 달리 데이비드슨은 오경의 법이 일부다처제를 반대한다는 보수적인 입장이다. 성서에 등장하는 3천 명의 남자 중 분명한 일부다처제는 33번 뿐이라고 한다. Davidson, Flame of Yahweh, 210~211.

10 Boer, "The Second Coming: Repetition and Insatiable Desire in the Song of Songs", Biblical Interpretation 8 (2000): 97.

11 데보라 엘렌스가 두 법을 잘 비교하였다. Deborah. L. Ellens, A Comparison of the Conceptualization of Women in the Sex Laws of Leviticus and in the Sex Laws of Deuteronomy. Ann Arbor, MI: UMI. Rev. ed. (Forthcoming from London and

New York: T & T Clark, a Continuum Imprint). J. Harold Ellens, Sex in the Bible: A New Consideration (Praeger, 2006), 8장에서 중인.

12 James B. Prichard, ed. Ancient Near Eastern Texts Relating to the Old Testament with Supplement (Princeton University Press, 1969), 185.

13 역사상 모든 결혼의 80퍼센트는 8촌 이내에서 있었다고 한다. 현대는 이 비율이 급격히 떨어졌지만 약 10퍼센트가 여전히 사촌과 8촌 이내의 결혼이다. 현재 미국의 30개 주가 사촌간의 결혼을 금한다(http://en.wikipedia.org/wiki/Marriage#Marriage_restrictions). 한국은 몇 년 전까지만 해도 동성동본의 혼인을 금했다. 현재는 부계와 모계의 최소한 8촌 이내의 혈족이거나 혈족이었던 자 및 8촌 이내의 인척이거나 인척이었던 자 사이의 혼인은 무효이거나 금한다.

14 딸과 질녀와의 근친 금령이 빠진 이유에 대해서는 이견이 분분하다. T. 미첨은 레위기 18장과 20장의 근친 금지법은 족장, 지파 우두머리, 국가 지도자가 이들 금령을 위배했기 때문에 변증하기 위해 뺀 것이라고 본다. T. Meacham, "The Missing Daughter: Lev 18 and 20", Zeitschrift für die alttestamentliche Wissenschaft 109 (1997): 254~59.-족장들과 다윗왕가가 위배한 항목이라서 생략-족장들의 행동을 해명하고 다윗왕조의 잘못에 대한 논쟁이다. 티크바 프라이머-켄스키는 딸 근친 금령이 빠진 이유를 사회경제적인 면에서 찾는다. 딸이 처녀성을 잃으면 사회적 지위를 잃고, 아버지가 경제적 손해를 갖기 때문이라는 것이다. Tikva Frymer~Kensky, "Law and Philosophy: The Case of Sex in the Bible", Semeia 45: Thinking Biblical Law (1989): 89~102.

15 Michael Carden, "Genesis/Bereshit", in The Queer Bible Commentary, ed. D. Guest, R. E. Goss, M. West, and T. Bohache (SCM Press, 2006), 30~32.

16 최창모, 『성서 속의 금기와 인간의 지혜』 (한길사, 2003), 205.

17 AVEN의 공식 웹사이트: http://www.asexuality.org/home/overview.html.

18 오하이오의 Cedar Creek Church, MyGodMadeSex.com.

제 11 장

퀴어비평

: 성서를 되찾다

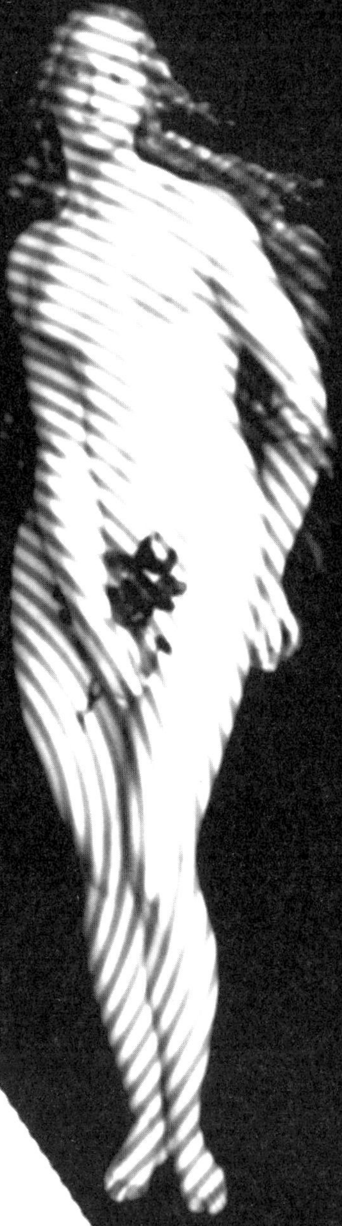

성서 연구분야에서 가장 새로운 해석 방법론 중 하나는 단연 퀴어비평일 것이다. 우리는 이 글을 통해 퀴어비평과 만나고자 한다. 먼저 성서 퀴어비평이 무엇인가, 퀴어비평의 주체가 누구인가, 페미니즘 성서비평과 어떤 연관이 있는가를 다룰 것이다. 그런 후 다양한 퀴어비평의 해석을 소개함으로써 퀴어비평이 실제로 성서에 어떻게 적용되고 있는지를 보여주고자 한다. 그럼으로써 동성애 시각 또는 퀴어 시각으로 성서를 해석한다는 것은 성서를 되찾아가는 과정이요, 퀴어를 공격하던 무기였던 성서가 퀴어를 위로하고 지지하는 성서로 변신하는 과정임을 보여줄 것이다.

이 글의 부차적인 목적은 독자가 자신의 사회적 정황(social location)에서 성서와 만날 때 특히 문화적 규범이라고 규정하던 것과 직면하도록 초대하는 일이다. 그것은 곧 퀴어비평이 요구하는 것이기 때문이다. 독자는 성서 해석자로서 자신이 어떤 성서 해석을 원하는지, 어떤 목적(agenda)으로 그 해석을 원하는지 밝혀야 한다. 이 글에서 소개하는 퀴어비평과 만나면서 독자는 자신의 규범과 틀을 들여다보게 될 것이고, 창조적 혼돈을 경험하게 될 것이다.

1. 성서 퀴어비평이란 무엇인가?

1) 퀴어이론, 성서 퀴어비평, 페미니즘

신학분야에서의 '퀴어신학(queer theology)'이나 성서 분야에서 '퀴어비평(queer criticism)'은 '퀴어이론(queer theory)'이라는 말에서 나왔다.[2] 성서 퀴어비평을 말하기 전에 퀴어이론에 대해 언급할 필요가 있다. 퀴어이론(queer theory)이라는 말은 1990년대 초에 등장하였다.[3] 이 말은 전통적인 게이 레즈비언 연구에서 발달된 최근의 이론 모델을 가리킨다. 퀴어이론은 1990년대에 대학가를 중심으로 견고한 학문체계로 발달하게 되었고 영화비평, 문학이론, 문화이론 등 제 분야에서 점차 증가하고 있다. 신학계에도 주요 출판사들이 퀴어신학(queer theology) 시리즈나 퀴어비평에 대한 단행본을 계속 출판하는 추세이다.[4]

퀴어이론을 체계화하여 성과 젠더에 대한 담론의 지형을 바꾼 사람은 주딧 버틀러(Judith Butler)이고, 여러 퀴어이론가 중에서도 현재까지 가장 많이 인용되는 학자이다.[5] 아래의 논의는 버틀러의 주장을 요약한 것이다. 퀴어이론은 섹스(sex), 젠더(gender), 섹슈얼리티(sexuality)라는 세 범주를 가지고 이성애를 전제로 하는 모든 논의에서 불일치(incoherences)를 찾아내는 분석 모델이다. 기존의 페미니즘 논의에 의하면, 섹스는 선천적으로 타고난 성이고, 젠더는 후천적으로 사회, 문화적 환경에 의해 학습된 것이고, 섹슈얼리티는 인간의 근원적인 욕구이다. 그러나 퀴어이론은 원본(the original)을 주장하는 이런 안정성 모델에 저항한다. 생물학적이고 해부학적인 섹스는 물론 원초적인 욕망인 섹슈얼리티도 제도 담론이 그렇게 명명하고 인식하게끔 지식 체계를 동원한 결과라고 보았다. 곧 근원적 욕망(sexuality)은 처음부터 존재한 것이 아니라 억압할 대상을 가정하고 있던 규율권력과 지배담론이 만든 결과물이다. 법이 욕망을 만들었다는 이 말은 욕망 때문에 법이 나왔다는 기존의 시각을 전복시킨다.

버틀러에게 있어서 젠더는 모방을 통해 원본의 권위를 손상시키는 '패러디'와 행위를 통해서만 의미를 내는 '수행성(performance)'과 재의미화의 가능성을 안고 반복되는 규범에의 '복종'과 자신 안에 타인을 품고 있는 '우울증' 등의 양식으로 발현된다. 섹스, 젠더, 섹슈얼리티는 결국 사회 문화적 구성물이고 규범이 만든 허구이므로 분명하게 정의할 수 없다. 그러므로 '남자'와 '여자'와 같은 용어나 동성애와 이성애를 구분하는 것 자체가 제도담론의 권력 효과일 뿐이다. 정체성이란 다중적이고 불안정한 위치(positions)의 집합체(constellation)일 뿐이다. 그렇다면 남자가 여자를, 이성애가 동성애를 차별하는 것이 어불성설이 된다.

이런 식으로 퀴어이론은 결국 섹스, 젠더, 섹슈얼리티의 의미를 고정하는 모든 담론적 권력에 저항하는 표어가 된다. 전통적인 페미니즘의 담론은 '억압자 남성'과 '피억압자 여성'이라는 이분법적 공식에 의존하고 철저히 제도 담론에 몸담고 있어서 오히려 퀴어를 억압한다. 성서 페미니즘 비평도 같은 혐의를 벗어나지 못한다. "하나님이 당신의 형상대로 사람을 창조하셨으니…… 그들을 남자와 여자로 창조하셨다"라는 창세기 말씀(1:27)은 이성애 계약의 버팀목 역할을 할 수 있으므로 여차하면 다양한 성적 정체성을 가진 이들을 비정상으로 규정하는 데 쓰일 소지가 있다. 사실 이 창세기 구절은 성서 전체에서 명백히 여성해방적인 몇 개 안되는 구절 중 하나이다. 이제 퀴어비평의 등장으로 그나마 몇 개 있던 양성평등적 구절조차 설 자리가 없게 되었다. '양성평등'이라는 말에는 퀴어가 낄 틈이 없고, 억압적이기까지 하기 때문이다.

성서 퀴어비평은 위의 퀴어이론을 배경에 깔고 있기 때문에 기존의 성서 해석과 연속성이 있기도 하고 없기도 하다. 독자반응비평, 해체비평과 같은 후기 구조주의적 방법을 활용하고 해방신학이나 페미니즘의 해석 방식을 활용한다는 것은 쉽게 추측할 수 있다. 아래에서 소개하는 다양한 퀴어비평적 해석을 맛보는 것이 성서 퀴어비평을 가늠하는 지름길이 될 것이다.

2) 성서 퀴어비평의 주체는 누구인가?

"퀴어비평의 주체는 누구인가?"라는 질문은 "퀴어만이 퀴어비평을 할 수 있는가?" 또는 "퀴어비평은 퀴어의 전유물인가?"라고 달리 물을 수도 있다. 먼저 간단히 답하자면 퀴어비평은 독자가 퀴어이든 아니든 누구나 할 수 있다. 현재 퀴어비평을 적용하여 성서를 연구하는 학자들은 퀴어와 비퀴어[6]를 망라한다.

퀴어비평은 경험에서 출발하는 경향이 있다. 여성신학이 여성으로서의 경험에서 출발하고, 민중신학과 해방신학이 억압의 경험에서 출발하는 것과 마찬가지이다. 성서를 퀴어비평으로 해석한 퀴어 저자들의 글은 "아는 만큼 보인다"라는 말을 종종 생각나게 한다. 퀴어로서의 경험이 없거나 전적으로 소위 이성애 중심주의적 문화권에서만 살아온 독자는 그런 해석의 여지가 보이지 않기 때문이다. 이성애 학자들도 퀴어비평에 참여하는데, 이는 성적인 함의와 무관하게 작품의 '퀴어적(다른, 이상한)' 면모를 분석하는 것도 퀴어비평의 한 유형이므로 가능한 듯하다.[7] 또한 정상과 비정상을 규정하는 사회적 규범에 저항하는 대안문화로서의 퀴어비평에 참여하고, 새 방법론을 배우는 정신 등으로 퀴어비평에 참여하는 것인지도 모르겠다.

2. 성서 퀴어비평의 역사[8]

성서에 대한 퀴어비평은 다른 비평법과 달리 신학교에서 시작되지 않고 1960년대 말부터 퀴어 교회의 강단과 성경공부 모임에서 시작되었다.[9] 성서 퀴어비평의 초기 단계에는 방어적·변증적인 입장이었다. 근본주의자들이 성경 구절을 가지고 퀴어를 공격했기 때문에 당장 해명과 변증이 시급했다. 그러나 그다음 단계인 요즘의 접근에서는 보다 공세적 입장을 취한다. 먼저 수동적 방어 단계는 한글로 출판되거나 번역된 책을 통해 이미 소개가 되었으므로[10] 여기서는 간단하게만 언급하고자 한다. 그런 후 현재 진행되고 있는 능동적 공격 단계에서 벌어지는 다양하고 독특한 해석들을 소개하는 데 지면을 더 할애하고자 한다.

1) 수동적 방어(defensive) 단계

사람들이 동성애와 성서에 대해 오랫동안 물었던 질문은, "성서는 동성애에 대해 뭐라고 말하는가?"였다. 이런 질문이 줄 수 있는 대답은 근본주의적인 해석들이었다. 성서 66권 중 6권에서 동성애를 언급하는 구절은 불과 몇 되지 않는다(창세기 19:1~28; 레위기 18:22; 20:13; 롬 1:26~27; 고전 6:9~10; 딤전 1:9~11). 이들은 퀴어를 '사정없이 때리는 구절(clobber passages)'이요, '테러본문(texts of terror)'의 역할을 해왔다.[11] 이들 구절에 대한 근본주의적인 해석들은 퀴어에 대한 미움과 폭력을 조장해왔고, 그만큼 퀴어를 교회와 성서에서 멀어지게 만들었다.

셔윈 베일리(D. Sherwin Bailey)가 1955년에 성서가 동성애에 대해 그렇게 부정적으로 말하지 않았다고 변증한 것이 초기 단계의 시작이었다.[12] 이 단계는 개정주의적 접근(revisionist approach)이라고도 볼 수 있다. 페미니즘비평이 성서 본문은 그리 성차별적이지 않은데 해석하고 설교하는 과정에서 남성중심적 문화적 편견을 첨가했다고 지적했듯이, 퀴어 해석가들도 문제의 성서 구절을 재해석할 여지가 있다고 보고 성서의 히브리어와 그리스어를 배워 재번역과 재해석 작업을 벌였다. 이는 19세기 말, 20세기 초에 미국에서 여성운동가들이 딸들을 신학교에 보내어 성서 원어를 배우고 전문성을 갖추도록 해야 한다고 했던 것과 비슷하다.

이 단계에서는 또한 고대 지중해의 세계관에서는 사람들이 성에 대해 어떤 사고방식을 갖고 있었는지 재조명하고는 성서는 현대적 동성애 논쟁에 대해 해줄 말이 없다고 결론지었다. 곧 당시 성역할과 성(sexuality)은 철저히 지배와 비지배와 관한 것이었지 성서 저자들은 성적 지향(sexual orientation)이라든가 상호적인 에로틱 관계, 평등의 표현으로서의 성 같은 것은 몰랐다는 것이다.[13] 그러므로 현대의 논쟁에 성서를 사용하려는 시도는 결국 해석자의 동성애 혐오증(호모포비아)을 낳는다고 주장하였다.

윌슨은 성서가 퀴어를 정죄하지 않는다고 자꾸 설명하고 변증(apologetics)하는 일은 지치는 일이라고 하면서, 성서 속의 게이와 레즈비언에 대해 대담하고 당당하게 연구하자고 주창했다.[14] 퀴어비평의 최근 접근은 바로 이러한 태도를 반영한다.

2) 능동적 공세(offensive) 단계

이 단계에서는 성서가 퀴어를 공격하는 도구가 아니라 퀴어에게 주시는 하나님의 말씀으로 읽으며 성서를 다시 소유하려는 단계이다. 요즘 퀴어비평의 경향은 최근의 단행본 제목, *Take Back the Word*(말씀을 되차지하기)가 한마디로 대변하고 있다.[15] "성서가 동성애에 대해 뭐라고 말하는가?"라는 질문이 성서 연구에 있어서 퀴어를 대상으로 여겼다면, "퀴어는 성서를 어떻게 읽는가?" 와 같은 새로운 질문은 성서의 주인으로서 읽는 입장을 취하는 것이다. 웨스트는 해방신학이나 여성 신학이 성서를 구원이라는 주제로 읽었다면, 퀴어신학은 커밍아웃(coming out)이라는 주제로 읽는다고 한다.[16] 흥미롭게도 윌슨은 반대말을 사용하여 '성서를 아우팅(outing)시키기'라고 불렀다.[17]

이 능동적 공세 단계에서는 해석자의 사회적 정황(Social Location)을 적극적으로 주창한다. 모든 독자는 각자의 인종, 성, 계급, 종교, 사회경제적 위치, 교육 정도와 같은 사회적 정황을 가지고 본문을 읽는다. 그중 한 요소를 두드러지게 가지고서 본문을 읽을 수 있다. 페미니스트는 여성의 경험을, 퀴어는 거기에 성적 지향을, 억압당한 그룹(흑인, 민중 등)은 자신의 억압 경험을 가지고 성서 본문을 읽는다. 여기에 여성과 가난과 인종이 다중으로 결합할 수 있고, 퀴어와 가난과 인종이 결합할 수 있다. 서양의 부유한 백인 여성이 성서를 읽는 것이 가난한 아시아 여성이 읽는 것과 다를 수밖에 없듯이, 퀴어가 성서를 읽을 때 해석이 다른 것은 당연한 일이 된다. 또한 같은 퀴어라도 퀴어에 대한 수용이 열려 있는 서구 문화권에서 읽는 것과 한국처럼 아직 덜 수용하는 문화권에서 읽는 것은 다를 것이다.

성서의 의미는 저자의 원래 의도에서도 찾을 수 있고, 현재 성서를 읽는 독자에게서 나올 수도 있다. 누가 본문을 읽느냐는 누가 본문을 썼느냐 못지않게 중요하게 되었다. 이런 면에서 퀴어비평은 독자반응비평이나 이데올로기비평 등을 적극 수용한다.[18] 아래의 소개에서와 같이 성서에서 동성애 관계나 성에 대해 긍정적으로 표현한 것을 찾는 것도 이 단계의 특성에 속한다.

(1) 어긋난 이성애 논리 찾기

퀴어비평적 논문 모음집인 *Queer Commentary and the Hebrew Bible* 의 편집자이자 구약성서에 퀴어비평을 적용하여 여러 편의 논문과 단행본을 저술한 켄 스톤(Ken Stone)은 호세아서를 남성성 이미지라는 주제로 꿰뚫는다.[19] 호세아가 하나님을 묘사할 때 사용한 것은 당시에 일반적인 남성성 이미지였다. 당시 남성성(masculinity)의 정의란 여성을 울타리 안에 보호하고 식량을 제공하며 동시에 여성의 성을 통제하는 것이었다.

호세아는 바알이 아니라 야훼가 바로 그렇게 여성 이스라엘에게 식량과 안전을 제공하는 남성이라고 주장한다. 이스라엘은 야훼의 땅이요, 야훼의 아내이다. 야훼는 비와 연관된 분(호 6:3; 10:12)이고, 이스라엘이라는 밭에 생명을 주고, 씨를 뿌리고, 물을 주고, 생명을 낳는 분이다. 호세아는 자신과 아내 고멜과의 관계를 야훼와 이스라엘과의 관계에 빗대었다. 그런데 호세아는 야훼를 묘사할 때 남성성에 대한 깊은 불안의식을 드러낸다. 고멜이 난잡하다고 비난함으로써 하나님만을 예배하지 않는 이스라엘을 나무라려고 했지만 이 비유는 남자의 불안을 보여준다. 고멜이 낳은 둘째, 셋째 아이가 누구의 아이인가 불확실하다는 것 역시 보호와 경계로서의 담장, 곧 남자가 부실하다는 뜻이다. 호세아의 분노는 남성성을 증명하지 못한 유약함과 불안정에서 나온다. 남자답지 못하다고 밝혀진 데서 오는 상징적인 거세에 대한 두려움을 보이는 것이다. 호세아는 야훼가 식량을 주시는 분이라고 강조하면서, 한편 아내를 의심하며 처벌하는 이로 묘사함으로써, 아이러니하게도 야훼를 자신감이 없는 불안한 남성으로 그려낸다. 결국 호세아가 사용한 식량과 성의 수사학은 호세아의 하나님이 상징적 인 거세의 가능성에 대해 불안해하고 있음을 드러낸다. 그런데 불안은 성서에서 하나님을 묘사하는 기법이 아니므로 독자가 불안하게 되므로 역설적이다.

이와 같은 켄 스톤의 퀴어 독법은 호세아의 이성애에 기초한 논리를 해체한다. 이 해석은 앞에서 소개한 버틀러의 지적처럼 페미니즘의 이성애 중심주의적 측면을 도전하고 초월한다. 동시에 그간 페미니즘비평이, 호세아서의 수사학이 이스라엘의 불성실한 종교생활에 가부장적 논리로 고멜에 빗댄 것을 비판해왔기 때문에 스톤의 퀴어 독법과 일맥상통하기도 한다. 이런 점에서 퀴어비평은 페미니즘비평과 함께 갈 수 있는 여지가 있다.

(2) 퀴어 에로티시즘 찾기

테드 제닝스(Ted Jennings)는 사무엘서에 등장하는 야훼, 사울, 다윗, 요나단 등 남성 인물 사이에서 동성애(homoeroticism)[20] 주제를 본다.[21] 이 전쟁 이야기(saga)는 남성을 위해 씌어졌고, 여성 인물은 보조적으로만 등장한다. 엘리트 무사들 문화의 특징 중 하나는 성인 무사의 주요 동료가 연하의 무사라는 점이다. 교차문화적으로 살펴보자면, 일본 도쿠가와의 사무라이들에게 동고동락하는 소년 무사들(companions)이 있었다. 소년들은 잘생겼고 용감하였고 충성을 다했다. 그런데 이들의 관계에는 동성애가 있었다.[22]

성서의 무사들도 외모와 무관하지 않다. 사울(삼상 9:1~2)이나 다윗(삼상 16:12)은 잘생겼다고 묘사되었다. 성서의 무사들에게는 무기병

(armor bearer)이 있었고, 이들은 보통 더 어리고, 신분이 더 낮았다. 무기병은 무기를 나르는 역할만이 아니라 사무라이의 미소년처럼 전투를 같이 하는 동반자였다. 다윗은 잠시 사울의 무기병 역할을 했었다(삼상 16:21~22 참조). 요나단에게도 소년 무기병이 있었다(삼상 14:1 참조). 다윗만이 무기병이 있었다는 말이 없는데 제닝스는 다윗과 야훼와의 각별한 관계 때문이라고 본다. 다윗은 자신을 해치려는 사울을 해하려고 하지 않았던 이유는 과거에 사울의 무기병으로 일한 적이 있어서 충성심이 있었기 때문이다. 사울과 다윗은 무사와 무기병 사이였고, 그런 후 다윗과 요나단이 절친한 친구가 된다. 제닝스는 이들의 관계에 성적인 활동이 있었을 것인지 묻고는, 대답은 독자의 경험에 달려 있다고 한다. 경험이 있거나 그런 문화권에 사는 사람들은 가능하다고 볼 것이고, 그렇지 않은 독자들은 그런 일은 생각할 수도 없고, 그런 생각만으로도 화를 낼 수 있을 거라고 한다.

제닝스는 야훼를 다윗이나 사울 같은 등장인물로 본다. 야훼는 탁월한 전장(warrior chieftain)으로서 무사(warrior)의 코드에 따라 행동한다. 야훼는 거칠고, 맹종과 충성을 요구하고, 변덕스럽고, 속이 좁고, 동시에 유능한 전략가로 묘사된다. 야훼는 무기병으로서 사울과 다윗을 선택할 때 용맹과 담대함도 고려했지만 맨 먼저 외모를 고려했다.

야훼와 다윗과의 '특별한' 관계는 법궤를 둘러싼 사건에서 잘 드러난다(삼하 6장). 법궤 사건은 야훼와 다윗의 밀고 당기는 연인관계를 보여준다. 법궤는 야훼의 임재를 나타냈는데, 예루살렘으로 옮겨오려고 하다가 일이 생겨서 석 달간 다른 곳에 두었다. 그 일이란 나곤의 타작마당에서 소들이 뛰는 바람에 궤가 떨어지려고 하자 웃사가 붙든 것을 가지고 야훼가 진노하여 웃사를 죽인 사건이다. 다윗은 그 일로 야훼께 화가 나서 궤를 가드 사람 오벳에돔의 집에 두었다. 석달 후 법궤가 머물던 곳이 복을 받았다는 것은 다윗에게 야훼가 남성호르몬성 짜증을 가라앉히고 교훈을 얻었다는 표시였기에 예루살렘으로 궤를 가져오게 된다. 다윗은 기뻐하며 법궤 앞에서 벌거벗고 춤을 추었다.[23] "오늘 이스라엘의 임금님이 건달패들이 맨살을 드러내고 춤을 추듯이 신하들의 아내가 보는 앞에서 몸을 드러내며 춤을 추셨으니 임금님의 체통이 어떻게 되었겠습니까?" (삼하 6:20)라는 미갈의 말이 이를 강조한다. 다윗의 이 행동은 옛 연정을 불사르려는 것이 아니라 야훼의 착한 행동에 상을 주는 것이다.

이제 야훼는 부드러워졌고 사무엘하 7장이 말하듯 야훼 한쪽이 영원히 다윗에게 신실할 것을 서약하는 일종의 결혼(union)을 한다. 다윗은 연인을 위해 집을 지어주려고 하고, 집안에 길들이려고 한다. 그러나 야훼는 예언자 나단을 통해 야훼가 다윗에게 집을 지어주는 것으로 수정하고, 관계에서 주도권을 갖는다. 야훼의 말은 엄격하면서도 다정하여 다윗을 아브라함과 모세에게만 부른 말인 '나의 종'이라고 부른다. 이 결합에서 다윗은 이스라엘을 대표한다. 초기에 통제불가능한 남성적 공격성을 보인 야훼가 헌신적인 남편이 된 것이다. 이 같은 야훼와 다윗의 관계는 예언서에 이르러서는 야훼와 아내 이스라엘의 관계가 되어 다윗은 여성, 곧 트랜스젠더가 된다. 이스라엘은 결혼에 불성실하여 야훼를 배반하나 야훼는 다윗을 기억하며 이스라엘을 끝내 내치지 않는다.

제닝스가 교차문화적 접근으로 사무라이와 미소년 동반자들의 동성애 관계를 초기 이스라엘 왕국의 남성 영웅들의 관계에 적용한 것은 다분히 퀴어적이다. 후기 구조주의적 성서 읽기에서 새롭고 도전적인 해석들이 많이 나왔지만 제닝스의 퀴어독법은 상상력과 표현 등 여러 면에서 틀을 확실히 깨고 있다. 점잖은 학술 논문에 등장하지 않을 만한 난감한 표현도 제법 나온다. 소위 틀을 깬다는 것은 독자가 사회적 상황(social location)에서 성서를 읽을 때 피할 수 없는 것이고, 이는 제닝스의 글을 담고 있는 단행본의 의도이기도 하다. 제닝스는 경험만큼 보인다고 했는데, 퀴어비평 실천 여부나 수용 여부는 결국 독자의 몫이라고 말하는 듯하다.

(3) 이성애 에로티시즘으로만 읽지 않기

제닝스가 본문에서 퀴어 에로티시즘을 찾았다면, 스톤은 한 본문을 이성애 에로티시즘으로만 보아서는 안 된다고 주장한다.[24] 창세기 1~3장 이야기는 오랫동안 남자와 여자 창조 및 결혼과 출산의 유래를 설명하는 것으로 받아들여졌다. 퀴어가 커밍아웃을 하고 목소리를 내기 시작하자 이 이야기는 퀴어를 공격하고 이성애 결혼을 못 박아 강조하는 본문으로 사용되었다. 창세기의 이 본문이 동성애를 다루어서가 아니라 종교계에서 동성애 이슈가 큰 관심사인 데 비해 성서가 동성애를 별로 언급하지 않기 때문이다. 퀴어를 반대하는 입장에 의하면, 인간은 남자와 여자로 지어졌기에 서로를 그리워하고, 남자와 여자로 받아들이는 것은 아담과 이브 이야기의 주제인 인간의 도덕성을 받아들이는 것과 같다는 것이다.[25] 그러면서 "하나님이 아담과 이브를 만드셨지, 아담과 스티브를 만드셨냐"고 꼬집는다.[26]

스톤은 아담과 이브 이야기가 성적인 문제로 해석되어온 것이 사실이나, 성(sex)만이 아니라 음식(food)에 관한 이야기로 읽은 학자들을 찾아낸다. 카에사리아의 바실(Basil of Caesarea)은 식탐 때문에 아담이 죽음에 이르게 되었고 악이 세상에 오게 되었다고 해석한 바 있다.[27] 하나님이 아담과 이브더러 선악과를 먹지 말라고 금하셨지만(창 2:17) 명을 어기고 먹었기 때문이다. 그러므로 바실에게 있어서 인간이 '타락(fall)'한 것은 순전히 음식 금지규정을 어겼기 때문이다. 노아, 함, 에서, 롯과 같은 인물이나 광야의 이스라엘도 먹고 마시는 것 때문에 죄를 지었다.

금식에 대해 저술한 교부들은 음식과 성에 대한 그리스 로마 사상에 영향을 받았고, 먹고 마시는 것의 양에 따라 성욕이 늘거나 준다고 보았다. 식탐이 성 문란에 이르게 하듯이, 금식은 금욕에 이르게 한다는 것이다. 터툴리안은 금식에 관해 저술하면서 아담과 이브는 채식주의자였다고 본다.[28] 하나님이 모든 나무의 열매는 먹어도 좋다고 말씀하셨지(창 2:16) 고기는 언급하지 않으셨기 때문이다. 그러면서 성기가 위장 가까이에 있는 이유는 정욕과 식탐이 관련이 있기 때문이라고도 했다. 같은 맥락에서 알렉산드리아의 클레멘트(Clement of Alexandria)는 생산과 성교에 대해 논하는 도중 갑작스레 "우리는 위장의 즐거움을 통제해야 하고 위장 아래의 생식기를 절대적으로 통제해야 한다"고 썼다.[29] 이들 교부들은 창세기의 아담과 이브 이야기를 성의 관점으로만 보지 않고 음식 및 식탐의 관점에서도 해석하였다.

또 다른 교부들의 해석은 아담과 이브 이야기를 이성애 결혼을 규정한 본문으로 보기 어렵게 한다. 제롬(Jerome)[30]과 크리소스톰(Chrysostom)은 아담과 이브가 에덴동산에 있을 때는 숫총각, 숫처녀였는데, 동산에서 쫓겨난 후부터 성관계를 가졌다고 보았다. 크리소스톰은 한 발 더 나아가 결혼은 불복종과 저주와 죽음 때문에 생겼다고 했다.[31]

성서 이야기를 해석 공동체의 필요와 개인의 사회적 위치(social location)에서 해석한다고 볼 때, 교부들은 해석 공동체에게 음식과 성의 연결고리에 대해서 윤리적·신학적 규정을 제공할 필요를 느꼈기에 아담과 이브 이야기를 그 관점에서 해석하였다. 마찬가지로 스톤은 지적하기를, 현대의 일부 독자가 아담과 이브 이야기를 이성애를 규범으로 정하는 본문이라고 주장하는 것은 그의 개인적인 해석일 뿐이라고 한다.

(4) 퀴어의 아픔을 호소해주는 성서

모나 웨스트(Mona West)가 예레미야 애가를 읽은 방식은 퀴어비평이 어떻게 성서를 '되찾는지', 어떻게 성서의 주인으로서 읽는지를 보여준다고 볼 수 있다. 웨스트는 애가를 에이즈로 인해 고통 받는 게이 공동체를 위한 책으로 이해한다.[32] 애가는 예루살렘의 함락과 그에 따른 처참한 경험을 묘사하는 역사 문서이지만, 이 책은 모든 시대에 걸쳐 어떤 이유로든 극심한 고통을 겪은 이들이 자신의 고통을 호소할 수 있는 성서적 공간 역할을 하였다. 마찬가지로 애가는 에이즈로 가족과 친구를 잃은 사람들이 기억하고 애도할 수 있는 성서 공간인 것이다. 웨스트는 애가를 트라우마(trauma) 문학이라고 부르면서 보통 트라우마에서 회복되는 3단계와 연결한다. 이들 단계란 안전(establishment), 기억과 애도, 일상생활과 재연결하기 등이다. 웨스트는 애가가 에이즈로 엄청난 상실을 겪은 개인과 가족과 지역사회가 이 3단계를 겪고, 표현하고 제 자리를 찾아가는 상태를 말해줄 수 있다고 여긴다.

애가에는 고통의 근원인 하나님이 고통을 내리셨다고 하나님을 원망하고 탓하는 저항의 목소리가 들어 있다. 신명기 역사가에 의하면 사람이 고난을 받는 것은 무언가 잘못한 것이 있기 때문이다. 애가는 이 신학에 저항한다. 애가에서는 신명기신학이 '파산한 신학체계'일 뿐이다. 애가에는 또한 기억하고 애도하는 목소리가 들어 있다. 예를 들어 1장 8~9절은 에이즈로 인한 몸의 수치를 대변한다고 읽을 수 있다. "예루살렘이 그렇게 죄를 짓더니 마침내 조롱거리가 되었구나. 그를 떠받들던 자가 모두 그 벌거벗은 모습을 보고서 그를 업신여기니, 이제 한숨지으며 얼굴을 들지 못한다. 그의 더러움이 치마 속에 있으나, 자기의 앞날을 생각하지 않는다. 그렇게 비참해져도 아무도 위로하는 이가 없다"(새번역). 웨스트는 에이즈로 인한 집단적인 죽음과 같은 극단적인 사건을 경험하고 아파하면서도 용기 있게 직면할 때 새로운 신학 체계를 낼 수 있다고 본다. 그리고 신명기의 인과응보식 단순 신학이 아닌 복잡한 인생의 고난 경험을 통합할 수 있는 신학을 역설한다.

이와 같이 애가를 통해 게이 공동체의 아픔을 표현하고 위로를 찾는 성서 읽기는 "아무도 성서를 소유하지 않는다"는 말을 생각나게 한다. 이는 곧 누구나 성서를 소유할 수 있다는 말이기도 하다.

(5) 성서에서 퀴어 인물 찾기

론 스탠리(Ron L. Stanley)는 느헤미야를 환관이라고 본다.[33] 에스라, 느헤미야서에는 느헤미야가 환관이라고 나오지 않지만 여러 문맥을 고려할 때 그가 환관이라는 것이다. 느헤미야는 페르시아 왕 아닥사스다(Artaxerxes) 1세의 술 따르는 일을 맡았다. 고전 자료에 의하면 궁정 시음관(cupbearers)의 주요 역할 중 하나는 왕의 독살을 방지하기 위해 먼저 술과 음식을 맛보는 것이었다.[34] 스탠리는 외경 토빗(토빗 1:22)에 언급된 토빗의 조카 아히칼이 환관이었는데, 그가 산헤립왕 때에 수라상을 주관하고, 옥새를 보관하고, 모든 행정과 재정을 맡아 보았다는 데 주목한다. 이처럼 시음관은 단순히 음식을 시중드는 사람이 아니라 왕 가까이서 신뢰와 특권을 누리며 왕을 보필하는 사람이었다는 것이다. 이런 가까운 관계는 느헤미야가 예루살렘에 대해 왕과 대화한 것이나 예루살렘 성벽 재건을 맡은 것에서도 드러난다. 고대 자료들에 의하면 대부분의 시음관이 환관(eunuch)이었다고 한다. 페르시아의 첫 왕 고레스(Cyrus)는 환관을 궁정에 고용하기 시작했다. 결혼한 남자는 왕에게 온전히 충성하지 못할 거라고 보았기 때문이다. 고레스는 개인적인 시종을 모두 환관으로 했다. 이 관습이 고레스 시대 이후에도 계속되었다는 것은 아닥사스다 2세 때 궁정 의사였던 스테시아(Ctesias)가 기록한다.[35]

스탠리는 퀴어비평에서 새롭게 떠오르는 성서 구절을 조명한다. 느헤미야보다 약 300년 전에 살았던 이사야가 예언하면서 환관에 대해 언급한 적이 있다. “비록 고자라 하더라도 나의 안식일을 지키고, 나를 기쁘게 하는 일을 하고, 나의 언약을 철저히 지키면, 그들의 이름이 나의 성전과 나의 성벽 안에서 영원히 기록되도록 하겠다. 아들딸을 두어서 이름을 남기는 것보다 더 낫게 하여 주겠다. 그들의 이름이 잊혀지지 않도록, 영원한 명성을 그들에게 주겠다."(56:4~5, 새번역) 이사야의 이 예언은 환관의 몸에 대한 오명이나 후손이 없는 것에 대한 오명을 제거했다.

느헤미야는 에스라에 비해서 필요한 리더십을 고루 갖추었다. 사람들의 반대를 겪고 생명의 위험을 무릅쓰며 예루살렘 성벽을 수리하는 과제를 완수했다. 페르시아에서 환관으로 훈련받았기에 예루살렘에서 리더십 역할을 잘 해낼 수 있었다. 환관이 예루살렘 사람들에게 문제로 부각되지 않았다. 어쩌면 그들은 이사야가 예언한 바를 느헤미야에게 적용했을지도 모른다. 느헤미야는 예배를 인도하기도 했는데, 포로기 전이라면 불가능했을 것이다. 느헤미야는 중요한 문제를 이끈 강하고 카리스마적인 지도자였고 그래서 그의 성적인 상태는 문제가 되지 않았다. 스탠리처럼 마이클 피아자(Michael S. Piazza) 역시 느헤미야를 긍정적으로 해석한다. 편안하게 살 수 있었지만 기꺼이 어려운 일을 맡아 섬김의 지도력을 발휘했다는 것이다.[36]

스탠리가 성서에서 긍정적인 역할을 한 환관을 찾았다면 빅토리아 콜라코우스키(Victoria S. Kolakowski)는 부정적인 역할을 한 환관 이야기를 가지고 기존의 퀴어비평적 해석에 도전한다.[37] 그녀는 예후의 명령에 따라 이세벨 왕비를 창에서 던져 죽게 한 환관들의 이야기를 다룬다(왕하 9:30~37). 콜라코우스키는 이 본문을 가지고 두 명의 퀴어이론가, 윌슨과 제니스 레이몬드(Janice Raymond)를 비판한다. 성서에서 환관(eunuch)과 불임 여성이 동성애자와 양성애자의 선조라고 생각하는 윌슨은 성서의 환관이 두 역할을 했다고 보았다. 하나는 하늘과 땅을 매개하는 마술사와 무당이요, 다른 하나는 왕궁의 이중 스파이이다. 이세벨을 창에서 아래로 밀어뜨린 두, 세 명의 환관이 바로 하나님과 엘리야 예언자를 위해 일한 이중스파이라는 것이다. 그런가 하면 레이몬드는 남성에서 여성으로 트랜스젠더를 한 사람들을 비평하면서, 과거의 남자가 거세하여 여성의 몸과 영혼을 갖고 페미니스트가 되었다고 해서 남자가 아니라고는(un-men) 말할 수 없다고 했다.[38] 가부장제를 지키는 남자들이 여성 운동을 통제하는 한 그렇다고 했다. 콜라코우스키는 트랜스젠더이자 페미니스트인 자신이, 그간 충성을 바친 여왕을 창밖 아래로 던지는 이중스파이 환관과 동일시되는 것도, 가부장제를 지키는 자로 치부되는 것도 원치 않는다고 한다. 이와 같이 퀴어이론 내부에도 성서 속의 퀴어 조상을 이해하는 관점이 다양하다.

(6) 퀴어비평식 주석

위 네 가지 예가 한 주제와 퀴어 시각을 가지고 성서를 읽었다면 퀴어비평식 주석은 전통적인 주석서들이 성경구절 한절 한절에 주석을 달듯이 각 성서를 다룬다. 물론 제한된 지면 때문에 문자적으로 한 절씩 다루지는 않으나 섹슈얼리티와 관련된 주요 구절을 모두 다루며 퀴어 시각으로 전체를 관통한다.[39]

마이클 카든(Michael Carden)은 창세기 주석에서 인간의 창조 이야기에는 흔히 생각하듯 이성애 중심적으로만 보기 어려운 모호함과 의문의 여지가 많다고 지적하며 아일벅-슈바르츠(Eilberg-Schwartz)의 다음 질문을 타당하게 여긴다.[40] 창세기 1장 26~27절에서 하나님은 사람을 하나님의 형상을 따라 여자와 남자로 지으셨다고 했는데, 그렇다면 하나님은 남자인가 여자인가, 아니면 둘 다인가? 창세기는 남성과 여성, 이렇게 두 가지 성만 있는 제도를 규정하는 것인가? 남성도 여성도 아닌 사람은 어떠한가? 하나님은 또한 사람더러 생육하고 번성하라(창 1:28)고 명했는데 창세기는 출산하는 섹슈얼리티만을 규정하고 있는가?

카든은 유대교의 카발라와 랍비 유대교 전통에서 답을 찾는다. 카발라 전통에서 창조는 10개의 세피라(Sephira)로 설명된다. 세피라란 신의 발현을 가리키는 용어로 보석 이름인 사파이어가 여기서 나왔다. 그러니까 창조도 신의 열(10) 세피로트(복수형)의 상호작용으로 이루어진다. 이 열 세피로트를 생명나무라고 부르기도 하는데 이를 카발라 전통에서는 하나님의 모습 또는 하나님의 지도(map)라고 말하기도 하고 원래 인간(primal human)의 지도라고 부르기도 한다. 그런데 각 세피라는 남성이나 여성, 또는 둘 다의 측면을 가지므로. 나무는 양성적(androgynous)이고 섹슈얼리티를 갖는다. 이런 전통에는 보다 다형적이고 평등한 섹슈얼리티를 위한 여지가 있다고 본다. 그리고 카든은 모든 사람이 남자나 여자로 태어나는 것은 아니라고 인정한 랍비 유대교 전통을 인용한다. 툼툼과 아일로니트라는 용어는 중간의 성을 가리키는데 전자는 성기가 없는 사람을, 후자는 자궁이 없는 여성을 지칭하는 말이다.[41] 탈무드에서도 여타 중간 성의 범주를 언급한다. 이처럼 고대에도 성을 남성과 여성으로만 구분하지 않은 전통이 있었다.

카든이 창세기 주석에서 언급한 가벼운 소재로는, 노아의 홍수 이야기(창 6~7장)에서 동물을 암컷과 수컷의 짝을 맞추어 방주에 넣어 구하는 대목이다. 여기서 한 퀴어 기독교인이 이 홍수 이야기가 이성애를 표준으로 규정하는 것이냐고 물은 적이 있다고 소개한다.[42] 카든은 스스로 답하기를, 창세기는 홍수 이전과 이후에 생명이 지속되는 것을 주장하고 있으며, 홍수 설화는 이성애를 규정하는 것이 아니라고 한다. 이처럼 노아가 동물을 암수 쌍에 맞추어 방주에 넣었다는 이야기를 지금껏 무심코 읽던 독자에게는 퀴어 독자의 도전이 새롭게 들린다.

카든에게 있어서 이삭의 희생(Akedah) 사건은 퀴어 자녀들이 부모와 가족의 동성애 공포증과 이성애주의 때문에 겪는 경험과 흡사하다.[43] 기독교 전통은 아브라함의 순종을 칭찬하고, 대체로 이 사건을 아버지의 시각에서 읽지, 자녀의 시각에서 읽지 않는다. 퀴어 자녀를 둔 부모들은 자녀가 동성애자라면 죽어버리는 게 낫겠다고 말하는 이들이 많다. 부모들은 자녀가 커밍아웃을 하지 않고 차라리 벽장에 숨어 있거나 가짜 게이였다고 거짓으로 밝히거나 교정 치료 프로그램을 받게 하거나 또는 자살하게까지 내몰면서 동성애 혐오증의 제단에 퀴어 자녀를 바친다. 그리고 이성애 중심적인 사회는 퀴어 자녀들이 이 과정에 온전히 협조하고 자신의 머리를 제단에 기꺼이 드리운다고 믿고 싶어 한다. 재가 된 이삭이 새롭게 변화되어 부모와 사회가 원하는 인생이 되는 것으로 상상한다. 그러나 이삭은 죽을 뻔한 기억에 평생 시달리는 인물이다. 어머니의 장막에 살고 땅을 떠나지 못한다. 이삭 설화는 짧고 이삭은 그나마 주체적 역할을 별로 하지 못한다. 아버지가 바라는 아들이 되었는지는 모르지만 영적으로나 신체적/물리적으로나 죽은 인생이다. 이처럼 이삭의 인생은 퀴어 자녀들의 인생을 대변한다. 카든은 이삭이 그러한 경험을 배경으로 어머니 사라 및 아내

리브가와 관계를 맺듯이 퀴어 자녀들도 고통스런 경험을 배경으로 가족과 주변과 관계를 맺는다고 둘을 유비하여 전개한다.

앞에서 정리한 다양한 퀴어 해석은 장르와 방법과 해석 면에서 전형적이지 않은 성서 해석을 보여준다. 또한 똑같이 해방을 지향하는 퀴어비평 안에도 이견이 있다는 것을 알 수 있다.

나가는 말

동성애 성서 해석사는 성서가 퀴어들을 공격하던 무기에서 퀴어들을 위로하고 옹호하는 하나님의 말씀으로 이동한 과정, 하나님의 말씀을 되찾는 과정을 보여준다. 진정한 의미에서 성서 퀴어비평은 퀴어이론을 배경으로 한 최근의 해석 단계를 가리킨다고 볼 수 있다. 성서 퀴어비평은 여전히 전통적인 성서 해석 방식과 대화하면서도 퀴어라는 렌즈로 성서를 보므로 전형적인 해석방식의 틀을 넘어서서 창의적이고 사뭇 도발적인 해석을 낳는다. 미국에서 동성애 문제는 교회 내에서 노예제 문제 이후로 가장 논쟁적인 문제이다. 성서 퀴어비평은 이 논쟁에 퀴어와 비퀴어 기독교인을 학문적 대화로 초대한다. 퀴어비평은 페미니즘비평에게서 해석 전략을 배우면서도 동시에 도전한다. 퀴어비평은 사회적 규범의 틀에 저항하는 비퀴어 독자들을 친구와 동지로 초대하면서 또한 도전한다. 퀴어비평은 성서와 진지한 만남을 갖고자 하는 모든 독자들을 이제까지와는 전적으로 다른 세계로 초대한다. 그 세계는 독자가 준비가 되었든 되지 않았든 자신의 사회적 정황과 정해 놓은 틀을 정직하게 들여다보고 불확실하고 모호하고 불확정한 발걸음을 내딛도록 떠민다.

1 이 글은 "퀴어비평: 성서를 되찾기",라는 제목으로 여성신학회 편, 『다문화와 여성신학』(대한기독교서회, 2008), 133~58쪽에 실렸다.

2 '퀴어'는 '이상한', '기묘한'이라는 뜻으로 전에는 동성애를 비하하여 쓴 말이었다. 1990년대 이래 '퀴어' 는 대학가를 중심으로 학문적 이론체계를 갖게 되면서 문화적으로 볼 때 주변적인 성정체성을 가리킬 때 광범위하게 쓰는 말이 되었다. 곧 동성애자뿐만 아니라 트랜스젠더, 사디스트, 양성구유자(androgyny), 트랜스베스타이트(transvestite; 크로스 드레서)를 포함한다. 참조. 한국성적소수자문화인권센터, 성적소수자사전, http://kscrc.org/bbs/zboard.php?id=press_dictionary 그러므로 '퀴어'가 영어권에서 흔히 함께 쓰이는 LGBT(Lesbian, Gay, Bisexual, Transgender; lgbt)라는 용어보다 더 포괄적이다. 데이비드 핼퍼린(David M. Halperin) 같은 학자는 한 걸음 더 나아가 '퀴어'라는 용어가 성적으로 정상이라고 생각하는 사회적 규범에 대한 저항을 상징한다고도 한다. *Saint Foucault: Toward a Gay Hagiography* (Oxford: Oxford University Press, 1995). Ken Stone, ed, *Queer Commentary and the Hebrew Bible* (Sheffield Academic Press, 2001), 28쪽에서 재인용.

3 테레사 드 로리티스(Teresa de Lauretis)가 이 용어를 처음 썼다고 한다. Teresa de Lauretis, "Queer Theory: Lesbian and Gay Sexualities, Differences", *A Journal of Feminist Cultural Studies* 3, 2 (1991): iii~xviii. Cf. Stone, ed, *Queer Commentary and the Hebrew Bible*, 20~21.

4 예를 들어, SCM Press는 퀴어신학 시리즈를 출간한다. 최근 성서 전권을 퀴어 시각으로 다룬 단권 주석으로서 약 850쪽에 달하는 The Queer Bible Commentary를 출판했다. Deryn Guest, Robert E. Goss, Mona West, Thomas Bohache, eds. (2006); 성서에 대한 퀴어비평적 논문을 모은 단권으로는 Ken Stone, ed., *Queer Commentary and the Hebrew Bible*; Robert E. Goss and Mona West, eds., *Take Back the Word: A Queer Reading of the Bible* (Cleveland: Pilgrim Press, 2000), 92~102 등이 있다.

5 Judith Butler, *Gender Trouble: Feminism and the Subversion of Identity* (New York: Routledge, 1990). Cf. 조현준, "21세기의 사유들 ②주디스 버틀러", http://www.hani.co.kr/h21/data/L980921/1p3p9l0b.html.

6 '비호감'이라는 말처럼 '비퀴어' 역시 문법적으로 맞는 단어는 아니다. '비정부기관'이나 '비영리기관'이라는 용어는 각각 정부와 기업을 기준으로 두고 NGO를 지칭함으로서 NGO가 중심이 아님을 암시하는 듯하다. 그래서 퀴어비평을 다루는 글인 만큼 '비퀴어'라고 함으로서 이성애(편의상 구분하는 용어)를 주변에 두어 보았다.

7 http://en.wikipedia.org/wiki/Queer_theory

8 참조. Mona West, "The Power of the Bible", http://www.mccchurch.org/AM/

Template.cfm?Section=Sexuality_Spirituality&Template=/CM/HTMLDisplay.cfm&ContentID=609#powerbible; Nancy Wilson, *Our Tribe: Queer Folks, God, Jesus, and the Bible* (HarperSanFrancisco, 1995), 68 이하.

9 1968년에 Troy Perry 목사가 Metropolitan Community Church(MCC)라는 독립 교단을 설립한 후 미국 내에 주요 도시에 MCC 교회들이 생겼다. Cf. http://www.mccchurch.org.

10 다니엘 헬미니악/김강일 역, 『성서가 말하는 동성애: 신이 허락하고 인간이 금지한 사랑』 (해울, 2003; *What the Bible Really Says About Homosexuality*, San Francisco: Alamo Square Press, 1994); 존 쉘비 스퐁/김준년 · 이계준 역, 『성경과 폭력』, 제 4장 (한국기독교연구소, 2007; The Sins of Scripture, HarperSanFrancisco, 2005).

11 필리스 트리블(Phyllis Trible)이 여성에 대한 폭력을 담고 있는 성서 본문을 '테러 본문(texts of terror)'이라고 부른 데서 따온 표현이다. Cf. *Texts of Terror: Literary-Feminist Readings of the Biblical Narratives* (Philadelphia: Fortress, 1984), 최만자 역, 『성서에 나타난 여성의 희생』(전망사, 1989).

12 D. Sherwin Bailey, *Homosexuality and the Western Christian Tradition* (New York: Longmans, Green & Co. 1955). Wilson, Our Tribe, 76쪽에서 재인용.

13 Mary Ann Tolbert, "Homoeroticism in the Biblical World: Biblical Texts in Historical Contexts" Lancaster School of Theology에서 2002년 11월 20일에 발표한 글.

14 Wilson, *Our Tribe*, 79.

15 Goss and West, eds., *Take Back the Word: A Queer Reading of the Bible.*

16 West, "The Power of the Bible", 2.

17 스스로 선택하여 퀴어적 성정체성을 밝힐 때 커밍아웃(coming out)이라고 하고, 그럴 의도가 없는데 타인이 강제로 밝힐 때 아우팅(outing)이라고 한다. '성서의 아우팅'에 대해서는 Wilson, *Our Tribe*, 112를 보라.

18 베일리에 의하면, 이데올로기 비평의 시각에서 볼 때 성서의 저자들이 비이스라엘인들의 터부시된 성행위를 묘사하는 것은 어떤 목적이 있기 때문이다. 이러한 성행위를 하는 이방인들에게 딱지를 붙이는 과정에서 이들을 비인간화시키고 불신하기 위한 것이다. 그러면 이런 이방인들을 평가절하하고 억압하고 공격하는 것을 고대와 현대의 독자들이 쉽게 재가하고, 동의하고 받아들일 수 있게 된다. Randall C Bailey, "They're Nothing but Incestuous Bastards: The Polemical Use of Sex and Sexuality in Hebrew Canon Narratives", pp. 121~138 in *Reading from this Place: Social Location and Biblical Interpretation in the United States.* Vol. 1. ed. Fernando F.

Segovia and Mary Ann Tolbert (Minneapolis: Fortress, 1995), 137,

19 Ken Stone, "Lovers and Raisin Cakes: Food, Sex and Divine Insecurity in Hosea" pp. 116~139 in *Queer Commentary and the Hebrew Bible*. Ed. Ken Stone (Sheffield Academic Press: 2001).

20 호모에로티시즘(homoeroticism)으로서의 동성애는 시각예술(미술, 공연 등)이나 문학에서 찾는 동성애 주제를 지칭한다는 면에서 개인 간의 동성애인 호모섹슈엘리티(homosexuality)와는 구분된 개념이다. 참조. http://en.wikipedia.org/wiki/Homoeroticism 일각에서는 예술 작품 속의 동성애를 발견하는 데 있어서 동성 간의 우정으로 볼 것인지 동성애로 볼 것인지의 경계가 때로 모호하다고 지적한다.

21 Ted Jennings, "Yhwh as Erastes", pp. 36~74 in *Queer Commentary and the Hebrew Bible*, ed. Ken Stone (Sheffield Academic Press, 2001).

22 Ihara Saikaku, The Great Mirror of Male Love. trans. Paul G. Schalow (Stanford: Stanford Univ. Press, 1990). 17세기 작가로 이 책에 40개의 이야기를 담고 있는데, 그중 첫 20개는 사무라이와 에로틱한 관계에 관한 것이다. Jennings, "Yhwh as Erastes", 48쪽 주 16에서 재인용. 그리스의 귀족 남성들 사이에서도 이와 비슷한 문화가 있었는데 제닝스가 사용하는 용어는 그리스 배경에서 따왔지만(*erastes*/lover; *eromenos*/beloved), 유사점이 더 긴밀하게 드러나는 일본 사무라이에 성서의 무사들을 비유한다.

23 제닝스도 지적했듯이, 역대기 상 15장 27절은 다윗이 에봇과 겉옷을 단단히 잘 입고 있었다고 부연한다.

24 Ken Stone, *Practicing Safer Texts: Food, Sex and Bible in Queer Perspective* (T & T Clark International, 2005), Ch. 1.

25 Christpher R. Seitz, *Word Without End: The Old Testament as Abiding Witness* (Grand Rapids: Eerdmans, 1998), 273. Stone, *Practicing Safer Texts*, 21쪽에서 재인용.

26 누가 맨 처음에 이런 표현을 썼는지는 알 수 없다. 퀴어 관련서적에 자주 인용된다.

27 Basil of Caesarea, *Sermo de Renuntiatione Saeculi* in W.K.L. Clarke, *The Ascetic Works of Saint Basil* (London: S.P.C.K., 1925), 67, Stone, Practicing Safer Texts, 27쪽에서 재인용.

28 Tertullian, On Fasting I (ANF IV), 102. Stone, *Practicing Safer Texts*, 28쪽에서 재인용.

29 Simon P. Wood, *Clement of Alexandria: Christ the Educator* (New York: Father of the Church, Inc., 1954), 169. Stone, Practicing Safer Texts, 28쪽에서 재인용.

30 Jerome, *Against Jovinianus* I:20 (NPNF VI), 386. Stone, Practicing Safer Texts, 29쪽에서 재인용.

31 Sally Rieger Shore, trans., *John Chrysostom: On Virginity; Against Remarriage* (New York: Edwin Mellen Press, 1983), 22. Stone, *Practicing Safer Texts*, 29쪽에서 재인용.

32 Mona West, "The Gift of Voice, the Gift of Tears: A Queer Reading of Lamentations in the Context of AIDS", pp. 140~151 in Stone, ed. *Queer Commentary and the Hebrew Bible.*

33 Ron L. Stanley, "Ezra~Nehemiah", pp. 268~277 in *The Queer Bible Commentary* (SCM Press, 2006).

34 Xenophon, Cryopaedia 1.3.8~9. Stanley, "Ezra~Nehemiah", 270쪽에서 재인용.

35 Edwin M. Yamauchi, "The archaeological background of Nehemiah", *Biblotheca Sacra* 137 (1980): 298. Stanley, "Ezra~Nehemiah", 270쪽에서 재인용.

36 Michael S. Piazza, "Nehemiah as a Queer Model for Servant Leadership", pp. 115~123 in Goss and West, eds, *Take Back the Word.*

37 Victoria S. Kolakowski, "Throwing a Party: Patriarchy, Gender, and the Death of Jezebel", pp, 103~114 in Goss and West, eds, *Take Back the Word.*

38 Janice Raymond, *The Transsexual Empire: The Making of the She~Male* (Boston: Beacon Press, 1979), 104~5. Kolakowski, "Throwing a Party", 110쪽에서 재인용.

39 Cf. Guest, et al., eds., *The Queer Bible Commentary.*

40 Howard Eilberg~Schwartz, "People of the Body: the Problem of the Body for the People of the Book", *Journal of the History of Sexuality* 2 (1991), 17. Michael Carden, "Genesis/Bereshit", pp. 21~60 in Guest, et al. eds, *The Queer Bible Commentary.* 26쪽에서 재인용.

41 www.bfpubs.demon.co.uk/sally.htm. Carden, "Genesis/Bereshit", 31. 27쪽에서 재인용.

42 Ibid., 31.

43 Ibid., 32 이하.

제12장

에스겔과 아가의 포르노그래피

성서(聖書)는 성서(性書)이다. 성에 대한 숱한 이야기의 집대성이기 때문이다. 성서에는 성에 대한 심한 억압을 담고 있는 본문부터 자유분방한 해방을 담고 있는 본문까지 다양한 입장이 들어 있다. 일반적으로 구약성서에서 여성의 성에 대해 가장 억압적이고 폭력적인 묘사가 에스겔 16, 23장에 나오고, 가장 해방적인 묘사가 아가에 나온다고 한다. 우리는 두 본문을 포르노그래피라는 수사학의 관점에서 보고자 한다.

페미니스트 학자들이 시대의 조류와 더불어 섹슈얼리티(性), 여성의 몸, 포르노그래피라는 프리즘을 성서 본문에 처음 적용하여 해석하였기 때문에 에스겔과 아가에 대한 이 학자들의 해석을 먼저 개괄하게 될 것이다. 이 글은 또한 성서 본문만이 아니라 지금까지의 해석을 아우팅(outing)시키는 시도이기도 하다. 대부분의 해석이 이성애 중심적이었음을 지적하고 퀴어 시각이 어떻게 두 본문을 해석하고 있는지, 성서 해석에 어떻게 기여할 수 있는지 소개할 것이다.

독자는 이 글을 통해 에스겔과 아가의 포르노그래피를 단체로 관람하면서 자신의 성적 지향을 들여다보고, 섹슈얼리티에 대해 각자 감추거나 드러내는 것을 성찰하는 기회를 갖게 될 것이다. 이런 과정에서 독자는 성서가 성에 대해 억압적이고 해방적이라기보다는 어쩌면 독자가 성에 대해 억압적이거나 해방적일 뿐임을 인정하게 될지도 모른다. 그래서 진정 성에 대해 각자 커밍아웃하는 기회를 가질지도 모른다.

1. 성서 수사학으로서의 포르노그래피

성서에 포르노그래피가 여기저기 나온다는 것은 더 이상 비밀이 아니다. 성서가 닫힌 정경이 된 이래 성서와 더불어 포르노그래피를 담은 본문도 지난 약 2천 년간 변함없이 그 자리에 있었다. 다만 그동안 독자들은 눈감고 읽거나 실눈을 뜨고 읽었을 뿐이다. 조셉 블렌킨솝(Joseph Blenkinsopp)이 에스겔 16, 23장이 '거의'(almost) 포르노그래피라고 조심스레 진단하였지만[2] 이제 망설임 없이 에스겔 본문이나 아가를 포르노그래피라고 부르는 이들이 생겨났다.

먼저 에스겔과 아가를 포르노그래피라고 명명하는 것이 타당한지 알아보기 위해 포르노그래피의 정의를 살펴본다.[3] 이 용어는 에로티카라는 용어와 종종 구별되어 사용된다. 사전에 의하면, 포르노그래피는 "성적인 흥분을 자극하도록(stimulate) 디자인된 글, 그림, 영화로서 그 목적은 성적으로 노골적인 장면을 생생하게 묘사하는 것이고, 착취적이고 굴욕적이라고 묘사된다." 에로티카는 "성적 즐거움에 관한 또는 그 즐거움을 일으키는(arousing) 성적인 문학이나 예술"이다.

많은 이들은 둘 사이에 내용상 차이가 없고, 회의적으로 말해서 포르노그래피는 저렴하고 에로티카는 비싸다고 지적한다.[4]

이 글에서는 둘을 구분하지 않지만 굳이 말하자면 에스겔 본문은 포르노그래피에 가깝고 아가는 에로티카에 가깝다고 볼 수 있다. "카우보이가 나오면 서부영화이듯이 성관계가 나오면 포르노영화이다"라는[5] 더 간단한 정의를 적용하자면 에스겔 16, 23장이나 아가를 모두 포르노그래피라고 명명하는 것이 쉬워진다. "아는 만큼 보인다"는 말을 적용해야 하겠지만, 에스겔과 아가에는 성관계가 나오기 때문이다. 에스겔의 화자는 분명 포르노그래피라는 장르를 사용하여 하나님에 관한 대화, 곧 신학을 논했다. 아가에는 하나님이라는 말이나 토라와 예언서의 전통적인 주제가 들어있지 않지만 정경에 포함되어 있다는 특성상 이미 신학 담론이다. 그래서 에스겔과 아가가 포르노그래피를 신학 담론의 수사학으로 사용했다고 말할 수 있다.

페미니스트들이 다양한 것처럼, 포르노그래피에 대해서도 한 목소리를 내지 않고, 대강 세 가지의 입장이 있다.[6] 첫째는 1970년대 말에 드워킨과 캐터린 매키넌(Catharine MacKinnon)이 반포르노그래피 운동을 주창한 이래 현재까지 이어지는 입장이고 학계에서 가장 흔한 태도이다.[7] 드워킨은 수많은 일반 여성들과 포르노그래피 배우들이 겪은 성 착취와 폭력의 경험담을 근거로 이 주제에 관한 책을 냈다.[8] 드워킨은 포르노그래피가 여자를 물화하여 지배하는 남자의 의식구조와 권력구조를 대변하고, 문화의 가치관과 고정관념의 총합이라고 본다. 포르노그래피 시장의 규모만큼이나 많은 소비자들이 믿는 자로서 포르노그래피를 구매하고 선전자로서 떠나간다.[9] 포르노그래피가 환상으로 머물러 있는 것이 아니라, 현실을 형성하고 상호작용하는 것이 문제라는 것이다.

둘째 입장은 자유주의 입장으로서 모든 포르노그래피를 긍정적으로 여기지는 않지만 "여성의 몸, 여성의 권리"라는 기본 원칙을 언론과 표현의 자유와 연관 짓는다. 이 입장에서는 반포르노그래피 운동이 보수적인 종교 및 정치 집단과 맥을 같이 하게 되고 결국 정부의 검열제도는 언론과 표현의 자유를 침해할 것이기 때문에 포르노그래피를 표현의 자유 아래 옹호한다.[10]

셋째 입장은 친포르노그래피, 친섹스 입장으로서 포르노그래피가 여성에게 개인적으로나 정치적으로 유익하다는 입장이다. 역사적으로 페미니즘과 성의 해방은 동반자였고, 포르노그래피는 문화적이고 정치적인 고정관념을 깨뜨린다. 여성은 성을 받아들이고 즐길 수 있고, 포르노그래피를 통해 안전하게 성적인 환상을 경험한다. 그러나 이 입장은 최근 급증한 소아의 성 착취와 인신매매, 그리고 포르노그래피의 고전적인 요소인 감금, 강요, 폭력, 성적인 모욕과 잔학, 지배 등의 제 요소를 충분히 고려하지 않는 듯하여 진정한 페미니스트라고 부를 수 있는지는 의심스럽다.

이처럼 포르노그래피에 대해 다양한 입장은 에스겔과 아가를 보는 시각에도 배어 있다. 두 포르노그래피 본문에 대한 지금까지의 페미니스트 접근은 공평치 않다. 에스겔 본문은 나쁘고 거북한 포르노그래피니까 기분 나빠하고 아가는 착하고 거룩한 포르노그래피라고 칭송하는 경향이 있다. 함께 직접 성서의 포르노그래피를 관람하기로 한다.(애들은 가라.)

2. 페미니스트 시각에서 보기

구약성서에서 호세아, 이사야, 예레미야, 에스겔과 같은 주요 예언자는 야훼와 이스라엘(예루살렘)의 관계를 부부관계에 빗대어 풀었다. 이 은유는 남편 야훼는 성실하고, 아내 이스라엘은 바람둥이라고 전제한다.[11] 바람난 여자에 대해서 호세아나 예레미야가 이혼을 선언하는 것과는 달리 에스겔은 죽인다.

1) 에스겔의 포르노그래피 보기

에스겔 16장과 23장은 예루살렘(이스라엘)에 대한 심판 신탁의 일부로서 여자 예루살렘의 나쁜 행실과 그에 대한 벌을 포르노그래피 수사학에 담아 놓았다. 먼저 16장은 야훼가 예루살렘을 만나게 된 경위, 예루살렘의 성장과 음행, 야훼의 복수와 처벌, 예루살렘의 자매인 사마리아와 소돔, 관계의 회복 등의 순서로 전개한다. 16장은 '나' 야훼가 '너' 예루살렘에 대해 내내 말하고, 독자는 야훼의 묘사를 통해 여자 예루살렘을 보게 된다. 독자는 남편 야훼의 말을 일방적으로 들으며 눈은 여자와 애인들을 향해 있게 되어 야훼 편을 들게 되기 쉽다.[12]

예루살렘은 아모리인과 히타이트인이 부모이고, 갓난아기 때 버려졌고, 그 이유는 밝혀지지 않았다.[13] 야훼가 '지나는 길에' 보고서 피투성이 영아를 발견하고는 "네가 피투성이라도 살아 있어라"고 두 번 말하지만(6절) 4절에 묘사된 바와 같이 탯줄을 자르고, 물로 씻어주고, 소금을 뿌리고, 강보에 싸는 행동은 하지 않는다.[14] 아이는 아름답게 자라 긴 머리의 여자가 되었는데 어떤 연유인지 여전히 알몸이다(7절). 야훼가 다시 '지나는 길에' 보니 '사랑의 때'라서 그제야 알몸을 가려주고 언약하고 야훼에게 '속하게' 하였다(8절). 야훼의 성관계 묘사는 "옷을 펼치고, 덮고, 들어가고, 씻기고, 옷 입힌다"라는 완곡어법에 가려 있다(16:9~12). 사실 야훼는 먼저 혼전 성관계를 갖고 나서 '계약'이라는 혼인식을 하므로 율법이 제시한 순서와는 반대이다.

결혼 후, '나' 야훼는 '너'에게 의식주를 제공하고 패물을 준다. '너'는 화려함과 명성을 갖더니 '내'가 준 것으로 산당을 꾸미고 제물로 바치고(18, 19절), '나'에게 낳아준 자녀도 희생제물로 불살라 바쳤다(20~21절). 그러고는 누각과 높은 대를 짓고 지나가는 모든 사람에게 다리를 벌려 음행하고(24~25절), 하체가 큰 이집트와 음행하고(26절), 음욕이 차지 않아 아시리아와 바빌론과도 음행했다(28~29절). 다른 여자들과는 달리 오히려 돈을 주었다(31, 33, 34절).

'나' 야훼는 분노와 질투로(42절) '네' 애인들을 모두 모아 '네' 옷을 벗기고 알몸으로 대중이 보도록 남겨두고, 무리를 데려와 돌로 치고 칼로 찌르게 하고, 여자들이 보는 데서 벌을 주었다(37~41절). 남편이 아내의 옛 애인들을 청부살인업자로 삼는 것도 특이하고, 율법이 명시한 바 돌로 치는데서 그치지 않고(창 38:24; 신 22:21~24 참조), 칼을 동원하고 여자를 대중 앞에 알몸으로 두고 자녀와 주변 사람들까지 벌한다. 남편 야훼는 질투와 분노 때문에 제정신이 아니다.

'나'는 '네' 죄가 워낙 중해서 네 자매 사마리아와 소돔의 죄는 아무

것도 아니라고 생각한다. 특히 소돔은 풍족하면서도 가난한 사람들을 도와주지 않은 것이 죄이다. 사람들이 보통 소돔의 죄가 성적인 방종이라고 생각하는 것과 전혀 다르다.

결국 '나'는 '너'와의 옛 언약을 기억하고 영원한 언약을 세울 것이다(60절). 그러면 '내'가 '너'를 용서한 후, '너'는 놀라고 부끄러워 다시는 입을 열지 못할 것이다(63절). 여기서 야훼는 가정폭력의 악순환에서 남편이 폭행 후에 사과하는 모습과 똑같다.[15]

23장의 흐름은 16장과 비슷하다. 23장에서 야훼는 '나'이고 사마리아와 예루살렘을 '그들'로 일컫는다. 도시나 제국이 16장에서보다 23장에서 더 의인화가 되어 사마리아와 예루살렘은 각각 오홀라, 오홀리바라는 이름을 갖는다.[16] 둘은 이름이 비슷한 만큼 행실에서도 별반 차이가 없다. 이집트, 아시리아, 바빌론은 자색옷을 입은 준수하고 말 타는 고관 청년이라고 여러 번 말한다(23:6, 12, 23). 그래서 "예루살렘이 이집트와 잤다"라는 표현보다 "오홀라가 준수한 청년과 잤다"가 더 생생하게 들린다.

두 여자는 어렸을 때 행음했고(23:3), "유방이 눌리며, 가슴이 어루만져졌다, 음란을 쏟음을 당했다."(23:3, 8) 흥미로운 것은 기소장임에도 불구하고 피고의 행동이 수동태로 표현되어 있다.[17] 곧 이 여자들은 '했다'기보다는 당했는데도 '행음'했다고 비난받는다. 야훼는 "그들이 내게 속하여"(23:2, 4, 5절) "자녀를 낳았다"고 했으니, 레위기 18장 18절의 법령을 위반한다.[18] 10절까지 언니 오홀라의 음행과 심판을 묘사하고, 11~21절까지 동생 오홀리바의 음행을, 22~35절까지 재판을 묘사한다. '내'가 오홀라를 애인 아시리아에게 넘겨서 그들이 오홀라의 하체를 드러내고 자녀를 빼앗고, 그녀를 칼로 죽여 여자들에게 이야기거리가 되게 하였다. 동생 오홀리바는 언니보다 음행이 더 심했다. '내'가 질투하여(23:25) 오홀리바의 애인들, 아시리아, 바벨론을 불러 재판을 맡기니 그들이 화가 나서 여자의 코와 귀를 자르고,[19] 알몸으로 두었고, 친척을 칼로 죽이고 자녀를 빼앗았다(23:25). 오홀라와 오홀리바는 우상과 행음했고 자녀를 화제로 바쳤고(23:37), '내' 성소와 안식일을 범했다. 16장처럼 간음한 여자들을 재판하듯이 이 여자들을 재판하였다. 무리가 돌로 치고 칼로 죽이고, 자녀도 죽이고 집을 불살랐다(23:47). 그래서 모든 여자들이 이 음행을 본받지 않게 했다(23:48). 16장과 달리 야훼는 이들에 대한 회복을 약속하지 않는다.

16장과 23장에 몇 가지 공통요소가 있다. 여자들은 철저히 침묵하고 야훼만이 말을 한다. 야훼는 아내가 바람난 것에 대해 분노하고 질투하지만 보복 행위는 본인이 하지 않고 아내의 애인들을 불러다 대신 하게 한다. 아내의 애인들은 하체가 크다(16:23; 23:20). 이들은 한때 애인이었던 여자를 벌거벗겨 수치를 겪게 한다. 무리를 불러 돌로 치고 칼로 찌른다. 자녀는 빼앗고 집을 불사른다. 특히 여자들이 이것을 모두 보게 한다(16:41; 23:48).

이들 예언 본문을 최초로 페미니스트 시각에서 포르노그래피와 성차별 본문으로 판단하고 연구한 사람은 1980년대 중반에 드로라 세틀(Drorah Setel)이었다.[20] 세틀은 안드레아 드워킨(Andrea Dworkin)의 포르노그래피 연구에 기초하여 예언 본문을 다루었다. 세틀 이전의 전통적인 주석가들은 이 은유가 이스라엘 안팎에서 어떤 신화적인 선례가 있었는지에 관심을 가졌다. 세틀은 이런 은유가 어떤 사회문화적 배경에서 나왔는지, 어떤 가부장적 세계관에 봉사하는지를 물었다. 세틀은 남성 야훼의 긍정적인 신실함과 여성 이스라엘의 부정적인 매춘이라는 이 은유가 결국 여성 비하를 정당화한다고 본다.

그 후 아탈랴 브레너(Athalya Brenner), 포켈리엔 헤메스(Fokkelien van Dijk~Hemmes), 쉐릴 엑섬(J. Cheryl Exum)과 같은 학자들이 세틀의 관점을 이어갔다.[21] 페미니스트 학자들이 예언 본문을 문제 삼은 이유는, 이들 성서 포르노그래피가 여성의 섹슈얼리티를 왜곡하고, 수치(shame)를 통해 여성을 조종하고, 여성의 성을 남성의 소유와 지배의 대상으로 묘사한 점이다. 곧 포르노그래피는 섹스와 욕구에 관한 것만이 아니라 힘, 지배, 폭력, 젠더 관계의 판타지이고, 포르노그래피에서의 섹슈얼리티는 사회적 '실제'나 개인과 사회의 판타지를 반영하고 강화하는 은유라는 것이다.[22]

에스겔 본문은 은유가 수사학으로 끝나지 않고 현실 영역으로 넘어와 여자들을 폭력으로 위협하는 것을 잘 드러낸다(16:38~41; 23:44~45). 또한 여자에 대한 물리적인 학대가 교훈적일 수 있고 화해로 가게 한다는 논리도 깔려 있다. 결말에서 아내가 "수치 때문에 다시는 입을 열지 않을 것이다"(겔 16:59~63)라는 대목을 보면 여자가 침묵하고 복종하며 희생자의 역할에 머물러 있다.

엑섬은 여성 독자가 이런 은유를 대할 때 이중적인 입장을 갖는다고 지적한다.[23] 한편으로는 야훼와 공감하며 야훼의 관점과 동일시하는데 이럴 때는 여성 자신의 이익에 반하여 본문을 읽게 된다. 다른 한편으로 여성 독자는 조롱과 학대의 대상인 본문 속의 여자와 동일시된다. 이 은유에서 여성의 성, 특히 통제되지 않은 여성의 성이 죄이다. 그래서 남자가 나서서 통제를 해야 하고 성적 학대는 그 수단이 된다.

그런데 거꾸로 생각해보면 에스겔 16장의 여자는 희생자로 머물러 있지 않다. 이 여자는 경쟁력 있는 외모를 갖고 있고 재정적인 힘이 있고 적극적으로 성적인 자율성을 누리고 폭력적이기까지 하다. 잠언 31장의 '유능한 아내'가 가부장제의 반경 안에 머물러 남성의 이익을 위해 봉사했다면 에스겔 16장의 이 색다르게 '유능한' 여자는 가부장제의 규범을 깨고 삶을 자신의 선택 안에 둔다. 설사 대가를 치른다 하더라도 말이다.

태마라 캐미온코우스키(S. Tamara Kamionkowski)는 이 여자가 남자 같다고 관찰하고, 그것이 죄라고 본다. 캐미온코우스키는 이스라엘의 유배(exile) 경험이 엄청난 혼돈과 고통을 초래했기에 예언자의 결혼 은유 이상의 극단적인 은유가 필요했다고 본다. 그것은 젠더 역전(reversal)의 은유, 곧 "약한 남자는 여자이다"라는 은유로서 완전한 혼돈의 세계를 묘사한다. 이 은유에서 예루살렘은 야훼에게 여자이고, 실제 사회에서는 남자이다. 에스겔의 청중은 예루살렘 남자들이고, 그들은 마치 여자가 된 것처럼 수동적이고 희생된 느낌이다. 남자 이스라엘은 유배당했고, 힘이 없고, 여자처럼 되었다. 이 '여자 같은' 은유는 그들의 상실, 수치, 취약, 충격, 절망을 잘 표현한다. 그런데 16장의 여자는 남자처럼 강하다. 남자를 무력화시키는 강함이 이 여자의 죄이다.

에스겔 16장의 여자에게 목소리를 주어 여자의 이야기를 들어보는 것으로 이 단락을 마무리하기로 한다.

"나는 남편 야훼를 너무 어렸을 때 만나 생명과 성경험과 생존을 전부 그에게 의존했다. 남편은 생활비는 풍족하게 주었지만 내게 별로 다정하지 않았고 아이들과 다정한 관계를 갖지 않았다. 아빠는 가족의 왕따였다. 남편은 내 친구들이나 친정 식구들에게도 관심이 없었다. 나는 나이도 먹고 생각이 많아졌다. 나는 남편이 준 생활비 중 자본을 만들어(15절 이하) 글로벌사업을 했다. 나는 인물도 좋고 사업 수완도 좀 있는 편이다. 그러다가 바빌론의 무역상들(케나안, 29절)과 사귀었고, 이집트와 아시리아 남자들과도 잤다. 나는 충분히 성적 즐거움을 누렸다(36절, 히샤페크 네후쉐테크, 여성의 사출). 나는 전에 자위용 모조 남근(자카르, '남자, 수컷' 17절)을 만들기도 했다. 남자들과 잘 때 나는 봉사료를 지불하고 선물도 주었다(31, 33, 34절). 그러나 남편이든 애인이든 한계가 있었다. 그래서 타종교를 섭렵했고 건물을 지어 기부도 했다(16절 등). 아이들도 나를 따라다녔다. 그리고 내 신념에 따라 아이들을 불 가운데로 지나가게 하였다(21절)."

2) 아가의 포르노그래피 보기

누가 보아도 남녀상열지사인 아가를 과거 해석 전통에서는 아가의 사랑이 하나님과 이스라엘, 그리스도와 교회, 그리스도와 교인 사이의 사랑이라고 알레고리로 오랫동안 읽었다.[24] 페미니스트 해석은 아가를 전혀 새롭게 보기 시작했다. 초기 페미니스트 해석은 아가에서 남녀간의 '동등성'을 보았다. 아가에 성차별이 없고, 양성이 평등하고 여성이 전면에 나서는 것을 높이 평가했다. 가장 먼저 물꼬를 튼 필리스 트리블(Phyllis Trible)은 에덴에서 최초의 남녀가 하나님께 불순종해서 종속관계가 생겨났고(창 3:16), 아가가 이를 회복시켰다고 보았다.[25] 아가는 예언자들의 여성 혐오적 가치를 반박하고 수정한다.[26]

다음 단계의 페미니스트 해석은 아가의 여자가 남자와 '동등'을 넘어서 더 지배적이고 주도권을 쥐는 모습을 보인다고 한다. 캐롤 마이어스(Carol Meyers)는 아가에는 여성 중심적 양식(gynocentric mode)이 지배적이라고 본다.[27] 심지어 아가의 저자가 여성이 아니라면 적어도 여성 문화의 산물이라고 본다.[28] 이 관점은 학자들에게 상당히 수용되어 여러 학자들이 아가 연구의 출발점으로 삼는다.[29]

1990년대 이후에 나온 저작이 모두 아가의 성평등을 지지하지는 않는다. 일라나 파디스(Ilana Pardes)는 아가가 가부장제를 수용하는 동시에 도전하고, 여성의 욕구와 가부장적 제한 사이의 긴장을 강조한다고 본다.[30] 여주인공이 밤에 야경꾼들에게 폭행당한 사건(5:7), 오빠들이 여동생의 정조를 염려하는 것(1:6; 8:8~10), 가부장적인 제한을 여자가 내재화하는 것(5:3; 1:6; 8:10) 등에서 이런 부분이 드러난다. 대프니 머킨(Daphne Merkin)은 풍자적인 논문에서 아가는 가부장제가 벗겨진(depatriarchalized) 이야기가 아니라, 여성에게 열정의 위험을 경고하는 시라고 주장한다. 사랑에 빠진다는 것은 바보가 되고 취약하게 되고, 웃음거리가 된다. 두 연인에게는 '완성'(consummation)이 없고, 부재하고 항상 도망가는 남자를 향해 여자는 채울 수 없는 그리움만 갖게 된다. 머킨은 아가가 성의 매력 면에서나 위험 면에서 섹슈얼

리티라는 짐을 여자의 어깨에 놓는 본문이라고 보았다.[31]

데이비드 클라인스(David Clines)와 도널드 폴래스키(Donald Polaski)는 페미니스트 학자들이 아가에서 여주인공을 자율적이라고 긍정적으로 평가하는 것에 대해 반하는 견해를 내놓았다.[32] 곧 여자가 보여주는 주체성은 남성의 환상을 반영한다고 주장한다. 클라인스는 남성 저자가 환상 속에서 이상적인 여자를 만들어낸 것이 바로 아가의 여주인공이라고 한다. 여자의 유일한 취미는 남자에 대해 꿈꾸는 것이지 현실 속에 그런 여자는 없다. 폴래스키는 아가의 여자가 남자의 시선을 내재화했고 가부장적 사회의 눈으로만 자신을 보고 판단할 수 있다고 지적한다.

가장 최근의 해석들은 페미니즘을 전제하면서도 넘어서고, 퀴어적 차원을 갖는다. 블랙은 기괴함(grotesque)이라는 개념을 가지고서 아가를 해석했다. 보통 아가가 몸을 은유적으로 기괴하게 묘사하는 것을 칭찬하는 것이라고 해석하는 데 반해 블랙은 몸에 대한 기괴한 묘사가 불안, 불편, 욕구의 어두운 면의 징후라고 본다.[33] 아가에서 몸을 묘사한 것(4:1~7; 5:10~16; 6:4a, 5b~7; 7:1~6)에 의하면 몸은 비율이 맞지 않고 불가능하다. 이 기괴한 묘사는 수수께끼이고 혐오감을 일으킨다. 남자는 여자에게 직접 몸에 대해 칭송하지만 그 묘사는 불안하고 우스꽝스럽다(4:1; 6:4; 7:2).[34] 여자는 예루살렘의 딸들에게 남자의 몸에 대해 삼인칭으로 묘사하며 조각상 같고 장식적이고 고전미로 묘사하는데 이는 여자 몸의 잡종화와 이상한 특질을 강조한다. 아가가 여자의 몸을 더 기괴하게 묘사했다는 것은 남자가 여자의 몸과 섹슈얼리티에 대해 가진 불안(unease)을 드러낸다. 결국 성적으로 자율적인 이 여자는 비정상이라는 것이다.

롤랜드 보어(Roland Boer)는 아가에서 반복되어 나오는 장면을 반복 강박이라고 보고 자크 라캉(Jacques Lacan)의 욕구(desire) 이론과 포르노그래피라는 시각에서 아가를 읽었다.[35] 아가에서 금지의 표현들(2:7 ; 3:5 ; 8:4)은 프로이트가 말하는 법(Law, 금지하는 것을 더 원하게 만드는 욕구)을 촉발시키는 것이다. 아가에서 욕구를 촉발하는 요소는 테(rim), 뒤틀어짐(perversity), 타자/어머니([M]other)이다.[36]

보어에 의하면 반복과 욕구 사이에는 친밀한 결합이 있고, 욕구는 불만족 속에 유지되는 것이므로 포르노그래피가 욕구의 진실을 표현하고 있다고 볼 수 있다. 일반 성관계에서는 이룰 수 없는 성적인 환상을 자극하고 욕구를 불러일으키기 때문이다. 아가는 결국 방대한 성적인 알레고리이다. 본문은 다양한 성행위를 은유적으로 포함한다.[37] 페미니스트 학자들이 거의 전적으로 아가를 여자의 섹슈얼리티에 있어서의 자율성 정도로 '조신하게' 읽었던 영역에 보어는 처음으로 에로티시즘을 가져왔다. 그는 아가 본문 못지않게 아가를 질펀하게 읽었고, 성서학 글쓰기의 새 차원을 제시한다.

버지니아 버러스(Virginia Burrus)와 스티븐 무어(Stephen Moore)의 해석은 가장 아방가르드 독법 중 하나이다.[38] 버러스와 무어는 페미니스트와 퀴어이론이 충돌하고 공모하면서 함께 가야 한다면서 아가를 두 이론의 교차점에서 가학/피학(S/M) 에로티시즘에 초점을 두고 읽는다. 이들은 페미니스트 학자들이 아가에 대한 기존의 해석을 엎어놓았지만 여전히 이성애 규범에 머물러 있고, 페미니스트가 포르노그래피를 무조건 반대하는 것도 문제라고 지적한다. 버러스와 무어는 아가 5장 7절("성읍을 순찰하는 야경꾼들이 나를 때려서 상처를 입히고, 성벽을 지키는 파수꾼들이 나의 겉옷을 벗기네.")에서 여자가 피학을 즐기는 것으로도 볼 수 있다고 주장한다.

3. 퀴어 시각에서 보기[39]

퀴어 시각에서 성서를 읽는 학자들은 종종 성의 역전, 다양한 성 정체성과 섹슈얼리티라는 코드에서 해석한다. 퀴어 해석은 이성애 시각으로만 성서를 읽을 때 보이지 않던 부분을 보게 해준다.

1) 에스겔의 포르노그래피 보기

예언자의 결혼 은유를 퀴어 시각에서 문제를 삼은 연구는 몇 편이 있다.[40] 결혼 은유에서는 남자 이스라엘이 여자가 되므로, 남자의 여성화, 곧 거세이자 성의 역전이요, 트랜스젠더이다. 겐 스톤(Ken Stone)에 의하면 결혼 은유는 여성을 울타리 안에 보호하고 식량을 제공하며 동시에 여성의 성을 통제하는 남성성(masculinity)의 정의에 의존해 있다. 그러나 여자가 다른 남자들에게 간다는 것은 보호와 경계로서의 담장, 곧 남자가 부실하다는 뜻이다. 그래서 예언자의 분노는 남자답지 못하다고 밝혀진 데서 오는 불안정과 상징적인 거세에 대한 두려움의 이면이다.

앞에서 캐미온코우스키가 에스겔 16장의 남자인 이스라엘이 야훼의 아내로서 여자가 되면서도, 이 여자가 강한 남자처럼 묘사되어 있다는 점을 관찰했다. 퀴어 해석은 이러한 젠더 역전(reversal)을 중요시한다. 젠더는 야훼가 구별과 분리를 통해 정하신 우주의 가장 절대적인 질서를 표현하는 것이다. 그래서 고정된 젠더 역할은 사회 규범의 기반을 형성하고 안정을 꾀한다. 이러한 기대에 부응하지 않는 모든 행동은 퀴어요, 전복적이고 혼돈이다. 젠더 역전은 지위의 역전, 나라를 잃은 상태, 취약함을 더 잘 표현할 수 있다. 동시에 결혼 은유는 남자인 이스라엘을 여자로 만든 은유이므로 호모에로틱이고, 퀴어 은유이다.

돈 로즈(Dawn R. Rose)는 유대인 레즈비언으로서, '밖에 있는 내부자'(insider out)로서 에스겔 본문을 본다.[41] 로즈는 유대인이므로 성서의 조상과 하나님을 생각할 때 내부자이다. 동시에 레즈비언이기 때문에 여자는 남자가 필요하고 남자는 여자가 필요하다는 '남녀 보충성'(male-female complementarity)에 해당하지 않으니 '밖에' 있다.[42] 이 정체성으로는 본문에서 학대하는 남자 야훼와도 학대당하는 여자와도 동일시되지 않는다. 본문을 여성혐오 문화에 찌든 남자가 쓴 문학적 은유라고 가면을 벗길 수 있고, 그런 비열한 남자는 짐승이지 하나님이 아니라고 쉽게 말할 수 있다. 이렇게 말할 수 있는 레즈비언은 하나님이나 하나님의 정의에 대해 묘사한 가짜 은유들에 의해 속지 않는다. 그러나 로즈는 포르노그래피 속의 여자와 공통점을 찾는다. 둘 다 여자이고, 가부장제가 여자의 성을 죄된(sinful) 것이라고 간주하기 때문이다. 그러나 로즈는 소위 레즈비언 성의 죄됨을 문화적으로 구체적인 해방 행동이라고 본다. 그리고 이 포르노그래피 속의 여자를 구하고 싶어 하고, 나아가 그녀를 사랑할 수도 있고, 남자의 폭력에서 도망치는 여자에게 피할 공간이 되어줄 수 있다고 본다.

지금까지의 해석은 에스겔 23장의 야훼를 계속 남자 이성애자로만 보았다. 여기서 우리는 에스겔 23장에서 등장인물로서의 야훼를 아우팅시키는 시도를 잠깐 해보고자 한다. 에스겔 23장은 16장과 주요한 차이를 보이는데 그 차이가 우리로 하여금 야훼의 성 정체성을 돌아보게 한다. 23장은 16장에 비해 여자의 행실과 처벌보다 다른 남자들, 남성성, 폭력에 초점을 둔다.[43] 야훼의 말에서 상대 남자들의 남성성과 남성적인 매력을 강조하는 것이 야훼가 퀴어일 거라고 생각하게 한다. 우선, 야훼는 아내가 바람난 상대 남자들에게 복수하거나 처벌하지 않는다. 또 "여자들의 가슴이 눌리고…… 음란을 쏟음을 당했다"는 수동형은 역으로 남자들의 능동성을 강조한다. 야훼는 이 남자들의 행동에 더 관심이 가는 듯하다. 흥미롭게도 야훼는 여자의 몸보다는 남자의 몸에 무척 관심을 보인다. 야훼가 그들을 눈여겨보니 좋은 옷을 입고, 외모가 준수하고, 사회적 지위도 있고, 말까지 있다(6, 12, 15, 23절). 그들은 남성미가 넘치고 성적 매력을 가진 남자들이다. 성기(바싸르, '살', 20절)도 엄청 크고 정액(또는 '성기,' 20절)도 장난이 아니다.(야훼가 상상하는 것일까? 실제 보았다면 언제 보았을까? 간음 현장을 덮쳤다 해도 남자들만 눈여겨 본 듯하다.) 아내를 질투하는 이유는 자신이 원하는 그 남자들을 아내가 가졌기 때문이고 그게 아내의 죄이다. 야훼는 그들 앞에서 좀 주눅이 들지만 그들에게 매력을 느끼는 듯하다.

더욱 흥미로운 부분은 야훼의 말실수이다. 20절에서 아내가 만난 그 남성미 넘치는 남자를 일컬어 '간부'라고 하는데 히브리어 필레게쉬는 '첩', '둘째 부인'이라는 뜻이다. 곧 성서의 다른 곳에서는 여자만을 가리키는 데 쓰인 말이다. 야훼가 이 남자들을 여성형으로 지칭한 것은 본심을 드러낸 실언(Freudian slip)이 아닐까? 야훼는 자신을 억누르고 있고 그것이 엄청난 감정억압이요, 분노, 남에게 대한 정죄로 나타난다. 야훼는 커밍아웃을 해서 좀 자유롭고 평화로워질 필요가 있는 듯하다.

사실 이 남자들은 이미 여성화, 곧 거세되었다. 여자에게서 화대와 선물을 받아 전통적인 여자의 역할을 하였고, 여자의 남편인 야훼의 지시에 복종하여 과거의 애인에게 폭력을 행사해야 하는 힘없는 자들이 되었다. 야훼는 여전히 이집트, 아시리아, 바벨론 위에 있다. 그렇다면 23장에서 젠더의 역전은 모든 주요 등장인물에게 벌어진다.

2) 아가의 포르노그래피 보기

크리스토퍼 킹(Christopher King)은 아가가 퀴어인에게 주는 가치를 찾아본다. 아가의 사랑은 여자와 남자 간의 사랑이지만 아가의 목적이 이성애의 덕 자체를 찬양하는 것이 아니기 때문에 퀴어 정체성과 행동의 패러다임을 제시할 수 있다고 본다. 아가는 연인의 아름다움이 서로 닮았다는 점을 강조한다. 이들은 에로틱한 대칭을 보이고, 상대의 아름다움과 섹시함에서 보이는 '같음'(sameness), 곧 본질적으로 비슷함에 이끌린다. 두 사람은 이성애를 나누지만 그 구조는 같음의 매력이요, 동성애적이다. 이들은 근본적인 '같음'을 서로 원하고, 그 '같음'을 격렬하게 인식한 나머지 서로를 '오빠'와 '여동생'으로 보기 시작한다("나의 누이, 나의 신부야!" 4:9~12; 5:1~2). 그래서 아가의 성애는 '같음의 결합'이 된다.

보어는 아가에서 남자와 여자의 몸을 기괴하게 묘사하는 부분에서 종종 동사 패턴과 어미가 성을 구분하기 어렵다고 지적한다.[44] 그리고 여자의 상체를 묘사하는 구절(4:1~5; 6:4~10)은 여장 남자(drag queen)를 묘사하는 것으로 볼 수 있다고 한다. 보어는 또한 아가에서 섹슈얼리티가 음식과 긴밀하게 연관된 것을 관찰하고, 보통 섹슈얼리티를 성기 중심적으로 생각하는 데 비해, 아가는 다양한 과일을 입으로 먹는 것을 자주 강조한다.[45] 이는 곧 오럴 섹슈얼리티의 이미지를 암시하고, 남근 중심적 섹슈얼리티의 축도(縮圖)와는 거리가 멀다.

아가의 여자는 에스겔 본문의 여자와 닮았다. 둘 다 가부장제의 규범을 깨고 가족관계, 남녀의 힘의 역학, 섹슈얼리티의 주체성 등에서 자율성을 누린다. 에스겔 본문의 여자가 남자에게 봉사료와 선물을 주듯이, 아가의 여자도 애인을 위해 먹을 것도 모아두고, 포도원도 소유한다(7:13과 여러 곳; 8:12). 이처럼 두 여자는 재정 면에서도 남자의 역할을 취한다. 규범에 어긋나는 일은 항상 대적을 만들어내고 위험이 따른다. 그러나 이 여자들은 아랑곳하지 않는다.

나가는 말

과거에 페미니스트 성서학자들은 남성 중심적 성서해석을 비판하였다. 이제 같은 맥락에서 퀴어 해석이 이성애에 기반한 페미니스트 해석의 한계를 지적한다. 페미니즘과 퀴어이론은 규범을 깨고 주체의 자율성을 추구하는 동반자이자 상호도전자이다.

에스겔 16장과 23장은 페미니스트 시각에서는 위험한 포르노그래피였다. 퀴어 시각은 젠더의 역전에서 해방감을 느낀다. 등장인물 중 누구도 안정감 있게 자신의 성 정체성을 규정하지 못한다. 아가는 페미니스트 시각에서는 여자가 성의 동등성과 자율성을 추구하는 공간이었고 가부장제로 물든 성서를 구원하는 책이었다. 퀴어 시각에서는 '같음'의 매력을 칭송하고 퀴어의 사랑과 고통을 이해해주는 노래였다.

교회는 성서해석과 닮아 있다. 성서해석은 해석에 따른 교회를 낳기 때문이다. 페미니스트 성서해석은 교회가 좀 더 여성 포용적이 되게 해주었다. 그러나 페미니즘은 이성애에 기반을 두고 있고, 그래서 이성애 중심적 교회를 여전히 강화할 수 있다. 그런 교회에서는 퀴어 교인들이 커밍아웃을 쉽게 할 수 없고, 하나님의 자녀로서 편하게 예배하기 어렵다. 몸과 섹슈얼리티가 화두인 21세기에 한국교회의 신학하기와 설교자 성서 신학담론의 수사학인 포르노그래피 기법이나 퀴어와 함께 가는 페미니스트 해석을 수용한다면 교회의 품이 좀 더 넓어질 것인지 상상해본다.

1 이 글은 "성서의 성: 에스겔과 아가의 포르노그래피"라는 제목으로 「한국기독교신학논총」 67(2010): 53~74쪽에 실렸다.

2 조셉 블렌킨숍, 『에스겔』, 현대성서주석(서울: 한국장로교출판사, 2002), 118. 원제는 Joseph Blenkinsopp, Ezekiel, Interpretation (John Knox Press, 1990); 그보다 몇 해 전에 마이클 굴더(Michael D. Goulder)는 아가가 분명 '고급 포르노그래피'라고 보았다. The Song of Fourteen Songs (JSOTSup, 36; Sheffield: JSOT Press, 1986), 79.

3 포르노그래피에 관한 아래 논의는 이들 자료를 참조하였다. 안드레아 드워킨, 『포르노그래피: 여자를 소유하는 남자들』, 유혜련 옮김, 동문선, 1996. 원제는 Andrea Dworkin, Pornography: Men Possessing Women, 1979; http://en.wikipedia.org/wiki/Erotica;http://en.wikipedia.org/wiki/Anti~pornography_movement;http://www.secularhumanism.org/library/fi/mcelroy_17_4.tml

4 일부 페미니스트들이 포르노그래피는 지배와 폭력성이 있고, 에로티카는 상호동등성과 상호교환성이 있다고 정의하는 것에 대해서 안드레아 드워킨(Andrea Dworkin)은 남자의 성적인 어휘에서 에로티카는 고급스럽게 고안되고 포장되고 연출된 포르노그래피일 뿐이라고 지적한다. 드워킨, 『포르노그래피』 48.

5 Angela Carter, "Japanese Erotica", in Nothing Sacred: Selected Writings (London: Virago Press, 1993), 151. Robert P. Carroll, "Whorusalamin: A Tale of Three Cities as Three Sisters", in B. Becking and M. Dijkstra, ed., On Reading Prophetic Texts: Gender Specific and Related Studies in memory of Fokkelien van Dijk~Hemmes (Leiden: Brill, 1996), 69에서 중인.

6 http://en.wikipedia.org/wiki/Anti~pornography_movement;

7 매키넌은 미시건 법대 교수였다. 저서, Sexual Harassment of Working Women: A Case of Sex Discrimination (1979)을 필두로 성희롱, 포르노그래피, 국제법 등에 관한 여러 저작이 있다.

8 캐나다에서 1992년에 드워킨과 맥키넌의 입법 제안을 반영하기로 결정한 후 1993년에 최초로 단속을 했는데 아이러니하게도 드워킨의 책이 금서에 들어가게 되었다. 여러 포르노그래피를 자세히 묘사했기 때문이다. 드워킨과 같은 입장은 Diana Russell, Catharine MacKinnon, Susan Brownmiller, Dorchen Leidholdt, Ariel Levy, and Robin Morgan 등이다.

9 2006년 세계 포르노그래피 산업의 수입 통계에 의하면, 최다 소비국 순으로 1위가 중국($27.40 billions; 일인당 $27.41), 2위가 한국($25.73 billions; 일인당 $526.76), 3위가 일본($19.98 billions; 일인당 $156.75), 4위가 미국($13.33 billions; 일인당 $44.67)이다. 포르노그래피 생산국은 미국, 브라질, 네덜란드의 순이고, 한국은 20

위 안에 없다. 성인웹사이트에 방문자의 3분지 1이 여성이고, 여성 소비자 중 중독자는 17퍼센트이다. 지난 20년간 큰 변화는 여성이 포르노그래피 회사 소유, 제작자와 감독으로 활약하게 되었다는 점이다. 포르노그래피 사이트는 전체의 12퍼센트(4200만)이고, 인터넷의 도래 이후 소비자는 1,500배로 증가했다. 미국의 경우 연봉이 높을수록 포르노그래피를 많이 보았다(연봉 $75,000 이상인 사람이 전체의 35.3퍼센트). 연령대는 18~24세만 약간 낮았고(13.61퍼센트), 25세 이상은 고루 차지했다. 출처: http://internet-filter-review.toptenreviews.com/internet-pornography-statistics.html;

10 자유주의 입장인 리사 두갠과 낸 헌터는 드워킨의 반포르노그래피 페미니즘에 대해서 페미니즘의 이름을 내건 검열제도라고 본다. 따라서 그들은 극우파와 손잡았고 법정이 여자들을 보호해줄 것이라고 너무 믿으며, 그 결과 그들은 여성의 성적 주체성을 제거했다. Lisa Duggan and Nan D. Hunter, Sex Wars: Sexual Dissent and Political Culture (New York: Routledge, 1995).

11 호세아는 일부일처의 부부관계에(특히 1~3장), 이사야는 유혹하는 여자들에(3:16~26), 예레미야는 발정난 들 암나귀에(2:33~3:20; 4:30과 22:20~22 참조) 빗대었고, 에스겔에 이르러서는 일부이처로서 노골적이고 폭력적인 19세 이상 관람가(X-rated)의 포르노그래피에 도달한다(16, 23장).

12 메리 쉴즈(Mary Shields)는 정작 폭력을 조장한 것은 야훼인데 독자의 시선이 여자와 옛 애인들에게 있다는 점을 염려한다. 독자가 야훼를 볼 때에야 야훼의 몸, 감정, 폭력을 직시할 수 있다. "Multiple Exposures: Body Rhetoric and Gender Characterization in Ezekiel 16", Journal of Feminist Studies in Religion 14 (1998): 5~18.

13 모세의 경우 참조(출 2장). 고대 중동에서는 산아제한 또는 유산 대신에 많은 여아를 버렸다. Aline Rousselle, Porneia: On Desire and the Body in Antiquity (Oxford: Blackwell, 1988), chap. 3, esp. 50 ff. Shields, "Multiple Exposures: Body Rhetoric and Gender Characterization in Ezekiel 16", 주 11번에서 중인.

14 고대 중동에서 출산 직후 영아를 돌본 방식을 보여주는 풍습으로서 성서에서는 여기가 유일하다.

15 엑섬은 예언자들이 아내에게 폭력을 행사한 후 사과하는 모습을 폭력 남편의 행동 패턴 중 하나라고 본다. J. Cheryl Exum, Plotted, Shot, and Painted: Cultural Representations of Biblical Woman (JSOT Press, 1996), 112. 호 2:14~15와 사 54:4~10에서 남편 야훼는 저버렸던 아내에게 자비를 보여준다.

16 오홀라("천막")와 오홀리바("그녀 안에 있는 천막")는 식별 불가능한 개인이나 그룹을 묘사하고, 서로 닮은 기질을 나타내는 이름일 수 있다. Exum, Plotted, Shot, and Painted, 121.

17 개역개정은 원문을 따라 수동태로 번역했고, 새번역은 "남자들이" "이집트 사내들이"를 주어로 첨가하여 능동태로 번역했다(23:3, 8, 21).

18 레 18:18, "너는 네 아내가 살아 있는 동안에는 네 아내의 형제를 첩으로 데려다가 그 몸을 범하면 안된다."

19 월터 아이히로트(Walther Eichrodt)는 행음녀에게 코를 자르게 하는 아시리아법을 발견했다. Ezekiel: A Commentary, The Old Testament Library, trans. C. Quin from Der Prophet Hesekiel. (London: SCM Press, 1970), 329.

20 T. Drorah Setel, "Prophets and Pornography: Female Sexual Imagery in Hosea", in Letty M. Russell (ed.), Feminist Interpretation of the Bible (Philadelphia: Westminster Press, 1985), 86~95.

21 Athalya Brenner, Intercourse of Knowledge: On Gendering Desire and "Sexuality" in the Hebrew Bible, Biblical Interpretation Series 26 (Leiden: Brill, 1997); Exum, Plotted, Shot, and Painted.

22 Fokkelien van Dijk~Hemmes, "The Metaphorization of Women in Prophetic Speech: An Analysis of Ezekiel 23", Vetus Testamentum 43 (1993): 162~70. Reprinted in A. Brenner, [ed.], A Feminist Companion to the Latter Prophets (Sheffield Academic Press, 1995), 244~55; Brenner, "On Prophetic Propaganda and the Politics of 'Love' ", in A. Brenner, ed., A Feminist Companion to the Latter Prophets (Sheffield Academic Press, 1995), 259 이하를 보라.

23 Exum, Plotted, Shot, and Painted, 103, 105, 114.

24 타르굼 같은 고대 랍비들과 후일의 유대 주석가들이나 교부들, 중세 신비주의자들, 종교개혁가들이 그렇게 해석했고, 현대에도 보수적인 학자들은 그렇게 본다.

25 필리스 트리블/ 유연희 옮김, 『하나님과 성의 수사학』, (태초. 1996), 5장. 원제는 Phyllis Trible. God and the Rhetoric of Sexuality (Philadelphia: Fortress Press. 1978). 남성학자인 마빈 폽(Marvin Pope)도 트리블처럼 아가에서 여자는 동등하거나 지배적이고 가부장제가 없다고 말했다. Marvin Pope, Song of Songs: A New Translation with Introduction and Commentary (Garden City, N. Y.: Doubleday, 1977), 205~10.

26 마샤 포크(Marcia Falk)는 아가는 성적인 동등성을 표현하고 있고, 이는 성서 가부장제 주제에 대한 해독제(antidote)라고 했다. Love Lyrics from the Bible: A Translation and Literary Study of the Song of Songs (Sheffield: Almond Press, 1992), 528.

27 Carol Meyers, "Gender Imagery in the Song of Songs", Hebrew Annual Review

(1986): 218. Reprinted in A. Brenner, ed. A Feminist Companion to the Song of Songs (Sheffield: Sheffield Academic Press, 1993), 197~212.

28 Athalya Brenner, "Women Poets and Authors", in A. Brenner, ed. A Feminist Companion to the Song of Songs (Sheffield, 1993), 86~97; Jonneke Bekkenkamp and Fokkelien van Dijk~Hemmes, "The Canon of the Old Testament and Women's Cultural Tradition", in A. Brenner, ed. A Feminist Companion to Song of Songs (Sheffield, 1993): 67~85.

29 Jonneke Bekkenkamp, "Into Another Scene of Choices: The Theological Value of the Song of Songs", in A. Brenner and C. Fontane, eds. The Song of Songs: A Feminist Companion to the Bible, Second Series (Sheffield: Sheffield Academic Press, 2000), 55~89; Daphna V. Arbel, "My Vineyard, My Very Own, Is for Myself", 90~101; Klara Butting, "Go Your Way: Women Rewrite the Scriptures (Song of Songs 2:8~14)", in A. Brenner and C. Fontane, eds. The Song of Songs: A Feminist Companion to the Bible, Second Series (Sheffield: Sheffield Academic Press, 2000), 142~51; Andre LaCoque, Romance She Wrote: A Hermeneutical Essay on Song of Songs (Trinity Press International, 1998); Carey Ellen Walsh, Exquisite Desire: Religion, the Erotic, and the Song of Songs (minneapolis: Fortress Press, 2000). Exum, Song of Songs: A Commentary, Old Testament Library (Louisville, KY: Westminster John Knox, 2005), 81에서 중인.

30 Ilana Pardes, "I Am a Wall, and My Breasts like Towers: The Song of Songs and the Question of Canonization", In Countertraditions in the Bible: A Feminist Approach (Cambridge: Harvard University Press, 1992), 118~43.

31 Daphne Merkin, "The Women in the Balcony: On Rereading the Song of Songs", In Out of the Garden: Women Writers on the Bible, ed. Christina Büchmann and Celina Spiegel (New York: Fawcett Columbine, 1994), 238~51.

32 데이비드 클라인스,『포스트모더니즘과 이데올로기 비평』, 102~6; Donald C. Polaski, "'What Will Ye See in the Shulammite?' Women, Power, and Panopticism in the Song of Songs", Biblical Interpretation (1997): 64~81.

33 Fiona C. Black, "Beauty or the Beast? The Grotesque Body in the Song of Songs", Biblical Interpretation (2000): 302~23.

34 "너울 속 그대의 눈동자는 비둘기 같고 그대의 머리채는 길르앗 비탈을 내려오는 염소 떼 같구나."(4:1); "나의 사랑 그대는 디르사처럼 어여쁘고, 예루살렘처럼 곱고, 깃발을 앞세운 군대처럼 장엄하구나."(6:4); "너의 배꼽은, 섞은 술이 고여 있는 둥근 잔 같구나. 너의 허리는 나리꽃을 두른 밀단 같구나."(7:2; 새번역).

35 Roland Boer, "The Second Coming: Repetition and Insatiable Desire in the Song of Songs", Biblical Interpretation 8 (2000): 276~301.

36 몸과 관련된 테(rim)만 예를 들면, 눈(1:15; 4:1, 9; 5:12; 7:5/4; 8:10), 입(1:2; 4:3), 볼(1:10; 4:3; 5:13; 6:7), 이(4:2; 6:6; 7:10/912), 구개(2:3; 5:16; 7:10/9), 입술(4:3, 11; 5:13; 7:10/9) 등이고 뒤틀어짐, 도착은 에로스의 어두운 측면으로서 세대간 섹스(3:4; 6:9; 8:2, 5), 근친상간(1:6; 3:11; 4:9, 10, 12; 5:1~2; 6:9; 8:1), 소아애(pedophilia, 8:8~9), 그룹섹스(1:3~4; 2:7; 3:5, 7~11; 5:1, 8, 16; 8:4, 11, 13) 등이 있다. 어머니(또한 여자의 몸, 타자)는 얻을 수 없는 대상이고, 그래서 욕구를 더욱 불러일으킨다. Boer, "The Second Coming", 290 이하.

37 보어에게 보이는 다양한 성관계는 이러하다. 그룹섹스(1:2~4); 남자와 여자가 목자와 동물이 함께 섞인 환상 (1:5~2:7); 동물과 인간(2:8~17); 모조 남근(dildo)을 가진 남자(3:1~5); 남근(phallus) 송시 및 게이 장면(3:6~11); 두 여자가 물 스포츠 하기 특히 소변보고 사출하기(4:1~15); 여자와 남자의 가학/피학 연속물(4:16~5:9); 기괴한 남자의 몸을 퀴어하게 음미하기(5:10~16); 성적인 자유분방함(6:1~3); 레즈비언 연속물(6:4~12); 여자들의 절시증(scopophilia-남의 나체나 성행위를 보고 성적 쾌감을 느끼는 증상, 7:1/6:13~7:6/5); 유방 페티시즘과 여성 사출(7:7/6~10/9); 섹스 파티(8:1~14) 등. Boer, "The Second Coming", 297. 이처럼 보어의 글이 사뭇 포르노그래피를 방불하므로 버러스와 무어는 보어의 글에 대해 "X-rated X-egesis또는 sexegesis"라고 불렀다. Burrus and Moore, "Unsafe Sex: Feminism, Pornography, and the Song of Songs", Biblical Interpretation 11 (2003): 34~39.

38 Burrus and Moore, "Unsafe Sex", 45~48.

39 '퀴어'는 '이상한', '기묘한'이라는 뜻으로 전에는 동성애를 비하하여 쓴 말이었다. 1990년대 이래 '퀴어' 는 대학가를 중심으로 학문적 이론체계를 갖게 되면서 문화적으로 볼 때 주변적인 성정체성을 가리킬 때 광범위하게 쓰는 말이 되었다. 곧 동성애자뿐만 아니라 트랜스젠더, 사디스트, 양성구유자(androgyny), 트랜스베스타이트(transvestite; 크로스 드레서) 등을 포함한다. 참조. 한국성적소수자문화인권센터, 성적소수자사전, http://kscrc.org/bbs/zboard.php?id=press_dictionary; 유연희, "퀴어비평: 성서를 되찾기", 여성신학회 편, 『다문화와 여성신학』 (대한기독교서회, 2008), 133쪽, 주 1에서 재인용.

40 Ken Stone, "Lovers and Raisin Cakes: Food, Sex and Divine Insecurity in Hosea", pp. 116~139 in Ken Stone, ed., Queer Commentary and the Hebrew Bible (Sheffield Academic Press. 2001); Stuart Macwilliam, Queer Theory and the Marriage Metaphor (Equinox, forthcoming). http://www.equinoxpub.com/books/showbook.asp?bkid=414&keyword=

41 Dawn R. Rose, "Insider Out: Unmasking the Abusing God", pp. 143~51 in Goss,

Robert E. and Mona West, eds. Take Back the Word: A Queer Reading of the Bible (Cleveland: Pilgrim Press, 2000).

42 레베카 앨퍼트(Rebecca Alpert)가 이 표현을 만들었다. "Challenging Male~Female Complementarity: Jewish Lesbians and the Jewish Tradition", in People of the Body: Jews and Judaism from an Embodies Perspective, ed. Howard Eilberg~Schwartz (Albany: SUNY Press, 1992), 361~77. Dawn R. Rose, "Insider Out", 147에서 중인.

43 캐미온스키도 이 점을 관찰했는데, 결론은 23장의 주제가 남성 헤게모니를 재확인하는 것이라고 했다. Gender Reversal and Cosmic Chaos, 147~8.

44 Boer, "The Second Coming", 295 이하.

45 스톤도 이 점을 강조했다. Ken Stone, Practicing Safer Texts: Food, Sex and Bible in Queer Perspective (T & T Clark, 2005), 4장.

참 고 문 헌

〔 1장 〕

로즈마리 류터/안상님 옮김. 『性차별과 神學』, 대한기독교출판사, 1985. 원제는 Rosemay Radford Ruether, *Sexism and God~Talk: Toward a Feminist Theology*. Boston: Beacon, 1983.

유연희.『 아브라함과 리브가와 야곱의 하나님』. 대한기독교서회. 2009.

________. "주님께서 우리와도 말씀하시지 않았느냐?: 민수기 12장에 대한 이데올로기 비평"「한국여성신학」62(2005, 가을): 66~82.

알리스 L. 라페이. 『여성신학을 위한 구약개론』. 대한기독교서회, 1998.

이경숙.『구약성서의 여성들』. 대한기독교서회, 1994.

이영미. "출애굽 여성과 구원(출1:15~22, 2:1~10)". 「구약논단」16 (2004): 35~54.

필리스 트리블/ 유연희 옮김. 『하나님과 성의 수사학』. 태초, 1996. 원제는 Phyllis Trible, *God and the Rhetoric of Sexuality*. Philadelphia: Fortress, 1978.

Ben~Barak, Z. "Inheritance by Daughters in the Ancient Neat East." *Journal of Semitic Studies* 25 (1980): 22~33.

Bellis, Alice Ogden. *Helpmates, Harlots, and Heroines: Women's Stories in the Hebrew Bible*, Louisville, Ky.: Westminster/John Knox Press, 1994.

Bird, Phyllis. "Images of Women in the Old Testament." Pages 41~88 in *Religion and Sexism: Images of Woman in the Jewish and Christian Traditions*. Edited by Rosemary Radford Reuther. New York: Simon & Schuster, 1974.

Brenner, Athalya. *The Israelite Woman: Social Role and Literary Type in Biblical Narrative*. Sheffield Academic Press, 1994.

Childs, Brevard S. *The Book of Exodus: A Critical, Theological Commentary*. Philadelphia: Westminster, 1974.

Crüsemann, Frank. *The Torah: Theology and Social History of Old Testament Law*. Translated by Allan W. Mahnke. Minneapolis: Fortress, 1996.

Davidson, Richard M. *Flame of Yahweh: Sexuality in the Old Testament.* Hendrickson Publishers, 2007.

Douglas, Mary. *Purity and Danger.* London: Routledge & Kegan Paul, 1966.

Ellens, Deborah. "Numbers 5:11~31: Valuing Male Suspicion." Pages 55~82 in *God' s Word for Our World, Vol. I: Theological and Cultural Studies in Honor of Simon John De Vries.* Edited by J. Harold Ellens et al. Journal for the Study of the Old Testament: Supplement Series 388. New York: T&T Clark, 2004.

Exum, Cheryl J. "Second Thoughts about Secondary Characters: Women in Exodus 1.8~2.10." Pages 75~87 in *A Feminist Companion to Exodus to Deuteronomy.* Edited by Athalya Brenner. Feminist Companion to the Bible 6. Sheffield, Eng.: Sheffield Academic Press, 1994.

Fontaine, Carol F. "A Heifer from Thy Stable: On Goddesses and the Status of Women in the Ancient Near East." In "Ad Feminan: Fiftieth Anniversary Volume." Edited by Alice Bach. *Union Seminary Quarterly Review* 43 (1989): 67~91.

Frymer~Kensky, Tikva. *In the Wake of the Goddesses: Women, Culture, and the Biblical Transformation of Pagan Myth.* New York: Free Press/Maxwell Macmillan, 1992.

________. "Deuteronomy", Pages 52~62 in The Women's Bible Commentary.

Fuchs, Esther. *Sexual Politics in the Biblical Narrative: Reading the Hebrew Bible as a Woman.* Sheffield, Eng.: Sheffield Academic Press, 2000.

________. "Literary Characterization of Mothers and Sexual Politics in the Hebrew Bible", in *Feminist Perspectives on Biblical Scholarship,* ed. Adele Yarbo Collins (Chico: Calif.: Scholars Press, 1985), 117~36.

Gane, Roy. *Leviticus, Numbers.* Grand Rapids, Mich.: Zondervan, 2004.

Harris, Rivkah. "Women (Mesopotamia)." Pages 947~51 in vol. 6 of *Anchor Bible Dictionary.* Edited by David Noel Freedman. 6 vols. New York: Doubleday, 1992.

Hurley, James B. *Man and Woman in Biblical Perspective.* Grand Rapids, MI: Zondervan Pub. House, 1981.

Kaiser, Walter C. *Toward Old Testament Ethics.* Grand Rapids, Mich.: Zondervan, 1983.

Klawans, Jonathan. *Impurity and Sin in Ancient Judaism.* Ann Arbor: UMI, 1997.

Magonet, Jonathan. " 'But If It is a Girl She Is Unclean for Twice Seven Days...': The Riddle of Leviticus 12:5." Pages 144~52 in *Reading Leviticus: A Conversation with Mary Douglas.* Edited by John F. A. Sawyer. Sheffield: JSOT Press, 1996.

Marsman, Hennie J. *Women in Ugarit and Israel: Their Social and Religious Position in the*

Context of the Ancient Near East. Boston: E. J. Brill, 2003.

Meyers, Carol. *Discovering Eve: Ancient Israelite Women in Context*. Oxford University Press, 1988.

Milgrom, Jacob. "A Husband's Pride, a Mob's Prejudice: The Public Ordeal Undergone by a Suspected Adulteress in Numbers 5 Was Meant Not to Humiliate her but to Protect Her." *Bible Review* 12, 4 (1996): 21.

Otwell, John. *And Sarah Laughed: The Status of Women in the Old Testament*. Philadelphia: Westminster, 1977.

Pritchard, James B. *Ancient Near Eastern Texts*. Princeton Univ. Press, 1974.

Setel, Drorah O'Donnell. "Exodus." Pages 26~35 in *The Women's Bible Commentary*. Edited by Newsom, Carol A. and Sharon H. Ringe. Louisville: Westminster/John Knox Press, 1992.

Tetlow, Elizabeth Meier. *The Ancient Near East. Vol. 2 of Women, Crime, and Punishment in Ancient Law and Society*. New York: Paulist, 1980.

Ulrich, Dean R. "The Framing Function of the Narratives about Zelophehad's Daughters." *Journal of the Evangelical Theological Society* 41 (1998): 529~38.

Walsh, Jerome T. "You Shall Cut off Her... Palm? A Reexamination of Deuteronomy 25:11~12." *Journal of Semitic Studies* 49 (2004): 47~58.

Yee, Gale. *Poor Vanished Children of Eve: Woman as Evil in the Hebrew Bible*. Augsburg Fortress, 1994.

〔 2장 〕

『성경전서 새번역』. 대한성서공회, 1998.

『성경전서 개역개정』. 대한성서공회, 1989.

Revised New Korean Standard Version. Korean Bible Society, 2001.

Tanakh: The Holy Scriptures, The New JPS Translation According to the Traditional Hebrew Text. Jewish Publication Society of America, 1985.

강사문. "땅에 충만하라, 땅을 정복하라: 창 1:24~31." 「기독교사상」 467 (1997년 11월): 179~91.

김정우. "창세기 1~3장에 나타난 여성의 위치에 대한 새로운 조명." 『구약해석학 논문집』 1995.

김정준. "J의 창조설화에 나타난 인간." 「신학연구」 21 (1979년 가을): 7~36.

김회권. "인간 창조와 하나님 나라의 좌절." 「기독교사상」 531 (2003년 3월): 169~81.

맥컬리, L. H. 『창세기 공부』. 대한기독교서회, 1933.

박윤선. 『성경주석: 창세기, 출애굽기』. 서울: 영음사, 1968.

박종구. "여섯째 날의 두번째 창조". 「신학전망」 139 (2002년 겨울): 32~55.

박철우. "창조사 연구". 「신학사상」 73 (1991년 여름): 293~323.

서인석. 『한 처음 이야기』. 생활성서사, 1986.

성서와 함께 편집부. 『보시니 참 좋았다. 성서가족을 위한 창세기 해설서』. 성서와 함께, 2007.

유형기 편. 『성서주해 I』. 선교 80주년 기념출판위원회, 1965.

이희학. 『인간의 죄악과 하나님의 구원 행동』. 대한기독교서회, 2003.

필리스 트리블/ 유연희 옮김. 『하나님과 성의 수사학』. 태초, 1996. 원제는 Phyllis Trible, *God and the Rhetoric of Sexuality* (Philadelphia: Fortress, 1978).

차준희. 『창세기 다시 보기』. 대한기독교서회, 1998.

천사무엘. 『창세기』. 대한기독교서회, 2001.

최병헌. "여학교론". 「대한기독교회보」 1898년 7월 7일.

최창모. "반대할 수도 있는 돕는 배필". 「살림」 72 (1994년 11월): 45~48.

하리영. "창세기 강의". 「신학세계」 3.20 (1927년 6월): 3~15.

〔 3장 〕

이경숙, 「구약성서의 여성들」 (대한기독교서회, 1997).

Alter, R., Genesis: *Translation and Commentary*, (Norton, NY: 1996).

Bailey, W. A., "Hagar: A Model of an Anabaptist Feminist?" *The Mennonite Quarterly Review* 68, no.2 (April 1994): 219~28; "Black and Jewish Women Consider Hagar", *Encounter* 63.1~2 (2002): 37~44.

Bellis, A. G., *Helpmates, Harlots, Heroes: Women's Stories in the Hebrew Bible*, (Westminster/John Knox, 1994).

Bruegermann, W., Genesis, Interpretation, (Atlanta: John Knox, 1982), 152~53.

Clines, D., 「포스트모더니즘과 이데올로기 성서비평」 (서울: 한들, 2000), 제1장. 원제는 *Interested Parties: The Ideology of Writers and Readers of the Hebrew Bible*, (Sheffiedld, 1995).

Davis, E. E., *The Dissenting Reader: Feminist Approaches to the Hebrew Bible*, (Ashgate Publishing Compnany, 2003).

Mircea Eliade, *A History of Religious Ideas: From the Stone Age of the Eleusinian Mysteries*, trans. W. R. Trask, Vol. I (Chicago: Univ. of Chicago Press, 1978).

Exum, C. J., "Feminist Criticism: Whose Interests Are Being Served?" in *Judges and Method: New Approaches in Biblical Studies*, ed. G. A. Yee, (Minneapolis: Fortress, 1995).

Fewell, D. N. and Gunn, D. M., *Gender, Power, and Promise: The Subject of the Bible's First Story*, (Nashville: Abingdon, 1993).

Fretheim, E. T., "Genesis," *The New Interpreter's Bible*, (Nashville: Abingdon, 1994). Vol. I.

Frymer~Kensky, T., *In the Wake of the Goddesses*, (New York: Fawcett Columbine, 1992).

Fuchs, E., "The Literary Characterization of Mothers and Sexual Politics in the Hebrew Bible," in *Feminist Perspectives on Biblical Scholarship*, (Chico: Scholars Press, 1985).

________, *Sexual Politics in the Biblical Narrative: Reading the Hebrew Bible as a Woman*, (Sheffield, 2000).

Gunkel, H., Genesis, (Macon: Mercer University Press, 1997), 226 ff. 원제는 *Genesis*, (Goettingen: Vandenhoeck & Ruprecht, 1901).

Hackett, J. A., "Rehabilitating Hagar: Fragments of An Epic Pattern", in *Gender and Difference in Ancient Israel*. ed. Peggy L. Day, (Minneapolis: Augsburg Fortress, 1989).

Niditch, S., "Genesis," in *The Women's Bible Commentary*, ed. Carol A. Newsom and Sharon H. Ringe, (Louisville: Westminster/John Knox, 1992).

Tamez, E., "The Woman Who Complicated the History of Salvation", *New Eyes for Reading: Biblical and Theological Reflections by Women from the Third World*, ed. John S. Pobee and Barbel von Wartenberg~Potter, (Oak Park, IL: Meyer Stone, 1986).

Teubal, S. J., *Sarah the Priestess: The First Matriarch of Genesis*. (Athens, OH: Swallow Press), 1984.

________, *Hagar the Egyptian: The Lost Tradition of the Matriarchs*, (San Francisco: Harper & Row, 1990).

Trible, P., 「성서에 나타난 여성의 희생」(전망사, 1989, 13~52 최만자 역), 제1장. 원제는 *Texts of Terror: Literary~Feminist Readings of Biblical Narratives*, (Philadelphia: Fortress, 1984).

________, "Ominous Beginnings for a Promise of Blessing", in *Hagar, Sarah, and Their Children: Jewish, Christian and Muslim Perspectives*, ed. P. Trible and L. M. Russell, (Louisville: Westminster/John Knox, 2006).

Von Rad, G., 「창세기」, 국제성서주석 1, (한국신학연구소, 1981). *Das erste Buch Mose: Genesis*, (Goettingen: Vandenhoeck & Ruprecht, 1972).

Weems, R., *Just a Sister Away: A Womanist vision of Women's Relationships in the Bible*, (San Diego: LuraMedia, 1988).

〔 4장 〕

『공동번역성서』. 서울: 대한성서공회, 1977.

『성경전서 개역개정판』. 서울: 대한성서공회, 1998

『성경전서 새번역』. 서울: 대한성서공회, 1992.

Catholic Study Bible. Oxford: Oxford University Press, 1990.

New Revised Standard Version. New York: American Bible Society, 1989.

The Holy Bible. King James Version. Nashville: Thomas Nelson, 1977, 1984.

강병도 편. 『창세기-민수기』호크마종합주석. 기독지혜사, 1997.

데니스 올슨 저, 현대성서주석. 한국장로교출판사, 2000. 원제는 Olson, Dennis. *Numbers*. Interpretation. Westminster John Knox Press, 1996.

데이빗 클라인스/ 김병하 외 옮김. 『포스트모더니즘과 이데올로기성서비평』. 한들, 2000. 원제는 David. J. A. Clines, *Interested Parties: The Ideology of the Readers and Writers of the Hebrew Bible*. Sheffield: JSOT Press, 1995.

류형기.『성서주해』. 한국기독교문화원, 1965.

마르틴 노트/ 한국신학연구소 옮김. 『민수기』. 원제는 Martin Noth. *Numbers*. 국제성서주석. 한국신학연구소, 1986.

매튜 헨리/ 기독교문사 옮김, 『민수기』 기독교문사, 1975.

J. R. 랑게/ 김진홍 옮김. 백합출판사, 1979. 원제는 J. R. Lange, *The Book of Numbers*,

류형기 편, 『성서주해』. 한국기독교문화원, 1965.

월터 리갠스/ 이원규 옮김. 『바클레이 패턴 구약주석: 민수기』. 서울: 기독교문사, 1986. 원제는 Walter Riggans. *The Daily Study Bible Series (Old Testament): Numbers*. Louisville: Westminster John Knox Press, 1983.

잭디어/ 문동학 옮김. 『민수기, 신명기』. 두란노 강해주석 시리즈. 두란노서원, 1989.

제자원 편, 『민수기, 신명기』 그랜드 종합주석 3. 성서 아카데미, 1999.

카일 · 델리취/ 김만풍 옮김. 『카일 ·델리취 구약주석 : 민수기』. 서울 : 기독교문화사, 1987. 원제는 Keil, C. F. & F. Delitzsch. *Numbers*. Commentary on the Old Testament.

Ashley, Timothy R. *The Book of Numbers*, New International Commentary on the Old Testament. Grand Rapids: Eerdmans, 1993.

Barton, Mukti. "The Skin of Miriam Became as White as Snow: The Bible, Western Feminism and Colour Politics." *Feminist Theology* 27 (2001): 68~80.

Brown, Raymond. *The Message of Numbers*. Inter-Varsity Press, 2002.

Brueggemann, Walter. *Frist and Second Samuel*. Interpretation. Louisville: John Knox Press, 1990.

Budd, Philip J. *Numbers*. Word Bible Commentary 5. Waco: Word Books, 1984.

Cole, R. Dennis. *Numbers*. The New American Commentary. Broadman & Holman, 2000.

Cowley, A. E. *Gesenius-Kautzsch Hebrew Grammar*. Oxford: Clarendon, 1980.

Davies, Eryl W. *Numbers*. The New Century Bible Commentary. Grand Rapids: Eerdmans, 1995.

Felder, Cain Hope. *Troubling Biblical Waters: Race, Class and Family*. Maryknoll, NY: Orbis Books, 1989.

Harrison, Ronald Kenneth. *Numbers*. Wycliffe Exegetical Commentary. Chicago: Moody Bible Institute, 1990.

Merrill, Eugene H. & Jack S. Deere. *Numbers, Deuteronomy*. The Bible Knowledge Commentary. Victor Books, 1983.

Mull, Kenneth V. & Carolyn Sandquist Mull. "Biblical Leprosy." *Bible Review* 8, 2 (1992): 32~39, 62.

Robinson, Bernard P. "The Jealousy of Miriam: A Note on Numbers 12." *Zeitschrift für die Altentestamentum Wissenschaft* (1989): 428~432.

Sperling, S. David. "Miriam, Aaron and Moses: Sibling Rivalry." *Hebrew Union College Annual* 70~71 (1999-2000): 39~55.

Sturdy, John. *Numbers*. The Cambridge Bible Commentary. Cambridge Univ. Press, 1976.

Trible, Phyllis. "Bringing Miriam out of the Shadows." *Bible Review* 5 (1989): 14~25, 34.

Weems, Renita J. *Just a Sister Away: A Womanist Vision of Women's Relationships in the Bible*, California: San Diego, 1988.

Yee, Gale A. "Ideological Criticism: Judges 17-21 and the Dismembered Body." *In Judges & Method: New Approaches in Biblical Studies*. Minneapolis: Fortress, 1995.

[5장]

유연희. 『아브라함과 리브가와 야곱의 하나님』. 대한기독교서회. 2009.

프리츠 스톨즈. 『사무엘 상하』. 한국신학연구소, 1991. 원제는 *Das erste und zweite Buch Samuel.*

Robert Altar., *The David Story*. New York: Norton, 1999.

Bruggemann, Walter. *First and Second Samuel.* Interpretation. Louisville: John Knox, 1990.

Calvin, John. *Commentaries on the First Book of Moses Called Genesis.* Trans. J. King. Grand Rapids: Eerdmans, 1948.

Camp, Claudia V. "The Wise Women of 2 Samuel: A Role Model for Women in Early Israel?" *Catholic Biblical Quarterly* 43,1 (1981): 14~29.

Cohen, Norman. "The Two that Are One: Sibling Rivalry in Genesis." *Judaism* 32/127 (1983): 337~.

Exum, Cheryl J. "You Shall Let Every Daughter Live: A Study of *Exodus* 1:8~2:10." *Semeia* 28 (1983): 70~82.

Terence Fretheim, E. *Exodus*. Interpretation Louisville: John Knox, 1991.

Geyer, Marcia L. "Stopping the Juggernaut: A Close Reading of 2 Samuel 20:13~22", *Union Seminary Quarterly Review* 41,1 (1986): 3~42.

Gordon, Robert P. *I & II Samuel.* Grand Rapids: Zondervan, 1986.

Hackett., Jo An. "*1 & 2 Samuel.*" Pp. 85~95 in Women's Bible Commentary. Louisville: Westminster/John Knox, 1998.

Herbert, Arthur S. *Genesis 12~50.* London: Bloomsbury, 1962.

McCarther, P. Kyle. Jr. *II Samuel.* Anchor Bible. New York: Doubleday, 1984.

Cartledge, Tony W. *1 & 2 Samuel.* Smyth & Helwys Publishing, 2001.

Samuel, R. Driver. The Book of Genesis. London: Methuen, 1913.

Gunkel, Herman. *Genesis*. Macon: Mercer Univ. Press. 1997. Trans. M. E. Biddle. *Genesis*. 3rd ed. Goettingen: Vandenhoeckund Ruprecht, 1977.

Jacob, Benno. *The First Book of the Bible: Genesis.* New York: KTAV, 1974.

Niditch, Susan. *Underdogs and Tricksters: A Prelude to Biblical Folklore.* San Francisco: Harper & Row, 1988.

Niditch, Susan. "*Genesis.*" Pp. 10~25 in *Women's Bible Commentary*. Louisville: Westminster/John Knox, 1998.

Pelikan, J. and W. A. Hansen, ed. *Luther's Works: Lectures on Genesis: Chapters 26~30.* Saint Louis: Concordia, 1968.

Propp, William H. C. *Exodus 1~18.* Anchor Bible. New York: Doubleday, 1999.

Turner, Mary D. "Rebekah: Ancestor of Faith." *Lexington Theological Quarterly* 20

(1985): 42~50.

Westermann, Claus. *Genesis 12~36*. Translated by J. J. Scullion. S. J. Minneapolis: Augsburg, 1985.

〔 6장 〕

장일선. "다윗의 아내 미갈과 아비가일에 대한 여성신학적 조명". 한신논문집 제15호집 1권(1997): 35~68.

필리스 트리블/유연희 옮김. 『수사비평; 역사, 방법론, 요나서』. 한국기독교연구소, 2007. 원제는 *Rhetorical Criticism: Context, Method, and the Book of Jonah* (Minneapolis, MN: Augsburg Fortress, 1994).

Ackroyd, Peter R. *1 Samuel*. The Cambridge Bible Commentary. Cambridge Univ. Press, 1971.

Campbell, Anthony F. *I Samuel*. Grand Rapids, MI: Eerdmans Publishing Company, 2003.

Bach, Alice. "The Pleasure of Her Text." *Union Seminary Quarterly Review* 43 (1989): 41~58.

Baldwin, Joyce G. *1 and 2 Samuel: An Introduction and Commentary*. Downers Grove, IL: Inter~Varsity Press, 1988.

Bellis, Alice O. *Helpmates, Harlots, Heroes: Women's Stories in the Hebrew Bible*. Louisville, KY: Westminster/John Knox Press, 1994.

Berlin, Adele. *Poetics and Interpretation of Biblical Narrative*. Winona Lake: Eisenbrauns, 1994.

Biddle, Mark E. "Ancestral Motifs in 1 Samuel 25: Intertextuality and Characterization." *Journal of Biblical Literature* 121.4 (2002): 617~638.

Boyle, Marjorie O'Rourke. "The Law of the Heart: The Death of a Fool (1 Samuel 25)." *Journal of Biblical Literature* 120/3 (2001): 401~27.

Brown, Francis, S. R. Driver, and C. A. Briggs. *A Hebrew and English Lexicon of the Old Testament*. Translated by Edward Robinson. Oxford: Clarendon Press, 1957.

Brueggemann, Walter. *First and Second Samuel*. Louisville, KY: John Knox Press, 1990.

Carmichael, Calum M. *Law and Narrative in the Bible: The Evidence of the Deuteronomic Laws and the Decalogue*. London: Cornell Univ. Press, 1985,

Gunn, David M. *The Fate of King Saul: An Interpretation of a Biblical Story*. Journal for the Study of the Old Testament, Supplement Series 14; Sheffield: JSOT Press, 1980.

Hackett, Jo Ann. "1 and 2 Samuel." Pages 85~95 in *The Women's Bible Commentary*. Edited by Carol A. Newsom and Sharon H. Ringe. Westminster/John Knox Press, 1992.

Halpern, Baruch. *David's Secret Demons: Messiah, Murderer, Traitor, King*. Grand Rapids: Eerdmans Publishing Company, 2002.

Hyman, Ronald T. "Power of Persuasion: Judah, Abigail, and Hushai." *Jewish Bible Quarterly* 23 (1995): 9~16.

Kessler, John, "Sexuality and Politics: The Motif of the Displaced Husband in the Books of Samuel." *Catholic Biblical Quarterly* 62.3 (2000): 409~423.

Leithart, Peter J. "David's Threat to Nabal: How a Little Vulgarity Got the Point Across." *Bible Review* 18.5(2002): 18~23, 59.

Levenson, Jon D. "I Samuel 25 as Literature and as History." *Catholic Biblical Quarterly* 40 (1978): 11~28.

Levenson, Jon D. and Baruch Halpern. "The Political Import of David's Marriages." *Journal of Biblical Literature* 99.4 (1980): 507~18.

Lozovyy, Joseph. *Saul, Doeg, Nabal, and the "Son of Jesse": Readings in 1 Samuel 16~25*. New York: T & T Clark, 2009.

McCarter, P. Kyle. "The Apology of David." *Journal of Biblical Literature* 99 (1980): 489~593.

Niditch, Susan. *Underdogs and Tricksters: A Prelude to Biblical Folklore*. Cambridge: Harper & Row, 1987.

Polzin, Robert. *Samuel and the Deuteronomist: A Literary Study of the Deuteronomic History. Part Two: 1 Samuel*. Bloomington: Indiana University Press, 1993.

Roth, Woflgang M. W. "NBL." *Vetus Testamentum* 10 (1960): 394~409.

Stone, Ken. "I and 2 Samuel", Pp. 195~221 in *Queer Commentary and the Hebrew Bible*. Edited by Ken Stone. Sheffield Academic Press. 2001.

Tsumura, David T. *The First Book of Samuel*. Grand Rapids, MI: Eerdmans Publishing Company, 2007.

Van Wolde, Ellen. "A Leader Led by a Lady: David and Abigail in I Samuel 25." *Zeitschrift für die Altentestmentliche Wissenshaft* 114.3 (2002): 355~75.

Whitelam, Keith W. "The Defense of David." *Journal for the Study of the Old Testament* 29 (1984): 71~73.

〔 7장 〕

김정훈. "룻기에 나타난 구원의 보편성과 효에 관한 소고". 『신학논문총서: 구약신학 24』. 학술정보자료사, 2004. 관대논문집. 관동대학교. 1998.

김지은. "새로운 미래를 연 나오미와 룻의 연대". 「한국여성신학」 41 (2000): 9~26.

민영진. 『이방여인 룻 이야기』. 한국신학연구소, 2000.

이경숙. 『구약성서의 여성들』. 대한기독교서회. 1994.

매카트니, C. E./ 박세환 옮김. 『태초에 여자가 있었다』. Korea Young Publishing Co. 2003. 원제는 *Great Women of the Bible*. Abingdon, Cokesbury Press. 1942.

캐서린 두웁 자켄펠드. 『룻기』. 현대성서주석. 한국장로교출판사. 2001. 원제는 Ruth. Interpretation. Westminster John Knox Press. 1999.

프레데릭 부쉬/ 정일오 옮김. 『룻기, 에스더』. 솔로몬. 2007. 원제는 Ruth, Esther. Word Biblical Commentary. Waco: Word Books. 1996.

필리스 트리블/유연희 옮김. 『하나님과 성의 수사학』. 태초. 1996. 원제는 God and the Rhetoric of Sexuality. Fortress Press. 1978.

한국염. "국내 거주 이주여성노동자를 통해본 인종차별주의". 「한국여성신학」 52(2003): 37~53.

홍경원. "누구를 위한 본문인가?-룻기에 대한 소고". 「기독교사상」(1998.8): 237~244.

Nehama Aschkenasy, "Reading Ruth through a Bakhtinian Lens: The Carnivalesque in a Biblical Tale", *Journal of Biblical Literature* 126.3 (2007): 437~53.

Bledstein, Adrien J. "Female Companionships: If the Book of Ruth Were Written by a Woman……" Pp. 116~33 in *A Feminist Companion to Ruth*. Ed. A. Brenner. Sheffield Academic Press. 1993.

Brown, Francis, S. R. Driver, and Charles A. Briggs, *A Hebrew and English Lexicon of the Old Testament* (Oxford Univ. Press, 1953).

Campbell, Jr., Edward F. *Ruth: A New Translation with Introduction, Notes, and Commentary*. The Anchor Bible. Garden City: Doubleday. 1975.

Exum, J. Cheryl. *Plotted, Shot, and Painted*. Sheffield Academic Press. 1996.

Fewell, Danna Nolan and David Miller Gunn. *Compromising Redemption: Relating Characters in the Book of Ruth*. Louisville: Westminster/John Knox Press. 1990.

Gitay, Zefira. "Ruth and the Women of Bethlehem." Pp. 178~90 in *A Feminist Companion to Ruth*. Sheffield. 1993.

Grossman, Jonathan. " 'Gleaning among the Ears'~ 'Gathering among the Sheaves': Characterizing the Image of the Supervising Boy (Ruth 2)." *Journal of Biblical Literature* 126/4 (2007): 703~716.

Hubbard, Robert L. *Ruth*. New International Commentary on the Old Testament. Eerdmans Publishing Company. 1988.

Koehler, Ludwig and Walter Baumgartner. *The Hebrew and Aramaic Lexicon of the Old Testament*, trans. M. E. J. Richardson. Leiden: E. J. Brill. 2001.

LaCocque, André. *Ruth*, A Continental Commentary. Augsburg Fortress Press. 2004.

Linafelt, Tod A. and Timothy K. Beal, *Ruth, Esther*. Collegeville, Minn.: Liturgical Press. 1999.

James, Nicholas. "The Evolving Concept of Citizenship in a Globalised World." http://nicholasjames.wordpress.com/2008/09/01/the~evolving~concept~of~citizenship~in~a~globalised~world.

Nielsen, Kirsten. *Ruth: A Commentary*. The Old Testament Library. Louisville: Westminster John Knox Press. 1997.

Sasson, Jack M. *Ruth: A New Translation with a Philological Commentary and A Formalist~Folklorist Interpretation*. 2nd ed. Biblical Seminar 10. Sheffield: Almond Press. 1989.

Shepherd, David. "Violence in the Fields? Translating, Reading and Revising in Ruth 2." *Catholic Biblical Quarterly* 63 (2001): 444~61.

Van Wolde, E. *Ruth and Naomi*. London: SCM Press. 1997.

〔 8장 〕

김정우. "히브리 시를 어떻게 번역할 것인가? 그 이론과 실제~시편 49편을 중심으로". 「성경원문연구」 12 (2003. 2): 7~40.

알리스 L. 라페이/ 장춘식 옮김. 『여성신학을 위한 구약개론』. 서울: 대한기독교서회. 1998.

마빈 E. 테이트 / 손석태 옮김. 『시편 51~100』. Word Biblical Commentary 20. 서울: 솔로몬. 2002.

메이스 제임스 L. 『시편』. Interpretation. 한국장로교출판사. 2002.

민영진. "우리말 성서 번역에 있어서 성차별 표현의 처리 성경전서 표준새번역을 중심으로". 「성경원문연구」 15 (2004): 281~329.

이영미. "한글 성서 번역의 양성평등적 언어 활용에 관한 연구". 「성경원문연구」 16 (2005): 47~68.

Bergmann, Claudia. "We Have Seen the Enemy, and He Is Only a 'She': The Portrayal of Warriors as Women." *Catholic Biblical Quarterly* 69.4 (2007): 651~72.

Brown, Francis, S. R. Driver, and Charles A. Briggs. *A Hebrew and English Lexicon of the Old Testament*. Oxford: Clarendon Press. 1952.

Farmer, Kathleen A. "Psalms." Pages 13~44 in *Women's Bible Commentary*. Edited by Carol A. Newsom and Sharon H. Ringe. Louisville, KY: Westminster John Knox Press. 1992.

Floyd, Michael H. "Welcome Back, Daughter of Zion." *Catholic Biblical Quarterly* 70.3 (2008): 484~504.

Fuchs, Esther. *Sexual Politics in the Biblical Narrative: Reading the Hebrew Bible as a Woman*. Sheffield, Eng.: Sheffield Academic Press. 2000.

Haag, H. "בת bath." Pages 332~338 in vol. 2 of *Theological Dictionary of the Old Testament*. Edited by G. Johannes Botterweck and Helmer Ringren. Grand Rapids: William B. Eerdmans Publishing Company. 1975.

Harry A. Hoffner. "אלמנה, 'almanah." Pages 287~291 in vol. 1 of *Theological Dictionary of the Old Testament*. Edited by G. Johannes Botterweck and Helmer Ringren. Grand Rapids: William B. Eerdmans Publishing Company. 1974.

Holladay, William L. A *Concise Hebrew and Aramaic Lexicon of the Old Testament*. Leiden: E. J. Brill. 1971.

The Holy Bible: New Revised Standard Version. New York: American Bible Society. 1989.

The Holy Bible: New King James Version. Nashville: Thomas Nelson Bibles. 1999.

The Holy Bible: Revised Standard Version. New York: T. Nelson, 1952.

Labuschagne, C. J. "The Metaphor of the So~Called 'Weaned Child' in Psalm 131." *Vetus Testamentum* 57 (2007): 114~123.

Mandelkern, Solomon. *Veteris Testamenti Concordantiae Hebraicae Atque Chaldaicae*. Tel Aviv, Israel: Schocken Publishing House. 1986.

Pippin, Tina. "Translation Happens: A Feminist Perspective on Translation Theories." Pages 163~76 in *Escaping Eden: New Feminist Perspectives on the Bible*. Edited by H. C. Washington, Susan L. Graham, Pamela Thimmes, and Pamela Lee. New York: New York University Press. 1998.

Stinespring, W. F. "No Daughter of Zion: A Study of the Appositional Genitive in Hebrew Grammar." *Encounter* 26 (1965): 133~41.

Tanak/JPS Hebrew~English TANAK (Philadelphia: Jewish Publication Society, 1999).

http://krdic.daum.net/dickr/contents.do?offset=A010363200&query1=A010363200#A010363200

〔 9장 〕

강병도 편. 「호크마 종합주석 3」, 기독지혜사, 1997.

김서택. 「민족을 구한 여성 에스더」. 기독교문사, 2006. 「그 말씀」. 두란노, 2007:2에서 인용.

제자원 편. 「그랜드 종합주석 7」. 성서아카데미, 1999.

알리스 라페이/ 장춘식 옮김. 「여성신학을 위한 구약개론」, (대한기독교서회, 1998), 213~6. 원제 Alice Laffey, An Introduction to the Old Testament: A Feminist Perspective (Philadelphia: Fortress Press, 1988)

이경숙, 「구약성서의 여성들」 (대한기독교서회, 1998).

Anderson, Bernhard W., "Introduction and Exegesis to Esther", G. A. Buttrick, et al.(ed), *The Interpreter's Bible III* (Nashville: Abingdon Press, 1954), 821~74.

Berlin, Adele, *Esther* (The JPS Bible Commentary; Philadelphia: The Jewish Publication Society, 2001).

Bronner, Leila Leah, "Reclaiming Esther: From Sex Object to Sage", *Jewish Bible Quarterly* 26:1 (1998), 3~10.

Day, Linda M., *Esther* (Abingdon Old Testament Commentaries; Nashville: Abingdon Press, 2005).

Gendler, Mary, "The Restoration of Vashti", E. Koltun(ed), *The Jewish Woman: New Perspectives* (New York: Schocken Books, 1976), 241~7.

Jones, Bruce William, "Two Misconceptions about the Book of Esther", C. A. Moore(ed), *Studies in the Book of Esther* (KTAV Publishing, 1982), 437~47.

Lerner, Berel Dov, "No Happy Ending for Esther", *Jewish Bible Quarterly* 29:1 (2001), 3~11.

Lichtenberger, A. C., "Exposition to Esther", G. A. Buttrick et al.(ed), *The Interpreter's Bible III* (Nashville: Abingdon Press, 1974), 841~47.

Moore, Carey A., *Esther* (Anchor Bible; New York: Doubleday, 1971).

________, Daniel, *Esther and Jeremiah: The Additions* (Garden City, NY: Doubleday, 1977).

Paton, Lewis Bayles, *A Critical and Exegetical Commentary on the Book of Esther* (New York: Charles Scribners & Son, 1908).

Rosenblatt, Naomi Harris, "Portraits In Heroism: Esther and Samson", *Bible Review* 15:1 (1999), 20~25, 47.

Stanton, Elizabeth Cady and Lucinda B. Chandler, "Comments on the Book of Esther", E. C. Stanton(ed), *The Woman's Bible* (New York: European Publishing

Company, 1898). (Repr. Seattle: Coalition Task Force on Women and Religion, 1974), 84~92.

Talmon, S., "'Wisdom' in the Book of Esther", *Vetus Testamentum* 13 (1963), 437~53.

Weems, Renita, *Just a Sister Away* (San Diego: LuraMedia, 1988).

White, Sidnie Ann, "Esther: A Feminine Model for Jewish Diaspora", P. L. Day(ed), *Gennder and Difference in Ancient Israel* (Minneapolis: Fortress Press, 1989), 161~77.

Zeitlin. S., "The Books of Esther and Judith: A Parallel", M. S. Enslin(ed), *The Book of Judith* (Leiden: Brill, 1972), 1~37.

http://blog.joins.com/yiyoyong/

http://blog.naver.com/goldnature

http://www.brethrenhouse.or.kr/jamee/ja_01.htm

www.gnbtv/bard/boarddetail.html

http://mission.bz/976

http://sdskc.co.kr/zbxe/board_9/2516/page/15

https://sisa~news.com/read.php3?

〔 10장 〕

김애영. "몸과 섹슈얼리티, 그리고 여성신학 담론". 45~78 한국여성신학회 편, 『性과 여성신학』. 대한기독교서회, 2001.

최창모 『성서 속의 금기와 인간의 지혜』. 한길사, 2003.

Boer, Roland. "The Second Coming: Repetition and Insatiable Desire in the Song of Songs." Biblical Interpretation 8 (2000): 276~301.

Carden, Michael. "Genesis/Bereshit." Pp. 21~60 in Deryn Guest, Robert E. Goss, Mona West, and Thomas Bohache. Eds. *The Queer Bible Commentary*. SCM Press, 2006.

Carr, David M. *The Erotic Word: Sexuality, Spirituality, and the Bible*. Oxford University Press, 2003.

Coogan, Michael. *Sex and the Bible: What the Bible Really Says*. New York: Twelve, 2010.

Davidson, Richard M. *Flame of Yahweh: Sexuality in the Old Testament*. Hendrickson Publishers, 2007.

Ellens, J. Harold. *Sex in the Bible: A New Consideration*. Praeger, 2006.

Frymer~Kensky, Tikva. "Law and Philosophy: The Case of Sex in the Bible." *Semeia 45: Thinking Biblical Law* (1989): 89~102.

Meacham, T. "The Missing Daughter: Lev 18 and 20." *Zeitschrift für die alttestamentliche Wissenschaft* 109 (1997): 254~59.

Prichard, James B. Ed. *Ancient Near Eastern Texts Relating to the Old Testament with Supplement*. Princeton University Press, 1969.

http://www.asexuality.org/home/overview.html (AVEN)

http://en.wikipedia.org/wiki/Marriage#Marriage_restrictions

http://www.thefreedictionary.com/sexy

[11장]

다니엘 헬미니악/김강일 옮김, 『성서가 말하는 동성애: 신이 허락하고 인간이 금지한 사랑』 해울. 2003. *What the Bible Really Says About Homosexuality*. San Francisco: Alamo Square Press. 1994.

조현준, "21세기의 사유들 ②주디스 버틀러", http://www.hani.co.kr/h21/data/L980921/1p3p9l0b.html.

존 쉘비 스퐁/김준년·이계준 옮김. 『성경과 폭력』, 한국기독교연구소, 2007. *The Sins of Scripture*. HarperSanFrancisco. 2005.

Trible, Phyllis/최만자 역. 『성서에 나타난 여성의 희생』. 전망사. 1989. *Texts of Terror: Literary~Feminist Readings of the Biblical Narratives*. Philadelphia: Fortress. 1984.

Bailey, Randall C. "They're Nothing but Incestuous Bastards: The Polemical Use of Sex and Sexuality in Hebrew Canon Narratives." Pp. 121~138 in Fernando F. Segovia and Mary Ann Tolbert, eds. *Reading from this Place: Social Location and Biblical Interpretation in the United States*. Vol. 1. Minneapolis: Fortress. 1995.

Butler, Judith. *Gender Trouble: Feminism and the Subversion of Identity*. NY: Routledge. 1990.

Carden, Michael. "Genesis/Bereshit." Pp. 21~60 in Deryn Guest, Robert E. Goss, Mona West, and Thomas Bohache. Eds. *The Queer Bible Commentary*. SCM Press. 2006.

Jennings, Ted. "Yhwh as Erastes." Pp. 36~74 in Ken Stone, ed. *Queer Commentary and the Hebrew Bible*. Sheffield Academic Press. 2001.

Kolakowski, Victoria S. "Throwing a Party: Patriarchy, Gender, and the Death of Jezebel." Pp, 103~114 in Goss, Robert E. and Mona West, eds. *Take Back the*

Word: A Queer Reading of the Bible. Cleveland: Pilgrim Press. 2000.

Stanley, Ron L. "Ezra~Nehemiah." Pp. 268~277 in Deryn Guest, Robert E. Goss, Mona West, and Thomas Bohache, eds. *The Queer Bible Commentary*. SCM Press. 2006.

Stone, Ken. "Lovers and Raisin Cakes: Food, Sex and Divine Insecurity in Hosea." Pp. 116~139 in Ken Stone, ed., *Queer Commentary and the Hebrew Bible*. Sheffield Academic Press. 2001.

Stone, Ken, *Practicing Safer Texts: Food, Sex and Bible in Queer Perspective*. T & T Clark International. 2005.

Piazza, Michael S. "Nehemiah as a Queer Model for Servant Leadership." Pp. 115~123 in Goss, Robert E. and Mona West, eds. *Take Back the Word: A Queer Reading of the Bible*. Cleveland: Pilgrim Press. 2000.

Tolbert, Mary Ann. "Homoeroticism in the Biblical World: Biblical Texts in Historical Contexts." Paper presented at Lancaster School of Theology on Nov 20, 2002.

West, Mona. "The Gift of Voice, the Gift of Tears: A Queer Reading of Lamentations in the Context of AIDS." Pp. 140~151 in Ken Stone, ed., *Queer Commentary and the Hebrew Bible*. Sheffield Academic Press. 2001.

West, Mona. "The Power of the Bible." http://www.mccchurch.org/AM/Template.cfm?Section=Sexuality_Spirituality&Template=/CM/HTMLDisplay.cfm&ContentID=609#powerbible.

Wilson, Nancy. *Our Tribe: Queer Folks, God, Jesus, and the Bible*. HarperSanFrancisco. 1995.

한국성적소수자문화인권센터, 성적소수자사전. http://kscrc.org/bbs/zboard.php?id=press_dictionary

http://en.wikipedia.org/wiki/Queer_theory

http://en.wikipedia.org/wiki/Homoeroticism

http://www.mccchurch.org.

【 12장 】

데이빗 클라인스/ 김병하 외 옮김. 『포스트모더니즘과 이데올로기 비평』. 한들. 2000. 원제는 David Clines, *Interested Parties: The Ideology of Writers and Readers of the Hebrew Bible*. Sheffield Academic Press, 1995.

안드레아 드워킨/ 유혜련 옮김. 『포르노그래피: 여자를 소유하는 남자들』. 동문선. 1996.

원제는 Andrea Dworkin, *Pornography: Men Possessing Women*, 1979.

유연희. "퀴어비평: 성서를 되찾기", 133~58 쪽. 여성신학회 편, 『다문화와 여성신학』. 대한기독교서회, 2008.

조셉 블렌킨숍. 『에스겔』. Interpretation. 현대성서주석. 한국장로교출판사, 2002. 원제는 Joseph Blenkinsopp, *Ezekiel*, Interpretation John Knox Press, 1990.

필리스 트리블/ 유연희 옮김. 『야훼와 성의 수사학』. 태초. 1996. 원제는 Phyllis Trible. *God and the Rhetoric of Sexuality*. Philadelphia: Fortress Press, 1978.

Arbel, Daphna V. "My Vineyard, My Very Own, Is for Myself." Pages 90~101 in *The Song of Songs: A Feminist Companion to the Bible, Second Series*. Edited by A. Brenner and C. Fontane. Sheffield: Sheffield Academic Press, 2000.

Bekkenkamp, Jonneke and Fokkelien van Dijk~Hemmes. "The Canon of the Old Testament and Women's Cultural Tradition." Pages 67~85 in *A Feminist Companion to Song of Songs*. Edited by Athalya Brenner. Sheffield Academic Press, 1993.

Bekkenkamp, Jonneke. "Into Another Scene of Choices: The Theological Value of the Song of Songs." Pages 55~89 in *The Song of Songs: A Feminist Companion to the Bible*, Second Series. Edited by A. Brenner and C. Fontane. Sheffield: Sheffield Academic Press, 2000.

Block, Daniel I. *The Book of Ezekiel*, Chapters 1~24. New International Commentary on the Old Testament. Grand Rapids: Eerdmans Publishing Company, 1997.

Boer, Roland. "The Second Coming: Repetition and Insatiable Desire in the Song of Songs." *Biblical Interpretation* 8 (2000): 276~301.

Brenner, Athalya. "Women Poets and Authors", Pp. 86~97 in A. Brenner, ed. *A Feminist Companion to the Song of Songs*. Sheffield Academic Press. 1993.

________. "On Prophetic Propaganda and the Politics of 'Love': The Case of Jeremiah." Pages 256~74 in *A Feminist Companion to the Latter Prophets*. Edited by A. Brenner. Sheffield Academic Press, 1995.

________. *The Intercourse of Knowledge: On Gendering Desire and "Sexuality" in the Hebrew Bible*. Biblical Interpretation Series, 26. Leiden: E. J. Brill, 1997.

Burrus, Virginia and Stephen Moore. "Unsafe Sex: Feminism, Pornography, and the Song of Songs." *Biblical Interpretation* 11 (2003): 24~52.

Butting, Klara. "Go Your Way: Women Rewrite the Scriptures (Song of Songs 2:8~14)." Pages 142~51 in *The Song of Songs: A Feminist Companion to the Bible (Second Series)*. Edited by A. Brenner and C. Fontane. Sheffield: Sheffield

Academic Press, 2000.

Carroll, Robert P. "Whorusalamin: A Tale of Three Cities as Three Sisters." Pages 67~82 in *On Reading Prophetic Texts: Gender Specific and Related Studies in Memory of Fokkelien van Dijk~Hemmes*. Edited by B. Becking and M. Dijkstra. Leiden: E. J. Brill, 1996.

Dijk~Hemmes, Fokkelien van. "The Metaphorization of Women in Prophetic Speech: An Analysis of Ezekiel 23." *Vetus Testamentum* 43 (1993): 162~70. Reprinted in *A Feminist Companion to the Latter Prophets*. Edited by A. Brenner. Sheffield: Sheffield Academic Press, 1995.

Duggan, Lisa and Nan D. Hunter. *Sex Wars: Sexual Dissent and Political Culture*. New York: Routledge, 1995.

Eichrodt, Walther. *Ezekiel: A Commentary*. The Old Testament Library. Translated by Cosslett Quin from Der Prophet Hesekiel. London: SCM Press, 1970.

Exum, J. Cheryl. *Plotted, Shot, and Painted: Cultural Representations of Biblical Women*. Gender, Culture, Theory, 3. Sheffield: Sheffield Academic Press, 1996.

________. *The Song of Songs: A Commentary*. Old Testament Library. Louisville, KY: Westminster John Knox Press, 2005.

Falk, Marcia. *Love Lyrics from the Bible: A Translation and Literary Study of the Song of Songs*. Sheffield: Almond Press, 1992

Ginsburg, Christian D. *The Song of Songs and Coheleth*. New York: Ktav Pub. House, 1970.

Goulder, Michael D. *The Song of Fourteen Songs*. JSOTSup, 36. Sheffield: JSOT Press, 1986.

Kamionkowski, S. Tamar. *Gender Reversal and Cosmic Chaos: A Study in the Book of Ezekiel*. London: Sheffield Academic Press, 2003.

King, Christopher. "A Love as Fierce as Death: Reclaiming the Song of Songs for Queer Lovers." Pages. 126~42 in *Take Back the Word: A Queer Reading of the Bible*. Edited by Robert E. Goss and Mona West. Cleveland: Pilgrim Press, 2000. Reprinted in "Song of Song", Pages 356~70 in *Queer Commentary and the Hebrew Bible*. Edited by Ken Stone. Sheffield: Sheffield Academic Press, 2001.

LaCoque, Andre. *Romance She Wrote: A Hermeneutical Essay on Song of Songs*. Trinity Press International, 1998.

Merkin, Daphne. "The Women in the Balcony: On Rereading the Song of Songs" Pages 238~51 in *Out of the Garden: Women Writers on the Bible*. Edited by

Christina Büchmann and Celina Spiegel, New York: Fawcett Columbine, 1994.

Meyers, Carol. "Gender Imagery in the Song of Songs." *Hebrew Annual Review* (1986): 209~23.

Pardes, Ilana. "I Am a Wall, and My Breasts like Towers: The Song of Songs and the Question of Canonization." Pages 118~43 In *Countertraditions in the Bible: A Feminist Approach*. Cambridge: Harvard University Press, 1992.

Polaski, Donald C. " 'What Will Ye See in the Shulammite?' Women, Power, and Panopticism in the Song of Songs." *Biblical Interpretation* (1997): 64~81.

Pope, Marvin. Song of Songs: *A New Translation with Introduction and Commentary*. Garden City, N.Y.: Doubleday, 1977.

Setel, T. Drorah. "Prophets and Pornography: Female Sexual Imagery in Hosea." Pages 86~95 in *Feminist Interpretation of the Bible*. Edited by Letty M. Russell. Philadelphia: Westminster Press, 1985.

Shields, Mary E. "Multiple Exposures: Body Rhetoric and Gender Characterization in Ezekiel 16." *Journal of Feminist Studies in Religion* 14 (1998): 5~18.

Stone, Ken. "Lovers and Raisin Cakes: Food, Sex and Divine Insecurity in Hosea" Pages 116~139 in *Queer Commentary and the Hebrew Bible*. Edited by Ken Stone. Sheffield: Sheffield Academic Press. 2001.

________. *Practicing Safer Texts: Food, Sex and Bible in Queer Perspective*. T & T Clark International, 2005.

한국성적소수자문화인권센터. 『성적소수자사전』. http://kscrc.org/bbs/zboard.php?id=press_dictionary

http://en.wikipedia.org/wiki/Erotica

http://en.wikipedia.org/wiki/Anti~pornography_movement

http://www.equinoxpub.com/books/showbook.asp?bkid=414&keyword=

http://internet~filter~review.toptenreviews.com/internet~pornography~statistics.html#anchor1

http://www.secularhumanism.org/library/fi/mcelroy_17_4.tml